Introduction

« Sur une échelle de dégâts de un à dix, nous sommes à douze »

Aux lanceurs d'alerte
et aux journalistes courageux
sans qui ce livre n'existerait pas

Vingt-huit octobre 2013 : le *New York Times* annonce que le président des États-Unis, Barack Obama, « est prêt à ordonner à la NSA de cesser les écoutes des dirigeants des pays alliés ». Un aveu stupéfiant, devenu inévitable pour tenter de calmer la colère des dirigeants du « monde occidental » : ce semblant d'initiative diplomatique intervient quatre jours après que le quotidien britannique *The Guardian* a révélé que la National Security Agency, la plus importante des agences de renseignement américaines, écoutait de longue date trente-cinq dirigeants nationaux dans le monde, dont la chancelière allemande Angela Merkel [1] [a]. Et cinq mois après les premières révélations explosives dans la presse mondiale de documents secrets de la NSA fournis par un jeune informaticien travaillant pour la NSA : Edward Snowden, révolté par l'ampleur de l'espionnage mondialisé dont il était devenu, comme des dizaines de milliers d'autres, un simple rouage.

La révélation de l'ampleur du contrôle globalisé de la NSA

Trois raisons à ce *mea culpa* historique du président américain. Premièrement, il n'aurait jamais été prononcé — et l'idée qui le fonde pas même esquissée — sans l'audace insensée d'Edward Snowden. Deuxièmement, il prenait acte du séisme mondial provoqué par les révélations de

a Toutes les notes de référence sont classées par chapitre, en fin de ce livre, p. 249.

l'informaticien, séisme dont les répliques se sont fait sentir aussi bien dans les opinions publiques — pétitions de citoyens, manifestations en série, colères de la sphère scientifique, multiplication des incidents diplomatiques... — que chez les principaux thuriféraires de cette espionnite aiguë. Ainsi, en août 2013, un ancien officier de renseignement américain a confié anonymement à NBC News : « Sur une échelle de dégâts de un à dix, nous sommes à douze [2]. » Les journalistes avertis, quoique moins enclins à crier à la catastrophe, n'en ont pas moins été interloqués par l'envergure de ce que l'on a appelé l'« affaire Snowden ». Ainsi, Barton Gellman, ancien grand reporter du *Washington Post* et lauréat du prix Pulitzer en 2002 puis en 2008, a-t-il pu affirmer : « Après avoir couvert depuis une vingtaine d'années le secteur de la défense et des affaires étrangères, je peux dire que je n'ai jamais connu une affaire de cette ampleur [3]. »

Troisièmement, la note d'intention de Barack Obama révèle la profonde ambiguïté du pouvoir revendiqué par la première puissance mondiale et en particulier par la NSA. Le pouvoir de cette agence s'étend sur toute la planète, sans considération aucune pour les alliances, partenariats et accords politiques de coopération noués avec des pays alliés des États-Unis. Comme on le verra, la NSA s'est en outre forgé une « boîte à outils » technique et idéologique fort enviable aux yeux des autres services de renseignement de la planète. Pour autant, à l'instar de tous ses homologues, elle ne doit sa capacité d'action qu'à son aptitude à demeurer secrète, au moins en partie, et à dissimuler la nature de ses opérations. Et c'est là, justement, que l'« affaire Snowden » est potentiellement dévastatrice, car les documents révélés par l'ancien consultant de la NSA ont partiellement levé le voile du secret qui protégeait le plus puissant des services de renseignement au monde.

Ces documents, transmis — notamment *via* le journaliste américain Glenn Greenwald — aux grands quotidiens anglo-saxons *The Guardian, The Washington Post* et *The New York Times,* à l'hebdomadaire allemand *Der Spiegel* et au quotidien français *Le Monde,* attestent de l'extrême efficacité des moyens de surveillance de la NSA. Ils suscitent de profondes interrogations quant au risque de les voir utilisés par l'agence en l'absence de tout réel contrôle, qu'il provienne d'instances nationales ou internationales. À la lumière de ces documents très secrets, il ne fait en effet plus aucun doute que l'agence américaine intercepte, conserve et analyse chaque jour des quantités inimaginables d'informations sur les vies privées de milliards de citoyens du monde. De nos historiques de recherche sur Internet à nos courriels, appels et messages téléphoniques, en passant par nos itinéraires enregistrés sur GPS, aucune de nos données personnelles ne semble pouvoir échapper au contrôle globalisé de la NSA.

À l'heure du tout Internet, de la démocratisation fulgurante des outils d'accès à la Toile et de l'emprise croissante des technologies de l'information et de la communication sur notre quotidien, personne ne saurait être épargné par les intrusions illégales de la NSA.

Pourquoi ce livre ? Ou l'insupportable métaphore de la « botte de foin »

Moralement invraisemblable et techniquement impossible il y a encore quelques années, cet espionnage à grande échelle trouve aujourd'hui sa justification officielle dans la lutte contre le terrorisme, la recherche des « méchants », les *bad guys* ennemis de l'Amérique. Des ennemis aussi difficiles à trouver qu'une « aiguille dans une botte de foin », comme le répétera *ad nauseam* le patron de la NSA, le général Keith Alexander, quand il devra se justifier publiquement après les premières révélations des « documents Snowden ». La NSA, expliquera-t-il, dispose désormais de moyens sophistiqués pour analyser, disséquer et cartographier cette botte de foin, sans oublier une seule brindille. Aussi, chaque brindille citoyenne se voit-elle épiée à son insu, même si elle ne ressemble ni de près ni de loin à une menaçante aiguille terroriste.

Nul besoin de filer la métaphore plus avant, l'idée est là : à mesure que nous déléguons nos responsabilités citoyennes et notre libre arbitre à des machines et à leurs opérateurs indiscrets agissant au nom de la sacro-sainte sécurité intérieure, à mesure que nous donnons notre blanc-seing aux services de renseignement pour fouiller nos petits secrets et que nous restons silencieux face à ces évolutions démocratiquement inacceptables, le pouvoir (politique, militaire, technologique, etc.) prend le pas sur le droit, la capacité d'agir sur la légitimité et la légalité de l'acte, la *realpolitik* sur la justice internationale.

Si la surveillance américaine des télécommunications mondiales prend aujourd'hui une dimension panoptique inédite, c'est sans doute aussi parce qu'on trouve, dans l'histoire récente, d'éminents théoriciens politiques pour la justifier, avec le plus grand cynisme. Zbigniew Brezinski, éminence grise des présidents américains Jimmy Carter et Ronald Reagan et célèbre théoricien du *Grand Échiquier* (1997) mondial dominé par les États-Unis, est de ceux-là. Ainsi, lorsque le journaliste français Vincent Jauvert lui demande en décembre 1998 s'il était bien moral que les services du renseignement américain interceptent, par exemple, une conversation entre le président français Jacques Chirac et le chancelier allemand Gerhard Schröder, Zbigniew Brezinski a eu cette réponse incroyable : « Si la conversation est telle que ceux-ci ne veulent pas que nous en connaissions le contenu, n'est-ce pas immoral de leur part de tenir cette discussion [4] ? » Et l'ancien conseiller à la sécurité nationale d'ajouter : « Si les moyens techniques mis en œuvre pour écouter de vrais ennemis peuvent apporter automatiquement ou presque des informations sur nos amis, pourquoi détournerions-nous les yeux ? À cause de je ne sais quels principes moraux abstraits ? » On voit bien, à la lumière de cet échange édifiant, à quel point la moralité et l'éthique sont des notions périmées dans l'esprit des théoriciens du réalisme politique.

Qu'est-ce que la NSA ? D'où vient-elle ? Comment est-elle née, dans quelles circonstances et pour répondre à quels types de problèmes ? Comment a-t-elle gagné en autonomie au cours du dernier demi-siècle, notamment vis-à-vis de la Central Intelligence Agency (CIA) ? Que fait-elle, à quels genres d'activités s'adonnent quotidiennement en 2014 ses quelque 38 000 employés ? Qui sont ses partenaires, ses modèles, ses épigones ? Et, de l'autre côté, ses ennemis, ses cibles, ses détracteurs ? Enfin, par-delà l'agence elle-même, qui est Edward Snowden ? Au nom de quoi, de quels intérêts ou de quels principes a-t-il joué le rôle de lanceur d'alerte que nous lui connaissons aujourd'hui, et mis sa vie en péril ?

C'est à toutes ces questions que ce livre entend répondre, sans préjugé ni parti pris. Nous plongerons d'abord dans la vie et le parcours, à la fois banal et rocambolesque, d'Edward Snowden. Nous verrons ensuite comment et pourquoi la NSA s'est constituée depuis le milieu du XXe siècle en véritable « empire du secret ». Enfin, ces recherches biographiques, historiques et journalistiques s'élargiront à des questionnements sur le rôle et le statut des lanceurs d'alerte, du journalisme d'investigation et des militants en faveur des libertés individuelles.

Des radios libres à la critique de l'espionnage électronique

Quand, en juin 2013, a éclaté l'affaire Snowden, la pratique de l'espionnage de masse par les appareils d'État n'était pas pour moi une nouveauté : je suivais le domaine depuis de longues années. Et j'étais alors bien décidé à prendre de la distance avec mon statut d'expert en technologie de l'information et à me consacrer à 100 % à mes marottes : l'écriture, la photo ancienne, les voyages lointains. Si j'ai changé d'avis, pour m'engager toutes affaires cessantes dans la rédaction de ce livre, c'est que, comme les autres spécialistes de la question, j'ai immédiatement compris que le « scoop » était d'une importance capitale. Et méritait une synthèse

— même provisoire — pour rendre intelligible l'avalanche des révélations et les resituer dans une perspective historique. C'est pourquoi je m'autorise ici un bref aparté personnel qui, je l'espère, éclairera le propos de cet ouvrage et sa motivation.

En 1968, étudiant de Nanterre épris de liberté, je participe à toutes les manifs et notamment à l'occupation du bureau du doyen le 22 mars. Quelques semaines plus tard, c'est Mai 68. Pendant deux mois, je vais vivre avec intensité les événements. Je fréquente Sartre, Virilio, Baudrillard, grâce à mon ami et mentor Omar Diop. En août, à Londres avec Omar, je rencontre Godard qui filme les Rolling Stones et découvre la musique des Pink Floyds, la marijuana et la presse underground. Cela fera de moi un participant actif de tous les rassemblements de l'époque, Woodstock, île de Wight... Je continue mes études d'histoire et, en 1972, je vais passer une année en Californie à l'université de Berkeley. Là aussi, la contestation bat son plein. De retour en France, ma passion pour l'histoire se double maintenant d'une passion pour l'information. Je fais des reportages pour *Libération*, la grève des mineurs en Grande-Bretagne par exemple, et découvre l'intérêt d'écouter les communications de la police pour être au courant de tout avant tout le monde. À la grande fureur des autorités, je fais la promotion de ce genre de hobby dans les colonnes du nouveau quotidien : « La police nous écoute, écoutons la police. »

Me vient l'idée de fonder une revue sur l'électronique, le contrôle de l'information et les radios pirates, que je rêve d'implanter en France. Elle s'appellera *Interférences*. Dès le premier numéro, nous révélons les plans secrets du réseau téléphonique gouvernemental français Regis. Avec la petite équipe rassemblée autour de la revue, nous montons une vaste offensive contre le monopole de la radio télévision d'État : ce sera Radio Verte, dont la première émission, le 13 mai 1977, marque le lancement du mouvement dit des « radios libres », lequel mettra quatre ans à triompher. Nous créons l'Association pour la libération des ondes (ALO), pour nous assurer des alliés politiques. Nous sommes soutenus par Umberto Eco, Pierre Viansson-Ponté, Gilles Deleuze et Félix Guattari. Claude Perdriel nous prête même un local pour émettre sans crainte de voir notre émetteur saisi par la police.

En 1980, j'intègre le groupe Havas dont je prends en main le développement (nouvelles technologies, banque de données, CD...). Canal Plus sera la plus profitable des élucubrations des « agités du huitième étage », comme on appelait notre joyeuse équipe, composée entre autres de Jean-Hervé Lorenzi, l'initiateur, Léo Scheer, l'homme du président, Marie Castaing, l'irremplaçable, et Jacques Driencourt. Pour assurer le succès de la chaîne, je recrute le meilleur de nos ingénieurs du temps des radios libres,

Sylvain Anichini. C'est lui qui mettra au point le décodeur et deviendra le directeur technique de la chaîne. En 1988, Mitterrand est réélu, le RPR place ses amis et je vole vers de nouvelles aventures. Je crée ma société d'études et de conseil, Technique Media Société (TMS), où je travaille sur des sujets comme le téléachat, la guerre électronique, l'image satellite (SPOT), le dépôt légal de l'audiovisuel. En 1995, TMS se transforme en *web agency* et réalise le premier site web gouvernemental, celui du Premier ministre. De nombreux autres suivront. Depuis 2002, je partage mon temps entre le conseil et l'écriture.

Voilà donc trente ans que je travaille sur les systèmes d'information et leurs conséquences sur la société. De ce fait, la mise au jour par Snowden du rôle de la NSA ne m'a pas surpris, sauf, je l'ai dit, par son ampleur inédite... Dès les premières révélations, j'ai été sollicité — par des journalistes comme par mes compagnons des années héroïques — pour proposer une vision historique et analytique de l'affaire. Un déjeuner avec François Gèze, patron des Éditions La Découverte, achèvera de me convaincre. D'*Interférences* aux radios libres et de Havas à ma *web agency*, la boucle semblait bouclée, et j'ai eu l'impression de renouer avec mes premières amours en rédigeant cet ouvrage. Comme le disait si bien Oscar Wilde, c'est en gardant ses passions de vingt ans qu'on reste jeune. Ce livre est ainsi l'aboutissement de toutes ces années de travail sur la réalité de l'espionnage électronique et ses conséquences sur nos démocraties.

Indispensables remerciements

Nombreux sont celles et ceux qui m'ont permis de rendre ce livre possible et que je ne saurais assez remercier — en précisant, comme c'est l'usage, que les éventuelles erreurs ou omissions sont de mon seul fait... Comme Duncan Campbell, l'« inventeur d'Echelon », dont l'intelligence et l'humour font mon bonheur depuis 1974 ; Sylvie et Jean-Luc Léon, documentaristes émérites ; l'informaticien Philippe Aigrain, cofondateur en 2008 de la Quadrature du Net, analyste irremplaçable et vieux complice d'*Interférences*, tout comme Maurice Ronai, stratège de la communication ; Jérémie Zimmermann, infatigable porte-parole de la Quadrature du Net ; Patrick Vantroeyen, roi du bricolage électronique Andrew Orr et Jean-Marc Fombonne, qui ont réalisé avec moi des Ateliers de création radiophonique de France Culture sur ces thématiques ; Serge July et Jean-François Bizot, qui m'ont ouvert les portes de leur publication pour que soit traité ce type de sujets ; Paul Virilio et Jean Baudrillard qui, après avoir été mes professeurs, sont devenus des maîtres et des amis, et qui ont aussi écrit pour *Interférences*. Et tant d'autres qui m'ont nourri de leurs aventures, de leurs réflexions, ceux qui ne veulent pas être cités, ceux que j'ai oubliés ici.

Mais dans l'urgence et l'affolement médiatique planétaire déclenchés par l'historique « affaire Snowden », je n'aurais jamais pu mener ce travail à bien, de façon sérieuse et dans les délais impartis, si je n'avais pas été épaulé par une équipe de journalistes à la fois jeunes et expérimentés, capables de travailler en temps réel sur des dossiers complexes et des documents déclassifiés, analysant et traduisant les multiples articles publiés quotidiennement en anglais, allemand ou portugais sur les médias en ligne. Un merci très spécial, donc, à : Julie Reynié, journaliste indépendante formée au *Parisien* et à RTL, qui a coordonné un travail considérable jusqu'au dernier moment ; à Quentin Molinier, journaliste indépendant aux multiples casquettes (NonFiction, Radio Nova, France Culture), qui a su mettre à disposition sa finesse d'analyse, héritée d'une formation universitaire plurielle en philosophie et en géopolitique ; à Éléonore Gratiet-Taicher, qui après des études en journalisme audiovisuel et en relations internationales, a notamment travaillé pour les rédactions de Rue89, Le Monde.fr et RTL (elle a participé à la constitution de cette équipe de jeunes journalistes et a pour sa part traité les aspects géopolitiques et internationaux du dossier) ; à Clémentine Méténier, étudiante à l'IEP de Grenoble, qui a assuré le traitement du phénomène des lanceurs d'alerte ; et à Alice Luther, qui s'est attelée aux débats sur le rôle de la NSA.

Et merci enfin à Marie, ma femme, qui a supporté six mois de tohubohu, révisant d'un œil exercé une prose qui avait besoin d'un regard objectif.

Un dernier mot sur la facture même de cet ouvrage, qui doit son existence à la volonté d'un informaticien idéaliste dont l'initiative a changé le cours de l'histoire : il s'est d'abord agi, pour nous, de prendre acte de la multitude des révélations apportées par les fuites qu'il a orchestrées et de les organiser, les synthétiser, les remettre en perspective. En janvier 2014, à peine trois cents des documents secrets recueillis par Snowden avaient été rendus publics par Greenwald et ses amis, bien plus restent encore dans leurs disques durs : quelque 20 000 d'après la NSA, près de 80 000 selon d'autres. L'année 2014 verra sans doute émerger de nouvelles révélations, mais le corpus de documents de premier ordre déjà révélés a été sélectionné avec une grande pertinence et permet de bien comprendre la surveillance du monde telle que l'entend la NSA.

I

Edward Snowden, l'homme de l'ombre qui voulait éclairer le monde

1

Snowden, un jeune homme pas tranquille

À neuf ans seulement, en 1993, le petit Edward Snowden a déjà un œil sur la National Security Agency (NSA). Chargée du renseignement d'origine électromagnétique, cette agence a ses quartiers généraux à Fort Meade (Maryland), au 9 800 Savage Road, derrière la sortie d'autoroute « NSA, employés uniquement ». C'est à douze kilomètres de cet imposant bâtiment rectangulaire, dans la ville paisible de Crofton, que vient de déménager celui qui révélera vingt ans plus tard les secrets les plus compromettants de l'agence, devenant une des personnes les plus recherchées au monde. À ce lieu mystérieux, les employés donnent des surnoms évocateurs, comme « No Such Agency » (une telle agence n'existe pas) ou « Never Say Anything » (ne dites jamais rien).

Internet, refuge et terrain de liberté

Lorsqu'il se promène avec ses parents, le petit garçon originaire d'Elizabeth City (Caroline du Nord) croise quotidiennement des fonctionnaires du secret, travaillant parmi les quelque 11 000 militaires et 29 000 employés civils de l'agence. Il n'est pas rare que l'armée soit évoquée dans sa maison. Lon, son père, est officier de la gendarmerie maritime. Dans une lettre rendue publique le mercredi 3 juillet 2013, il décrit son fils comme un « vrai patriote », « élevé pour être un homme de principe [1] ». Sa mère Elizabeth, qui lui a donné naissance le 21 juin 1983, n'est pas pour rien dans sa passion juvénile pour les ordinateurs, puisqu'elle est adjointe au chef du bureau chargé des technologies au tribunal fédéral de

Baltimore. Il semble d'ailleurs qu'elle ait aussi transmis sa passion du droit à sa fille, qui deviendra plus tard avocate pour le tribunal fédéral de Washington [2].

Edward Snowden effectue la majeure partie de sa scolarité dans cette banlieue calme du sud de Baltimore, de l'école publique de Crofton au lycée Anne Arundel. Sur les bancs de ces établissements, entre les leçons, les enfants vantent parfois les mérites de leurs parents, dont la plupart travaillent dans l'armée. D'autres ne rentrent pas dans ces bavardages, car ils ne savent pas ce que font exactement leurs parents. Et pour cause : ceux-ci travaillent pour l'agence secrète. Ces agents n'évoquent guère leur métier, que ce soit avec les autres parents, leurs voisins ou même leur famille. Jerud Ryker, professeur de mathématiques à Arundel, se souvient ainsi des conversations avec certains parents d'élèves. « "Que faites-vous ?", leur demandait Ryker. La réponse était toujours la même : "Rien que je puisse vous dire" [3]. »

Caché derrière des lunettes ringardes trop grandes pour lui, le jeune Edward, garçon discret et maigrelet, semble écrasé par un univers rigoureux. Sa timidité est telle que seuls de très rares camarades de classe, comme Dawn Whitmore, garderont un souvenir de lui. « C'était un garçon gentil et doux » qui malgré sa timidité s'exprimait clairement, se remémore-t-elle [4]. À l'adolescence, le terrain d'expression de ce garçon introverti, qui commence à se passionner pour l'informatique, devient son ordinateur : « C'était un geek, comme nous tous. On jouait aux jeux vidéo, on regardait des mangas. Tout ça avant qu'être geek devienne cool », plaisante un ami de l'époque [5].

Malgré sa maturité, ses notes médiocres ne lui permettent pas de se distinguer. Celui qui sera plus tard considéré comme un génie de l'informatique quitte même le lycée d'Arundel à la fin du premier semestre de sa deuxième année. Les raisons qui l'ont poussé à arrêter ne sont pas claires, mais elles lui laisseront une grande amertume. Sur le forum d'un site, il évoquera quatre ans plus tard sa colère envers ce système qui n'a pas su le comprendre : « Je suis vraiment un gentil garçon. Tu vois, j'agis avec arrogance et cruauté parce que je n'ai pas été assez chouchouté quand j'étais enfant et parce que l'enseignement public est en piteux état, il m'a crucifié [6]. » Une de ses collègues, Mavanee Anderson, qui a travaillé avec lui en 2007, se souvient du complexe d'infériorité qu'éprouvait le jeune homme : « Il était de plus en plus préoccupé par son échec au lycée, ça revenait quotidiennement dans nos conversations », se rappelle-t-elle [7]. Edward Snowden poursuit ensuite son bref parcours scolaire dans un lycée technique, où il s'acharne à obtenir l'équivalent du baccalauréat de 1999 à 2001, puis de 2003 à 2005.

En 2001, ses parents se séparent. Son père quitte la maison familiale pour s'installer en Pennsylvanie, où il se remarie. Puis l'adolescent déménage avec sa mère dans un appartement près d'Ellicott City. « Wendy » sort faire des courses et voir des amies, se souvient une voisine, Joyce Kinsey [8]. Le garçon, lui, reste le plus souvent seul, la tête enfouie dans son ordinateur, plongé jour et nuit dans un autre monde : « Ce n'était pas quelqu'un de très avenant. Il ne parlait pas beaucoup. Il disait "Bonjour" mais en regardant le sol [9]. »

C'est à cette époque qu'il travaille pour le site d'un petit éditeur de mangas. Fasciné par le Japon et les nouvelles technologies, il devient très actif sur le site Ars Technica, postant 750 messages entre 2001 et 2012. Sous le pseudonyme « The True Hooha » (le vrai brouhaha), il parle de la culture japonaise, des arts martiaux, de jeux vidéo, d'armes mais aussi de filles [10]. Lors des discussions, le jeune homme fait souvent preuve d'arrogance et de virulence. « Snowden était toujours prêt à monter au créneau pour défendre ses idées, même quand personne n'était de son côté. Il pouvait se montrer très caustique [11] », se souvient un animateur d'Ars Technica, avant d'ajouter : « Il pensait souvent qu'il était l'homme le plus intelligent des discussions et le faisait savoir aux autres [12]. »

Message prémonitoire ? En 2002, il écrit cette phrase révélatrice : « Pirater des logiciels mal confectionnés est une punition qui sanctionne l'incompétence des fabricants [13]. » Un an plus tard, il pose tellement de questions sur les manières de cacher son identité sur un serveur qu'un autre participant du forum lui demande pourquoi il est si paranoïaque. Edward Snowden lui répond : « À cause du *Patriot Act* [a]. S'ils interprètent mal mes actes, je pourrais être à leurs yeux un cyberterroriste... ce qui serait très mauvais [14]. » Parfois, le jeune homme se livre à des considérations qui permettent de saisir sa philosophie, marquée par un grand désir de liberté : « On dit "Vit libre ou meurt", n'est-ce pas ? Cette phrase montre que la liberté est une condition préalable au bonheur [15]. »

Le patriote déçu par l'armée, puis révolté par les méthodes de la CIA

C'est dans ce forum en ligne qu'Edward Snowden explique avoir annoncé qu'il était bouddhiste alors qu'il postulait pour intégrer l'armée,

a Loi « pour unir et renforcer l'Amérique en fournissant les outils appropriés pour déceler et contrer le terrorisme, votée par le Congrès des États-Unis et signée par George W. Bush le 26 octobre 2001 » (Wikipedia).

provocation d'un jeune rebelle à toute forme d'autorité. Doué mais non diplômé — il sort du Computer Career Institute sans avoir validé son cursus [16] —, cet autodidacte de l'informatique est très vite attiré par ce monde militaire dans lequel il a grandi. En mai 2004, à l'âge de vingt ans, il se rend à Fort Benning (Géorgie), où il « tente de se qualifier pour devenir un soldat des forces spéciales », explique un porte-parole de l'armée, le colonel David H. Patterson Jr [17]. « En tant qu'homme, j'estimais qu'il n'y avait pas d'autre choix que de vouloir aider les Irakiens à se libérer de l'oppression », explique-t-il dans un fameux entretien vidéo diffusé le 9 juin 2013 par le quotidien britannique *The Guardian* (voir *infra*, chapitre 3).

Mais, là encore, le jeune homme est déçu par un système dont les valeurs sont bien éloignées des siennes : « La plupart des gens qui nous entraînaient avaient plus l'air d'avoir envie de tuer des Arabes que de les aider [18]. » L'expérience est de courte durée. « Edward Snowden n'a pas fini l'entraînement requis et a été renvoyé à la vie civile » au mois de septembre, se souvient le colonel Patterson. Sur un forum, l'intéressé assure que son renvoi est dû à une mauvaise chute qui lui a brisé les deux jambes, un événement que l'armée n'a pas confirmé [19]. Edward retourne chez lui dans le Maryland, plus blessé que jamais, n'ayant obtenu ni grade ni diplôme [20]. Il trouve alors un travail d'agent de sécurité au centre d'études avancées du langage de l'université du Maryland, affilié lui aussi au Département de la Défense. Il s'inscrit en même temps dans différents programmes d'enseignement universitaires par Internet, mais il ne semble pas les avoir terminés [21].

En 2006, il fait ses premiers pas dans le monde du secret. Cette année-là, le jeune homme de vingt-deux ans est engagé par la CIA, pour s'occuper de la sécurisation des réseaux de l'agence. Aucun document ne permet d'expliquer comment l'autodidacte sans diplôme a pu être engagé par la CIA. Son talent de passionné d'ordinateurs et de réseaux lui a peut-être permis de se faire remarquer, pour la première fois de sa vie. Son travail est enfin reconnu, le voilà apprécié. Edward Snowden semble heureux. « Si quelqu'un t'aime bien, peu importe que tu aies enfilé ton pantalon avant ton caleçon le matin, le job sera pour toi », se réjouit-il dans un message Internet, avant de se vanter : « Ma dette d'étudiant est de 0 dollar, j'en gagne 70 000. Je n'ai qu'à refuser les offres à 83 000 et les patrons se battent pour moi. » Mais l'informaticien garde son âme rebelle. Après la chute de la banque Lehmann Brothers, il confie sur le site Ars Technica à « Durf », un traducteur américain installé au Japon, que les services secrets ont accès à des informations concernant les marchés financiers dont ne disposent pas les *traders* [22].

Le vrai tournant s'effectue en 2007. Edward Snowden est envoyé pour une mission de deux ans au consulat américain de Genève, en Suisse, sous couverture diplomatique. Contrairement à l'école, il laisse là de nombreux souvenirs à ses collègues, même si la plupart des personnes contactées par Associated Press refusent de s'exprimer, par peur de représailles [23]. Une fois de plus, Edward est chargé de la sécurité du système informatique, ce qui lui donne accès à de nombreux documents hautement confidentiels. La station de Genève de la CIA est un centre important d'écoute et d'espionnage pour l'agence, tout comme celle de Bruxelles. Bien qu'il ne soit chargé que de la sécurité du réseau du consulat, Edward Snowden est en contact constant avec l'équipe mixte CIA-NSA qui s'affaire à espionner Genève. Et le travail ne manque pas ; c'est à Genève que se tiennent des négociations délicates sur le commerce international, sur les télécommunications, sur les normes de l'industrie informatique, sur le nucléaire [24]. C'est à Genève également que des « États voyous », trafiquants d'armes et services secrets disposent de comptes numérotés dans les discrètes banques de la ville. Autant dire que les multiples antennes qui se dressent sur les toits du consulat ne sont pas là juste pour la décoration.

Edward Snowden va découvrir là une réalité assez sordide qui le choque profondément : l'espionnage, ce n'est pas seulement de l'écoute et des ordinateurs, c'est aussi un métier où il ne faut pas avoir peur de se salir les mains, où la fin justifie les moyens. Comme à l'armée, cette expérience est un désenchantement. « Ce que j'ai vu à Genève, écrit-t-il, m'a vraiment désillusionné sur la manière dont mon gouvernement fonctionne et sur son rôle dans le monde. [...] J'ai réalisé que je faisais partie de quelque chose qui faisait plus de mal que de bien [25]. »

Au *Guardian*, Edward Snowden, raconte notamment un épisode où la CIA a saoulé un banquier suisse à qui elle voulait soutirer des secrets, avant de l'inciter à conduire. Arrêté en état d'ivresse, le financier désemparé ne pouvait plus rien refuser aux hommes de l'agence [26]. Mavanee Anderson, une amie suisse de l'époque, se souvient d'un jeune homme de plus en plus tourmenté par son travail : « À un moment, il a quitté la CIA, donc je savais qu'il avait une crise de conscience », raconte-t-elle lors d'une interview, ajoutant « être néanmoins surprise, choquée même. Il n'a jamais donné aucun signe laissant croire qu'il pourrait révéler quoi que ce soit de Top Secret [27] ».

Pas si sûr, d'après des informations du *New York Times*. Selon le journal, un supérieur hiérarchique d'Edward Snowden aurait rédigé en 2009 un rapport critique sur le jeune informaticien, notant un changement inquiétant dans son comportement et ses habitudes de travail [28]. Edward

Snowden était aussi suspecté d'avoir tenté d'accéder à des documents pour lesquels il n'était pas habilité. Mais l'agence de renseignement aurait finalement ignoré l'avertissement. À l'époque, l'informaticien s'apprêtait à quitter la CIA pour devenir consultant auprès de la NSA ; le rapport ne l'aurait tout simplement pas suivi. « La faiblesse du système était que, si un avis défavorable émergeait, Edward Snowden pouvait conserver son habilitation de sécurité en passant à un autre emploi », raconte un élu républicain dans le *New York Times*. La NSA n'a donc eu vent de l'affaire qu'une fois connues les premières révélations du consultant informatique [29]. Une version qui confirme le témoignage d'un ami personnel d'Edward Snowden, qui a aussi travaillé pour la CIA à Genève : dans le quotidien *Chattanooga Times Free Press*, il a expliqué qu'Edward Snowden avait traversé à Genève une « crise de conscience [30] ».

Un citoyen déçu par Barack Obama

Dégoûté par son travail et par les notes secrètes de la CIA qu'il voit passer, Edward Snowden aurait déjà pu faire des révélations. Pourtant, il décide d'attendre encore un peu. Tout d'abord, parce que « la plupart des secrets de la CIA concernent des personnes, non des machines ou des systèmes » et qu'il ne veut pas « mettre en danger qui que ce soit [31] », agents, informateurs ou victimes de l'agence. Quelques années plus tard, lorsqu'il dévoilera les dessous des activités de la NSA, il évitera de divulguer des noms de personnes. Seconde raison : nous sommes en 2008 et Barack Obama vient d'être élu. Le leader démocrate multiplie alors les dénonciations des abus de la surveillance. Sur le site Change.gov [32], mis en place par son équipe de transition postélectorale, il défend même les lanceurs d'alerte, promettant de tout faire pour les protéger. Dans l'esprit d'Edward, naît alors un espoir : le Président tiendra parole.

Il n'est pourtant pas un supporteur de Barack Obama. L'informaticien défend le droit de porter des armes et réclame la suppression du système public de retraite [33]. En 2008, il ne vote pas pour Obama, ni pour McCain. Aux têtes d'affiche des deux grands partis, il préfère un parti tiers, déclare-t-il sans préciser lequel [34]. D'après ses messages échangés sur Internet en 2012, on sait en tout cas que c'est alors un « libertarien », le représentant républicain du Texas Ron Paul, qui le « fait rêver » [35]. Parfois surnommé « Doctor No » au Congrès, celui-ci s'oppose à toutes les lois qui violent selon lui la Constitution américaine ou augmentent les impôts. À deux reprises, Snowden soutient sa campagne avec des dons de 250 dollars, soit près de 400 euros au total. Fin août 2013, une fois révélée l'identité du

« lanceur d'alerte [a] », Ron Paul déclarera d'ailleurs au célèbre journaliste américain Larry King : « Il faut laisser Edward Snowden tranquille. Il nous a rendu un grand service en nous dévoilant la vérité. J'ai beaucoup de respect pour les lanceurs d'alerte. Ces personnes savent très bien ce qu'elles font et ce qu'elles risquent. On ne devrait pas les qualifier de "traître". » Mais après les élections de 2008 et de 2012, rien ne change et Barack Obama « continue les politiques de ses prédécesseurs », regrette Snowden, alors que se confirment les désastres des guerres en Irak et en Afghanistan.

La vie d'Edward Snowden change en 2009. Après avoir quitté Genève, il est embauché par Dell, prestataire privé de la NSA, installé au Japon. Son salaire explose : il gagne alors 200 000 dollars par an, soit près de 150 000 euros [36]. C'est au Japon, à l'occasion d'un festival de spectacles vivants, qu'il rencontre celle qui deviendra sa petite amie, Lindsay Mills. Très amoureux, le couple reste sur la réserve. « Parfois, je leur demandais : "Pourquoi vous ne viendriez pas prendre un café ?" Mais ils ne venaient jamais », se souvient Angel Cunanan, un médecin qui vivait à côté [37]. Une autre voisine, Carolyn Tijing, affirme qu'ils laissaient les stores fermés et empilaient des cartons à l'entrée du garage, du sol au plafond, pour ne pas qu'on voie à l'intérieur.

Au plus près de la NSA

À l'été 2013, on en a appris un peu plus sur le parcours de l'informaticien. Après avoir démontré un vrai savoir dans la gestion et la sécurisation de réseaux informatiques gérés par Dell, Edward Snowden a suivi une formation aux techniques offensives de la cyberguerre, maîtrisant ainsi la pénétration de bases de données et la capture de documents. Parmi les connaissances qu'il acquiert alors, la plus précieuse était sans doute celle de savoir pénétrer un système sans laisser de trace, pour en extraire les données.

En travaillant chez Dell comme sous-traitant de la NSA, Edward Snowden a compris que, s'il voulait vraiment prendre connaissance des secrets les plus protégés de l'agence américaine, il lui fallait entrer chez son autre sous-traitant Booz Allen Hamilton, l'entreprise qui maîtrisait le mieux les techniques de cyberguerre et les améliorait pour son compte. D'après les journalistes du *New York Times* Christopher Drew et Scott Shane, qui ont consulté son CV, Edward Snowden, d'abord gestionnaire

a Traduction française du mot anglais *whistleblower* (voir *infra*, chapitre 10).

de parc informatique, est alors devenu « cyberstratégiste » et « expert en cybersécurité », en liaison avec une autre entreprise sous-traitante de la NSA, EC-Council, qui emploie de nombreux hackers [38]. Il développe là tous ses talents de hacker, ce qui impressionne ses employeurs.

Son travail se révèle payant. En mars 2013, après un bref retour dans le Maryland, il est enfin intégré aux équipes de Booz Allen Hamilton au centre de la NSA à Hawaii. Là, les as de la cyberguerre naviguent sans contraintes sur tous les systèmes informatiques de l'agence. Reconstituant *ex post* son activité, le service de sécurité de la NSA a découvert qu'Edward Snowden avait pris plusieurs fausses identités pour accéder aux programmes les plus « Top Secret », neutraliser les alarmes prévues pour éviter les téléchargements non autorisés et copier illégalement plus de 20 000 documents — au bas mot, peut-être beaucoup plus —, représentant les secrets les mieux gardés (jusque-là) de l'agence. En août 2013, l'ex-officier de renseignement américain auteur de l'aveu historique que nous avons évoqué en introduction — « Sur une échelle de dégâts de un à dix, nous sommes à douze » — avait précisé : « Tous les jours, ils découvrent un peu plus à quel point Snowden était brillant. C'est d'ailleurs pourquoi il ne faut pas embaucher des gens brillants. Embauchez seulement des gens compétents, les gens brillants vont vous causer des ennuis [39]. »

Et, de fait, les ennuis ne vont pas tarder pour la NSA : en mai 2013, définitivement écœuré par ses activités, Edward Snowden fait le plein de données ultraconfidentielles. « Ce n'est pas une décision que j'ai prise soudainement un beau matin ; tout s'est fait petit à petit », expliquera-t-il. Après avoir contacté Glenn Greenwald et Laura Poitras, deux journalistes américains en qui il a confiance au vu des persécutions dont ils font l'objet de la part des autorités de Washington, l'ingénieur discret demande à son supérieur quelques jours de congé pour soigner son épilepsie. Sans avoir clairement expliqué la raison de son départ à ses proches, il saute dans un avion direction Hong Kong, avec de l'argent et quatre ordinateurs [40]. Sa destination, il l'a choisie parce que la ville chinoise bénéficie d'une réelle liberté d'expression et qu'elle se situe à un endroit où son voyage ne risque pas de déclencher l'alerte des services américains [41]. Pendant son voyage, Snowden pense à sa petite amie avec laquelle il devait déménager, à leur vie confortable. Il a fait le grand saut et l'avenir est pour lui un grand point d'interrogation.

2

Rencontres très secrètes à Hong Kong

Le 20 mai 2013, en atterrissant à Hong Kong avec des milliers de documents Top Secret dans ses ordinateurs, Edward Snowden sent l'angoisse lui serrer la gorge, malgré la force de sa détermination. La tête recouverte d'une capuche, il marche hors de l'aéroport, tout à fait conscient de l'ampleur du scandale qu'il s'apprête à déclencher. Dans quelques jours, le jeune homme sera à l'origine « d'une des plus grosses fuites de l'histoire des services secrets américains [1] », en dévoilant au monde entier un système de surveillance intérieur et extérieur tentaculaire. L'adversaire du jeune informaticien est de taille ; il s'agit des plus grandes puissances économiques et politiques mondiales : la Maison-Blanche, son appareil de renseignement et les géants de l'Internet (dont Facebook, Google, Yahoo ! et Microsoft), eux aussi impliqués dans ces révélations.

Snowden sait qu'on ne s'attaque pas à des entités aussi puissantes sans en payer le prix fort. Dans les journaux, il a lu les terribles conditions dans lesquelles est détenu le jeune soldat américain lanceur d'alerte Bradley Manning, soumis à un isolement carcéral maximum après avoir transmis en 2010 des documents militaires classifiés à WikiLeaks. Il a vu aussi comment a été harcelé Julian Assange, le fondateur du site, bloqué depuis juin 2012 à l'ambassade d'Équateur à Londres. « Je comprends qu'on me fera payer pour mes actions et qu'avoir livré ces informations au grand public scelle mon arrêt de mort », expliquera-t-il plus tard aux deux journalistes qui publieront les premiers articles.

Le blogueur engagé Glenn Greenwald rate le scoop

Malgré les risques qui pèsent sur lui, il n'envisage pas de retourner en arrière : « Je n'ai pas peur, car c'est un choix que j'ai fait », soutient-il dans la vidéo publiée par *The Guardian* le 5 juin 2013. L'informaticien est donc serein, prêt à se sacrifier pour ses idées. Néanmoins, ce qui fera trembler sa voix si calme lors de l'interview filmée par la documentariste Laura Poitras, et diffusée par *The Guardian* le 9 juin 2013, c'est sa crainte d'entraîner son entourage dans le tourbillon médiatique et judiciaire qu'il va déclencher : « La seule chose dont j'ai peur est l'effet néfaste pour ma famille que je ne pourrai plus aider. C'est ce qui me tient éveillé la nuit », confie-t-il, ému [2].

Dans cette partie, Snowden n'a donc pas le droit à l'erreur. Pour mettre toutes les chances de son côté, il doit parfaitement contrôler la manière dont les documents seront publiés, s'appuyer sur des journalistes en qui il a entièrement confiance et qui deviendront des acteurs à part entière du dispositif de révélations qu'il met en place. Les journalistes qu'il choisira devront publier leurs articles et protéger leurs sources, malgré les pressions du gouvernement. Il leur faudra aussi se montrer suffisamment prudents pour filtrer les données afin de ne pas mettre inutilement en danger les personnes citées. Enfin, ils devront accepter de faire passer leur désir d'informer avant leur sécurité personnelle : comme le journaliste cybermilitant Julian Assange, ils risquent eux-mêmes d'être ensuite traqués, persécutés.

Craignant d'être démasqué, interpellé, voire supprimé avant même de faire éclater l'affaire, Snowden tient à ce que les articles soient publiés très rapidement après sa fuite de Hawaii. Pour lui, il est donc hors de question de confier le scoop au *New York Times*, pourtant l'un des plus prestigieux quotidiens américains. « Edward se méfiait des grands médias et notamment de ce journal », expliquera plus tard Laura Poitras [3]. Et pour cause : « Ce journal a mis plus d'un an à révéler une affaire d'espionnage de la NSA », ajoute-t-elle. L'affaire en question, c'est celle d'un programme d'écoutes téléphoniques mené par la NSA, sans mandat. En 2004, les journalistes James Risen et Eric Lichtbau avaient enquêté sur ce gigantesque scandale, mais leur article n'était sorti qu'un an plus tard, après des pressions de la Maison-Blanche qui accusait le journal de mettre ainsi en danger la sécurité nationale.

Edward Snowden choisira donc des journalistes qui ont déjà prouvé leur audace. À ses yeux, l'un d'eux se démarque particulièrement, grâce à l'indépendance dont il a fait preuve et à son engagement : son compatriote Glenn Greenwald, ancien avocat spécialiste des droits constitutionnels et civils, blogueur réputé pour le site Web du *Guardian* depuis août 2012. Passionné par la défense de la vie privée, ce dernier a reçu le prix du journalisme en ligne en 2010 pour son travail d'investigation sur l'arrestation et la détention de Bradley Manning et il est membre de la Freedom of the Press Foundation, une association créée en décembre 2012 à l'initiative du lanceur d'alerte historique Daniel Ellsberg, l'homme du Watergate de 1972 [a], qui soutient et finance des actions axées sur la liberté d'expression et de la presse — elle s'est notamment occupée de lever des fonds pour retranscrire l'intégralité du procès de Manning, l'armée ayant refusé de publier les transcriptions.

En décembre 2012, Edward Snowden met son plan à exécution. Sans dévoiler son identité, il envoie un courriel à Glenn Greenwald pour lui dire qu'il détient des informations très sensibles qui pourraient l'intéresser. Et il lui pose une question qui va mettre son correspondant dans l'embarras : utilise-t-il un logiciel pour crypter ses courriels ? Le blogueur, qui ne sait pas bien ce que signifie le cryptage, lui répond : « Je vais essayer la semaine prochaine, réécrivez-moi. » Quelques jours plus tard, Snowden revient à la charge : « L'avez-vous fait ? » Agacé, Greenwald lui explique qu'il ne l'a jamais fait. Le jeune homme, très décidé, lui envoie alors « des instructions étape par étape, un peu comme un manuel "Le cryptage pour les nuls" ». Pas de réponse. Snowden s'obstine : il réécrit à Greenwald en lui joignant une vidéo YouTube, une espèce de tutoriel privé où il lui explique la manière de procéder.

Malgré tous les efforts du jeune homme, le journaliste trouve ces démarches « difficiles et ennuyeuses » et arrête de lui répondre. « Il y a souvent des gens qui m'écrivent pour me dire : "J'ai quelque chose d'énorme pour vous", racontera-t-il plus tard. Donc, je n'ai pas donné d'importance à ces échanges. J'ai ainsi failli passer à côté d'une des plus grosses fuites de la sécurité nationale, tout ça parce que je ne comprenais rien à l'installation de ce logiciel [4] ! » De son côté, Snowden est non seulement frustré, mais aussi profondément étonné de voir qu'un journaliste qui traite régulièrement des excès de pouvoir de l'État « ne sait pas que chaque message non crypté envoyé par Internet est enregistré par tous les services de renseignement du monde [5] ». Dépité, dès janvier 2013, il se tourne vers une autre journaliste : Laura Poitras, une documentariste retenue à chaque fois qu'elle passe la frontière des États-Unis depuis la sortie en

---

a En révélant des documents secrets du Pentagone sur le déroulement de la guerre menée par les États-Unis au Viêt-Nam, Daniel Ellsberg a été à l'origine de ce scandale dit du « Watergate », qui conduisit, en 1974, à la démission du président Richard Nixon (voir *infra*, chapitre 14).

2006 de son film critique *My Country, My Country* consacré à la guerre en Irak.

Laura Poitras, une documentariste pugnace

Pour le lanceur d'alerte, la documentariste américaine « est vite devenue un choix évident ». « Au cours de sa carrière, explique-t-il, elle a fait preuve du courage, de l'expérience et des compétences nécessaires pour remplir une mission qui est probablement la plus dangereuse pour un journaliste : enquêter sur les méfaits du gouvernement le plus puissant du monde [6]. » La force et la détermination de Laura Poitras ont de quoi plaire à Edward Snowden. Quant au regard de cette jeune cinquantenaire, il est aussi incisif que ses reportages. Un jour, au cours d'un des quelque quarante interrogatoires qu'elle aura à subir, un militaire d'un aéroport américain la somme de ranger son stylo : « Vous pourriez vous en servir comme d'une arme », lui lance-t-il, afin de l'empêcher de prendre des notes qui pourraient se tourner contre lui [7]. Le stylo de Laura Poitras, tout comme sa caméra, est une arme dont le pouvoir peut être encore plus grand que ne l'imagine cet officier.

Issue d'une famille aisée de Boston, Laura a deux passions, l'image et les secrets d'État. C'est la raison pour laquelle elle étudie au San Francisco Art Institute avec le cinéaste expérimental Ernie Gehr, puis les sciences politiques à la New School University de New York. Son succès est rapide : en 2003, son film *Flag Wars* sur les minorités reçoit un Peabody Award, le prix du meilleur documentaire au festival South by Southwest. Alors qu'elle enchaîne les films, les attentats du 11 septembre 2001 vont bouleverser sa carrière. Lorsque les dirigeants de son pays traumatisé décident alors d'envahir l'Afghanistan puis l'Irak, elle a l'impression qu'ils « font fausse route ». « Comment les gens ont-ils pu permettre cela ? Comment ont-ils pu rester assis alors que l'Amérique dépassait les limites ? », s'insurge-t-elle [8].

Laura Poitras n'a jamais travaillé en zone de guerre. Qu'importe, en juin 2004, elle part filmer l'occupation américaine en Irak, le quotidien d'un médecin sunnite célèbre, la prison d'Abou Ghraïb ou encore la Zone verte de Bagdad où elle suit des militaires américains. Ce film, qu'elle intitulera *My Country, My Country*, dresse le portrait d'un pays « jeté brutalement dans la violence » : « Dans les rues et sur les routes d'Irak, le bruit des hélicoptères, les explosions, les coups de feu, les reportages à la télévision sur les attentats suicides font partie du quotidien [9]. » Montrant la face sombre d'une opération militaire qui se voulait humanitaire [10], le documentaire de Laura Poitras, nominé aux Oscars en 2006, dérange fortement les autorités américaines. « Depuis sa sortie, raconte-t-elle, j'ai été placée sur la liste de surveillance du Département de la Sécurité intérieure des États-Unis et on m'a informée que mon "niveau de menace" était le plus élevé. »

Au lieu de l'affaiblir, ces épreuves ont renforcé son engagement pour la liberté d'expression, ce qu'Edward Snowden a bien compris. « Il m'a dit qu'il m'avait choisie en raison du harcèlement dont j'étais victime aux frontières du pays, raconte-t-elle : "Vous n'aimez probablement pas la façon de fonctionner du système. Je pense donc que vous pouvez vous occuper de cette histoire" [11]. » Avec Daniel Ellsberg et Glenn Greenwald, Laura Poitras a en effet participé fin 2012 à la création de la Freedom of the Press Foundation. Une autre compétence de Laura a aussi convaincu Snowden : sa bonne connaissance des dispositifs de surveillance des citoyens aux États-Unis. Depuis 2011, elle réalise un film sur le sujet, enquêtant sur la NSA et interviewant des activistes tels Julian Assange et Jacob Appelbaum (également membre de WikiLeaks, ce dernier est l'une des figures mondiales du logiciel libre).

Ces rencontres et les nombreuses interpellations qu'elle a subies lui ont appris à développer de réelles compétences en matière de protection de son activité de journaliste. Depuis que ses billets d'avion sont marqués « SSSS [a] », elle a appris à laisser ses notes et son ordinateur à un compagnon de voyage ou dans un casier à l'aéroport. Avant chaque voyage, elle vide son matériel informatique et son téléphone portable de tout leur contenu afin de ne laisser aucune donnée. Elle a aussi appris à crypter ses communications et à s'anonymiser sur Internet. Une obligation, estime Edward Snowden : « Un journaliste qui ne crypte pas ses communications commet une imprudence inexcusable [12]. » En janvier 2013, après avoir échoué à rallier Glenn Greenwald, il se décide donc à écrire à Laura Poitras.

Laura Poitras parvient à convaincre Glenn Greenwald

Le message qu'elle reçoit d'Edward Snowden pique la curiosité de la documentariste. Alors, contrairement à Greenwald, elle suit les instructions de l'informaticien, consciente elle aussi que son travail doit être

a Pour Secondary Security Screening Selection, une liste établie par la Transportation Security Administration (TSA) américaine et comportant plus de 14 000 noms de personnes potentiellement à risques, demandant des inspections approfondies lors de leur embarquement dans un aéroport.

le plus possible protégé : « Imaginez que votre adversaire soit capable d'effectuer mille milliards de déductions par seconde », lui explique le lanceur d'alerte, intriguant une nouvelle fois cette enquêtrice. Peu de temps après, un message crypté s'affiche sur son écran, avec ces quelques mots d'Edward Snowden : « Je peux prouver tout ceci. » Elle découvre une liste de programmes secrets de surveillance joints à l'e-mail.

Comme si la gravité de ces révélations lui avait brûlé les yeux, Laura efface immédiatement le message. « J'étais stupéfaite de ce qu'il disait savoir et être en mesure de prouver, explique-t-elle. Je me suis dit : OK, si c'est vrai, ma vie vient de changer. » Le ventre noué d'excitation et d'anxiété, elle le recontacte peu de temps après : « Je lui ai dit : "Soit vous avez des informations et vous prenez de gros risques, soit vous essayez de me piéger, moi et mes contacts. Soit vous êtes fou." » Edward Snowden se souvient des inquiétudes de la jeune femme : « Nous en étions arrivés à un point dans le processus de vérification où je me suis rendu compte que Laura se méfiait plus de moi que je ne me méfiais d'elle. Et pourtant, tout le monde s'accorde à dire que je suis paranoïaque [13]. » Néanmoins, vers la fin du mois de mars 2013, la journaliste finit par le croire.

L'informaticien ne perd pas pour autant de vue son premier choix, Glenn Greenwald. Sur une idée qu'il soumet à Laura Poitras, celle-ci contacte son confrère et ami et lui propose un rendez-vous. Le blogueur accepte, sans se douter que cette réunion qu'il croyait informelle allait être aussi sécurisée. Après avoir discuté pendant plusieurs semaines avec Snowden, Laura Poitras a acquis la conviction que cette affaire risque d'être l'une des plus grandes révélations de la décennie. Il lui semble donc indispensable de prendre le maximum de précautions. Tout d'abord, afin de limiter le risque d'écoutes, elle demande à Greenwald de ne pas prendre son téléphone portable : les services secrets, lui explique-t-elle, peuvent en effet appeler un mobile et écouter une conversation, sans qu'un message d'appel ne se soit affiché ou que quelqu'un ait même décroché. Une fois toutes ces précautions prises, Laura Poitras lui parle de son échange avec Snowden et lui dévoile les premières révélations qu'il lui a faites, vingt documents Top Secret de la plus grande valeur. Bien que méfiant, Glenn Greenwald est stupéfait : cette fois, grâce à l'aide de son amie, il ne peut pas passer à côté de l'affaire et décide de rejoindre l'aventure.

Du coup, il devient impératif qu'il sache comment protéger les données que lui confiera l'ancien consultant de la NSA et qu'il apprenne à travailler en toute sécurité. Devant ses yeux interloqués, Laura Poitras lui explique combien d'ordinateurs il doit utiliser et comment les sécuriser. Elle, elle en a trois : un pour monter ses sujets, un pour lire les données secrètes — ce dernier ne sera jamais relié à Internet — et un pour communiquer. Une fois qu'elle a formé son confrère et mis en place un véritable arsenal défensif, Snowden commence le transfert des documents. La date de ces premiers envois se situe entre avril et mai, selon Laura Poitras, qui ne souhaite pas préciser la période exacte afin de se protéger, en cas de procès engagé contre elle ou Edward Snowden. Le processus de révélation est lancé et le lanceur d'alerte est ravi de son équipe : « Laura et Glenn font partie d'une poignée de journalistes qui ont courageusement traité de sujets controversés même face à des critiques personnelles », expliquera-t-il au *New York Times* [14].

Le *Washington Post* perd le scoop

Mais un autre journaliste, travaillant pour un autre quotidien américain prestigieux, le *Washington Post*, a lui aussi reçu ces données ultraconfidentielles transférées à Laura Poitras et Glenn Greenwald. Il s'agit de Barton Gellman, contacté en février par la documentariste [15]. « Un jour, raconte celui-ci, elle est venue me voir et m'a dit : "Puis-je te parler en toute discrétion ?" Et elle m'a montré quelques extraits de leur conversation puis m'a demandé : "Est-ce que cela te semble vraisemblable ?" J'ai répondu : "Ça en a tout l'air. Mais tu vas devoir creuser et tout vérifier" [16]. » À ce moment-là, le lanceur d'alerte a décidé de réserver l'exclusivité de la révélation concernant Prism, un gigantesque programme de surveillance électronique de la NSA, au *Washington Post*, notamment connu pour avoir fait éclater le scandale du Watergate en 1972. Le *Guardian*, lui, aura l'exclusivité des révélations concernant la collaboration secrète avec la NSA de Verizon, l'un des plus importants opérateurs américains de télécommunication.

Le lanceur d'alerte est séduit par l'imposant CV de Barton Gellman, qu'il nommera « Brassbanner » dans leurs échanges. Ce cinquantenaire, qui de son côté l'appellera « Verax », a été récompensé par deux prix Pulitzer et a publié en 2011 une longue enquête sur l'ancien directeur du FBI, Robert Mueller. Autre élément non négligeable aux yeux de l'informaticien : il tient un blog, « CounterSpy » (« Contre-espionnage »), consacré à la sécurité numérique. Fin mai, le journaliste du *Post* possède donc, comme Poitras et Greenwald, les documents envoyés par Snowden [17] : « Il n'a donné ces fichiers qu'à nous trois, bien entendu, se souvient-il. Il voulait qu'on réfléchisse à ce qu'il fallait ou non rendre public, afin de ne mettre personne inutilement en danger [18]. »

C'est alors que Gellman fait un premier faux pas aux yeux de Snowden. Ce dernier lui demande de publier sous soixante-douze heures son article, ainsi que l'intégralité des quarante et un documents concernant le dossier Prism. Non seulement le journaliste lui répond qu'il lui est impossible de le faire, mais il commet une seconde erreur, fatale aux yeux du lanceur d'alerte : les dirigeants du *Washington Post* ont contacté le gouvernement américain pour lui demander son avis sur les conséquences possibles de la divulgation de ces informations, notamment en matière de sécurité nationale. Snowden, furieux, lance qu'il « regrettait qu'ils n'aient pas été en mesure de respecter les conditions qu'il avait demandées ». « Qu'en est-il des menaces légitimes pour la sécurité nationale ? », réplique Gellman par courriel. « Nous avons réussi, lui répond Snowden, à survivre à de bien pires menaces dans notre histoire que quelques groupes terroristes désorganisés et des États voyous sans faire appel à ce type de programme. Ce n'est pas que je ne donne aucune importance au renseignement, mais je m'oppose à une surveillance de masse omnisciente et automatique, qui est selon moi une plus grande menace pour les institutions de la société libre que de produire des rapports de renseignement erronés [19]. »

Déçu par l'attitude du *Post*, Snowden confie donc au *Guardian* les dossiers sur Prism. Greenwald, l'un de ses chroniqueurs vedettes, est pour lui digne de confiance et il apprécie l'excellente réputation du quotidien en matière d'investigation : du scandale des écoutes téléphoniques du journal britannique du groupe Murdoch *News of the World*, révélé en 2011, à WikiLeaks, en passant par l'évasion fiscale légale des multinationales, il est connu pour avoir mis au jour de nombreuses affaires en dépit des pressions, le tout accompagné de brillantes analyses. « Son plus, c'est d'être resté fidèle à ses origines, tolérant, social-démocrate et toujours prêt à défier l'ordre établi, de gauche comme de droite », analyse George Brook, professeur de journalisme à la City University [20].

Une fois les journaux sélectionnés et le matériel préparé, le trio peut commencer à travailler. Laura Poitras et Glenn Greenwald manifestent l'indépendance d'esprit et la prudence qu'Edward Snowden recherchait. Ces journalistes *freelance* contrôlent le contenu de leurs articles et leur date de publication. Ils n'hésiteront pas ainsi à menacer le *Guardian* de publier leurs articles chez des concurrents lorsqu'ils trouveront que le quotidien tarde trop à publier les révélations. Ils penseront même à créer un site Web, à la manière de WikiLeaks, afin de les publier eux-mêmes — ils lui trouveront même un nom : NSADisclosures. Néanmoins, pour eux, tout ne doit pas être publié et chaque information doit être scrupuleusement vérifiée : « Notre première responsabilité est de prendre en compte le risque pris par la source et l'intérêt public de l'information délivrée. »

Pour les deux journalistes, rigueur et engagement ne sont pas contradictoires. Leur écriture, tout en étant neutre, doit servir à dénoncer cet appareil qu'Edward Snowden leur a fait découvrir. « Nous avons des opinions, explique Laura Poitras. Est-ce que je pense que l'État de surveillance est hors contrôle ? Oui, c'est effrayant et les gens devraient être effrayés. Le secret d'État ne cesse de grandir au nom de la sécurité nationale et sans les contrôles ou les débats dont une démocratie devrait pourtant disposer. Notre travail ne s'apparente pas à un plaidoyer. Nous avons des documents pour prouver tout ce que nous avançons [21]. » Ce fort engagement des journalistes, proche de celui d'Edward Snowden, frappera leur collègue du *New York Times* Peter Maass, qui écrira après les premières révélations un reportage sur leur rencontre : « L'histoire d'Edward Snowden, disent-ils, c'est un combat qu'ils allaient mener ensemble, une guerre contre le pouvoir des services de renseignement qu'ils estiment être une menace contre les libertés fondamentales américaines [22]. »

À Hong Kong, une rencontre digne d'un polar

Lors des trois mois durant lesquels Edward Snowden a travaillé pour Booz Allen Hamilton, il a téléchargé des milliers de documents Top Secret, dans la perspective de les rendre publics. Mais il semble probable que son départ vers Hong Kong, le 20 mai, ait été précipité, pour deux raisons. Tout d'abord, parce qu'il estimait que ses contacts avec des journalistes activistes, donc surveillés, risquaient de le démasquer, au risque de faire échouer son projet. Ensuite, les révélations de Barton Gellman aux autorités américaines lui faisaient craindre d'être vite traqué et capturé.

C'est à ce moment-là que Glenn Greenwald quitte son domicile brésilien de Rio de Janeiro. Il rejoint Laura Poitras à New York pour préparer la publication des articles à venir avec l'éditeur américain du *Guardian*, puis ils s'envolent ensemble le 1er juin vers Hong Kong. Au-dessus du Pacifique, alors que son voisin d'avion s'est endormi, Glenn Greenwald ouvre son ordinateur et clique sur un document envoyé par l'informaticien. Il découvre alors une ordonnance secrète de la Foreign Intelligence Surveillance Court (FISC) — l'organisme chargé de l'application de la loi encadrant les procédures de surveillance physique et électronique — qui demande à l'entreprise américaine de télécommunication Verizon de transmettre les relevés téléphoniques de ses clients au gouvernement.

Le journaliste est abasourdi. Assise à une vingtaine de rangées derrière lui, Laura Poitras se lève, vérifie que son voisin dort bien et s'assied à côté de lui. « Tu vois ça ?, lui demande-t-il. Est-ce que ça dit bien ce que je pense ? » Les deux journalistes se regardent, sous le choc. Ils viennent de comprendre l'ampleur gigantesque du scandale. Devant eux, se trouve la preuve de l'espionnage des citoyens par le gouvernement américain. « Nous n'arrivions pas à réaliser à quel point ce moment était historique, se souvient le blogueur avec émotion. En lisant ces documents, on comprend immédiatement tout ce qu'ils impliquent ; c'est la raison pour laquelle j'ai ressenti à ce moment-là une bouffée d'adrénaline et d'allégresse. On a senti qu'on pourrait enfin lutter efficacement contre ce système de mammouth qu'on voulait tant exposer au grand jour et faire tomber. Jusqu'alors, on ne pouvait rien faire et là, tout d'un coup, toutes les preuves étaient dans notre ordinateur [23]. »

Le 1er juin, à Hong Kong, Greenwald et Poitras se précipitent hors de l'aéroport pour enfin rencontrer leur source anonyme. Le rendez-vous avait été fixé à la manière classique des agents secrets : le quartier Kowloon, devant un restaurant, où ils devraient l'identifier grâce au Rubik's Cube qu'il tiendrait dans sa main. Ils devraient alors lui demander : « À quelle heure le restaurant ouvre-t-il ? » Si l'homme répondait en leur donnant l'heure et en leur précisant que le restaurant était mauvais, c'est qu'il s'agissait de leur interlocuteur.

Arrivés avec un peu d'avance sur l'heure prévue, ils aperçoivent sur un banc un jeune homme en sweat à cagoule, tenant le casse-tête coloré. Ils sont frappés par son jeune âge. « Je n'avais aucune idée sur lui, racontera plus tard Laura Poitras, qui regarde alors Greenwald en se demandant si elle n'avait pas fait le voyage pour rien. Je me disais qu'il devait être haut placé et donc plus âgé. Mais je savais aussi qu'il avait de grandes connaissances concernant les systèmes informatiques et qu'il ne devait pas être trop vieux. Je m'étais donc imaginé qu'il aurait la quarantaine, comme quelqu'un qui a grandi avec les ordinateurs et qui aurait suffisamment d'expérience [24]. » Devant eux, Edward Snowden, lui aussi, est perturbé : « Je crois qu'ils étaient ennuyés que je sois plus jeune qu'ils ne s'y attendaient et moi j'étais ennuyé qu'ils soient arrivés si tôt, ce qui compliquait mon travail de vérification. »

Sans perdre de temps, les journalistes suivent celui qui va devenir l'homme le plus recherché du monde vers sa chambre du Mira Hotel, un hôtel cossu où transitent d'habitude des hommes d'affaires, planté au milieu des gratte-ciel. Tous deux ont alors une certitude : leur vie ne sera plus jamais la même. Derrière cette porte, ils éprouvent ce mélange d'angoisse et de profonde détermination propre aux moments que l'on sait historiques [25].

3

Juin 2013 : les premières révélations

Le 1er juin 2013, en entrant dans la chambre de Snowden au Mira Hotel, Glenn Greenwald et Laura Poitras sécurisent immédiatement les lieux. À la demande de l'informaticien, ils tapissent la porte d'oreillers pour empêcher les indiscrets d'écouter, puis ils placent leurs téléphones portables dans le réfrigérateur du minibar, qui fait office en l'occurrence de « cage de Faraday ». « Cette technique, expliquera Adam Harvey, un expert en produits de contre-espionnage, permet de bloquer le signal radio qui peut être utilisé pour transmettre des données vocales aux services d'écoute [1]. » Une fois ces précautions prises, « Laura a immédiatement sorti sa caméra », se souvient Glenn : « Au moment où elle l'a allumée, Edward Snowden et moi, nous nous sommes complètement figés. » Mais l'informaticien s'habitue vite à la présence de l'objectif : « À ce moment-là, raconte-t-il, nous savions tous qu'il n'y aurait pas de retour en arrière. »

Craignant d'être arrêté à tout moment, il répond à toutes les questions des journalistes, détaillant son parcours, ses motivations et le contenu des informations qu'il détient. Et ces questions sont nombreuses, Glenn Greenwald voulant s'assurer « de la cohérence de ses affirmations ». « Je voulais obtenir toutes les informations que je désirais, étant donné que tout cela allait affecter ma crédibilité et tout le reste. On a mis cinq ou six heures à établir un vrai contact humain », expliquera le reporter du *Guardian*.

Premier scoop : Verizon confie ses communications à la NSA

La semaine suivante, les journalistes, accompagnés de leur collègue Ewen MacAskill, un renfort du *Guardian*, retournent à l'hôtel, toujours avec les mêmes précautions, pour préparer les articles et les vidéos qui révéleront ce scandale mondial. Leur travail avance vite : Snowden leur montre les documents, leur explique le fonctionnement de cette énorme machine de surveillance et leur détaille toutes ses dérives. Excités par leurs avancées, ils réfléchissent à la chronologie des publications à venir et mettent de côté les informations qu'il serait inutile ou dangereux de publier. Jour après jour, leur stupéfaction s'accroît avec la découverte de l'étendue des activités de la NSA.

Les premiers articles sont vite bouclés et la vidéo tournée par Laura est rapidement montée. Les journalistes, comme Snowden, sont prêts à révéler la vérité tout de suite. Ils contactent le *Guardian*, mais les dirigeants du quotidien prennent peur en lisant les premiers articles. Dans la rédaction, ceux qui connaissent les services secrets se renseignent sur les risques encourus en faisant éclater un tel scandale. À Hong Kong, le lanceur d'alerte et les journalistes trépignent d'impatience. Ils savent que Barton Gellman, du *Washington Post*, a informé les autorités que des documents ultrasensibles pouvaient fuiter. Et que les services de renseignement américains sont donc sur le pied de guerre et doivent chercher frénétiquement l'identité du « coupable ». Ils savent aussi que les employeurs de Snowden vont s'interroger sur les raisons réelles de son départ précipité d'Hawaii et peut-être rapidement remonter à lui. Alors, comme le *Guardian* traîne à publier le premier article, les journalistes envisagent de le publier ailleurs. Finalement, le quotidien se décide : pas question de passer à côté de l'exclusivité. Le mercredi 5 juin, soit quatre jours après la lecture du document dans l'avion, il publie le premier scoop : l'ordonnance de Verizon [2].

En consultant le site Web du *Guardian*, les citoyens américains découvrent la première fuite d'Edward Snowden. Et elle est de taille : l'article, devenu historique, dévoile dans son titre que « la NSA collecte chaque jour les relevés téléphoniques de millions d'abonnés de Verizon [3] ». Cette information interpelle forcément les Américains, puisque cette entreprise est l'un des plus grands opérateurs de télécoms du pays — en 2013, elle comptait plus de 113 millions de clients [4]. Mais, pour l'instant, les journalistes ne donnent aucun indice permettant d'identifier la source qui leur a transmis une « ordonnance Top Secret publiée en avril ».

« Cette ordonnance, commence l'article, transmise au *Guardian*, demande à Verizon de transmettre quotidiennement à la NSA les informations concernant toutes les communications à l'intérieur des États-Unis ou entre les États-Unis et les autres pays. » Le document, rendu secret par le tribunal en charge de ces activités, la Foreign Intelligence Surveillance Court (FISC), est intégralement publié sur le site. On y découvre la demande à Verizon, signée de la main du juge Robert Vinson, de transmettre au renseignement américain, pendant une période de trois mois — du 25 avril au 19 juillet 2013 —, le numéro de téléphone des appelants, celui des appelés, leurs positions géographiques respectives, la date et la durée des appels ainsi que les identifiants uniques. Le contenu des conversations, lui, n'est pas demandé. Même si le feu vert de la FISC est temporaire, il permet à la NSA l'accès à un volume considérable de données. « Personne ne doit révéler que le FBI et la NSA ont demandé ou obtenu des informations par cette ordonnance, conclut le document. [...] Toute personne qui voudrait transgresser cette interdiction ou passerait à l'acte devra être dénoncée au directeur du FBI. »

L'article déclenche immédiatement une tempête, d'autant plus que le ministère de la Justice est déjà mis à mal par un récent scandale. Deux semaines auparavant, il avait été accusé d'avoir espionné l'agence Associated Press (AP) en ayant saisi des relevés téléphoniques de journalistes pendant près de deux mois, au prétexte de la publication d'un article en mai 2012 qui concernait une « opération de la CIA au Yémen qui a empêché au printemps 2012 un complot d'Al-Qaida visant à faire exploser une bombe dans un avion pour les États-Unis [5] ». Une « écoute massive et sans précédent » que rien ne justifiait, s'était indignée l'AP.

À Hong Kong, Edward Snowden et les journalistes regardent l'ouragan politico-médiatique qu'ils ont déclenché envahir les journaux télévisés du monde entier : « On a travaillé sur ces articles à plusieurs, en petit cercle, se rappelle Glenn Greenwald, et on a vu à la télévision que ça prenait et qu'il y avait de nombreuses réactions [6]. » Tandis que la Maison-Blanche refuse de commenter la publication du *Guardian*, renvoyant les questions aux agences de renseignement, les défenseurs des libertés sont ulcérés par l'ampleur du ratissage, rappelant qu'« ils avaient dûment combattu le renouvellement en 2011 du *Patriot Act*, la loi antiterroriste adoptée six semaines après les attentats du 11 septembre 2001 [7] ».

Prism choque le monde

Le lendemain, Laura Poitras et Barton Gellman publient dans le *Washington Post* un deuxième article basé sur les fuites d'Edward Snowden [8], suivi vingt minutes après par un autre de Glenn Greenwald et d'Ewen MacAskill dans le *Guardian* [9]. « La National Security Agency et le FBI interceptent les informations de neuf des plus grandes entreprises américaines du Web, directement de leurs serveurs centraux, extrayant les *chats* audio et vidéo, les photographies, les courriels, les documents, les identifiants de connexion, ce qui permet aux analystes de remonter jusqu'aux cibles étrangères, d'après un document Top Secret obtenu par le *Washington Post* », commence le quotidien.

Les premières lignes de l'article permettent de saisir toute l'ampleur de ce programme de surveillance, appelé « Prism » : « Prism est la source première de renseignements bruts utilisés pour rédiger les rapports analytiques de la NSA. » Au total, 2 000 rapports sont réalisés chaque mois par Prism. 77 000 rapports annuels de la NSA citent ces données. 20 millions de dollars sont investis chaque année dans ce programme.

Parmi les internautes, le choc est d'autant plus grand que tous utilisent régulièrement les services de ces géants d'Internet, à savoir Microsoft, Yahoo !, Google, Facebook, PalTalk, AOL, Skype, YouTube et Apple (voir *infra*, chapitre 9). Les entreprises, très gênées, tentent aussitôt de se dédouaner. Dans un communiqué adressé aux deux quotidiens, Google dément l'existence de liens directs entre ses serveurs et les services de renseignement américains : « Nous ne divulguons de données à l'État fédéral qu'en accord avec la loi, et nous examinons ces demandes avec attention. Des personnes affirment que nous avons créé une "porte d'entrée cachée" pour l'État dans nos systèmes, mais Google n'a pas de "porte d'entrée cachée" pour que l'État accède à des données privées d'utilisateurs [10]. » Joe Sullivan, responsable de la sécurité de Facebook, publie lui aussi un communiqué similaire. De son côté, Apple nie carrément avoir connaissance de ce programme : « Nous ne fournissons aucun accès direct à nos serveurs à des agences gouvernementales, réagit le porte-parole du groupe, Steve Dowling, et toute agence de ce type recherchant des données sur un client doit obtenir un mandat judiciaire. »

Ces révélations créent un mouvement de panique à Washington. Pendant que James R. Clapper, directeur du renseignement national (qui chapeaute les seize agences de renseignement du pays, dont la NSA), dénonce la « publication hâtive » par le *Guardian* de ces informations, la Maison-Blanche tente de minimiser la portée de l'affaire. Au lendemain de la publication des articles, le président Barack Obama assure lors d'une conférence de presse à San José (Californie) : « Personne n'écoute vos appels téléphoniques », expliquant que des « compromis » entre la protection de la vie privée et les exigences de la lutte antiterroriste sont nécessaires : « En théorie, on peut se plaindre de Big Brother et de la façon dont ce programme pourrait potentiellement dégénérer, mais quand on regarde vraiment les détails, je pense que nous avons trouvé le bon équilibre », assure-t-il, répétant que Prism « ne s'appliquait pas aux citoyens américains [11] ».

Le scandale est tel que le gouvernement décide de déclassifier des documents, afin de montrer que Prism n'est pas un « ensemble secret de programmes d'analyse de données », mais un « système informatique interne au gouvernement, utilisé pour faciliter la collecte autorisée statutairement d'informations des renseignements étrangers à partir de fournisseurs de services électroniques sous supervision judiciaire, comme autorisé par la section 702 du *Foreign Intelligence Surveillance Act* [12] ». Un exercice de défense vain, estime le *New York Times*, dont un éditorial affirme que « l'administration a désormais perdu toute crédibilité sur ce sujet [13] ». Et d'ajouter : « M. Obama prouve le truisme selon lequel l'exécutif utilisera tous les pouvoirs qui lui sont donnés, et en abusera. »

Edward Snowden apparaît

Le *Guardian* remporte ensuite la course à l'information. Le 7 juin, dans un nouvel article [14], le duo Greenwald/MacAskill publie la directive présidentielle 20, d'octobre 2012, qui demande notamment aux membres du gouvernement de dresser une liste des cibles potentielles de cyberattaques par le gouvernement américain. Le lendemain, le journal met sur son site Web des documents PowerPoint révélant l'existence de Boundless Informant, un logiciel de la NSA qui procure en temps réel des statistiques sur le niveau de surveillance appliqué à chaque pays [15]. Après avoir pris le temps d'approfondir le sujet, les journalistes publient deux jours plus tard des chiffres édifiants : au cours du seul mois de mars 2013, la NSA a récolté 3 milliards de documents. Une question agite de plus en plus les médias et les responsables politiques américains : qui peut bien être à l'origine de cette gigantesque fuite ? L'attente est de courte durée : le 9 juin, le *Guardian* met en ligne une vidéo de 12 min 30 où apparaît le visage pâlichon du jeune Edward Snowden, interviewé par Glenn Greenwald et filmé par Laura Poitras.

La vidéo commence comme un film : un écran noir, avec deux mots blancs au centre, « PRISM Whistleblower ». Les images du port de Hong Kong apparaissent ensuite, identifiant le lieu où se trouve l'auteur de la fuite, entretenant pendant quelques secondes encore un certain suspense. L'écran révèle alors le visage juvénile d'un jeune homme, assis dos à un miroir, vêtu d'une chemise grise décontractée, les yeux noisette encadrés de lunettes rectangulaires. « Je m'appelle "Ed" Snowden, j'ai vingt-neuf ans, je travaille chez Booz Allen Hamilton en tant qu'"analyste infrastructure" pour la NSA à Hawaii », explique-t-il la voix calme, avant de continuer sa présentation : « J'ai été ingénieur système, administrateur système, conseiller senior pour la CIA et agent aux renseignements sur les systèmes de communications. »

Sur les images, le jeune informaticien semble aussi modeste que son discours est simple : « Je suis comme tout le monde, explique-t-il, je n'ai pas de talent particulier. » Pour lui, il n'est qu'un simple « type qui va au bureau tous les jours, qui regarde ce qui se passe et se dit : "Ce n'est pas à nous de décider de tout ça, mais au public de décider si ces programmes et cette politique sont justes ou mauvais". » C'est d'ailleurs pour que les gens puissent mieux débattre que Edward Snowden a décidé, assure-t-il, de révéler son identité : « Je ne veux pas que l'attention publique se porte sur moi, ni que cette histoire parle de moi. Je veux qu'elle se concentre uniquement sur ces documents et sur le débat qui j'espère sera déclenché afin que l'on s'interroge sur la nature du monde dans lequel nous souhaitons vivre », déclare-t-il, précisant ne pas se soucier non plus de l'argent : « Il y a des choses plus importantes que ça. Si l'argent était ma motivation, j'aurais pu vendre ces documents à un certain nombre de pays et je serais devenu très riche. »

Après sa présentation, qui donne toute leur légitimité à ses propos, Snowden dénonce, avec des mots toujours aussi simples, l'immense appareil de surveillance américain : « Ce que je fais est intéressé : je refuse de vivre dans un monde où tout ce que je fais et dis est enregistré, dans un monde où la vie privée n'existe pas et où il n'y a donc aucune place pour une pensée libre [16] », commence-t-il, avant d'expliquer qu'une seule chose l'anime : rendre ce monde plus juste, quitte à mettre sa vie en danger. « Mon unique objectif est d'informer les gens de ce qui est fait en leur nom et de ce qui est fait contre eux. [...] Je suis prêt à tout sacrifier parce que je ne peux pas, en mon âme et conscience, laisser le gouvernement américain détruire la vie privée, la liberté d'Internet et les libertés essentielles pour les gens avec ce système énorme de surveillance qu'il est en train de bâtir secrètement [17]. »

C'est alors que, d'une voix fluide et posée, le jeune homme s'attaque au gouvernement de la première puissance mondiale : « Nous recueillons plus de communications électroniques en Amérique qu'en Russie, dénonce-t-il. Vous ne pouvez pas savoir tout ce qu'il est possible de faire, l'ampleur de leurs capacités est effrayante. La NSA a menti sur son activité, aussi bien face au Congrès qu'aux commissions spécialisées qui interrogeaient [ses responsables] sur leurs activités de surveillance. [...] Le gouvernement s'est octroyé des pouvoirs auxquels il n'a pas droit. »

Mais si Snowden s'attaque à son gouvernement, il affirme être un patriote. Ce qu'il attaque, ce n'est pas son pays, mais un système qui abuse ses citoyens : « L'Amérique est un pays fondamentalement bon, continue-t-il. Il y a des gens bons, avec de bonnes valeurs, qui veulent faire de bonnes choses [18]. » D'ailleurs, il explique ne pas avoir divulgué toutes les données afin de ne pas mettre en danger la sécurité nationale ou des citoyens : « J'ai examiné avec attention chacun des documents que j'ai révélés pour être sûr que chacun soit légitime, dans l'intérêt du public. [...] J'ai choisi de ne pas révéler un certain nombre d'entre eux parce que blesser des gens n'est pas mon but. La transparence, si. »

La vidéo sera diffusée par toutes les télévisions du monde, provoquant un émoi considérable grâce à la surprenante justesse de ton du jeune homme. Le lendemain, son visage sera exposé en une du *Guardian* et du *Washington Post* — et placardé dans les bureaux des services des renseignement... Une fois l'identité de leur source dévoilée, les deux quotidiens expliquent dans leurs prochains articles comment s'est effectuée leur rencontre et comment ils ont travaillé. Les journaux du monde entier, avides de nouvelles informations, se ruent sur les traces d'Edward Snowden. Certains journalistes partent explorer son passé en interrogeant ses anciens voisins, collègues et camarades de classe ou en harcelant ses voisins. D'autres se ruent à Hong Kong pour tenter de le retrouver. En vain : Snowden a quitté sa chambre d'hôtel juste après la diffusion de la vidéo.

Une petite amie sous le feu des projecteurs

À des milliers de kilomètres de là, ses proches subissent aussi la pression des médias et des services de renseignement. Et d'abord sa petite amie, Lindsay Mills, qui l'a suivi à Hawaii et avec qui il vit une histoire d'amour depuis 2009.

« Parfois, la vie ne permet pas des adieux appropriés », écrit-elle sur son blog le 9 juin 2013, quelques heures après les révélations explosives d'Edward Snowden, se disant « malade, épuisée, portant tout le poids du monde ». Son blog, intitulé « Adventures of a world-traveling, pole-dancing super hero », est une source riche d'informations pour qui veut connaître le lanceur d'alerte. Devenu le journal intime de cette femme en permanence connectée, ce blog révèle régulièrement des photos d'elle, dont certaines avec son désormais célèbre petit ami. À travers ses articles, elle évoque les activités du couple, des sorties entre amis aux parties d'échecs en passant par les visites au zoo ou les baignades dans les lagons de Waikiki.

Cependant, les amis de Lindsay ont mis longtemps avant de faire la connaissance d'Edward, au point même de douter parfois de son existence. Trop absorbé par son travail, introverti, ce dernier a mis des mois à accepter de dîner un soir avec eux dans un restaurant japonais. Il est d'ailleurs difficile de rencontrer un couple plus différent, ce qui fait peut-être leur entente. Edward est solitaire, peu sociable, timide et renfermé ; Lindsay adore monter sur scène, se donner en spectacle, diffuser ses photos. Mais peu importe. Ils s'aiment. Et sur son blog, Lindsay parle de lui comme de son « homme mystère », ou utilise encore la simple lettre « E ».

Elle décrit leurs « conversations profondes », portant aussi bien sur la philosophie que sur l'actualité. Mais le manque de disponibilité de son ami l'attriste. Régulièrement, se plaint-elle, il est « pris par son travail pour les jours à venir ». Alors, avec ses amis, elle s'amuse à mettre au point un complot : kidnapper Edward Snowden et l'embarquer en Islande, seule solution semble-t-il pour leur permettre de voyager ensemble.

La compagne du lanceur d'alerte, restée à ses côtés malgré ses absences, est donc une femme très amoureuse. Cette jolie blonde de vingt-huit ans est une de celles auprès desquelles de nombreux hommes se rêvent. Sa taille est fine, son port est droit et confiant, son corps joliment affûté, comme l'exige sa profession de ballerine devenue danseuse de *pole dance*. Sur certaines des photos qu'elle partage en ligne, elle prend la pose, à demi nue, enroulée autour de sa « barre » où elle affiche un large sourire, ce qui lui donne un attrait naturel décuplé aujourd'hui par son destin soudain d'héroïne d'une aventure moderne. Elle passionne désormais des millions d'internautes, attirés par les titres d'articles tels que celui publié par le site heavy.com : « Lindsay Mills : trente photos de la petite amie d'Edward Snowden ».

Extravertie, la jeune femme à la plume romantique dégage une sorte de fraîcheur bohémienne. Son dernier message, posté sur son blog le 10 juin 2012 avant de le fermer, ne fait pas exception : « Pour ceux d'entre vous qui me connaissent sans ma cape de super-héros, vous comprendrez probablement pourquoi je vais maintenant m'abstenir d'écrire des billets pendant un certain temps. Mon monde s'est ouvert et refermé au même instant, me laissant ainsi à la dérive, perdue, sans boussole. Il y aura sûrement de méchants pirates, des sirènes aux chants envoûtants et de fortes marées dans ce nouveau chapitre en eaux profondes de mon voyage. Mais en cet instant, la seule chose que je ressente est la solitude. Pour la première fois de ma vie cependant, je me sens suffisamment forte pour être seule. Alors que je tape sur mon clavier recouvert de larmes, je réfléchis à tous les visages qui ont croisé mon chemin. Ceux avec qui j'ai ri, ceux que j'ai aimés. Ceux à qui j'ai dit adieu. [...] C'est dans ces fins incertaines que je puise ma force, que je retrouve mes vrais amis et la musique de mon cœur. Une musique que je croyais éteinte mais qui résonnait en fait depuis le début. Je ne sais pas ce qui va maintenant m'arriver. Je ne sais pas comment me sentir normale. Mais je sais que je suis aimée, par moi-même et ceux qui m'entourent. Et peu importe l'endroit où me mènera ma barque sans boussole, je sais que cet amour me permettra de garder la tête hors de l'eau [19]. »

Face au déluge de révélations, la panique de la NSA

La traque lancée contre Snowden n'empêche pas les révélations de continuer à tomber. Pendant les semaines suivantes, les révélations fracassantes se multiplient. Le 12 et le 14 juin, le quotidien de Hong Kong *South China Morning Post* publie une interview exclusive du lanceur d'alerte [20], où il confie notamment ses craintes concernant sa famille et évoque ses motivations : « Je ne suis pas ici pour me cacher mais pour révéler des actes criminels », explique-t-il, demandant « à la justice et au peuple de Hong Kong de décider de son sort ». À cette occasion, une nouvelle révélation va fortement irriter le gouvernement chinois : les agences américaines de renseignement s'introduisent dans les grands axes chinois de communication « tels que les routeurs Internet », accédant ainsi « aux communications de centaines de milliers d'ordinateurs sans avoir besoin d'en pirater un seul ». Plus de 61 000 opérations de ce genre, assure-t-il, ont ainsi été engagées par la NSA, une véritable « cyberguerre ». Et onze jours plus tard, une série d'articles du même quotidien détaille l'espionnage pratiqué en Chine par les renseignements américains : des universités prestigieuses seraient ainsi surveillées et les SMS échangés par les citoyens chinois interceptés [21] — d'où plusieurs manifestations de soutien envers Edward Snowden.

Le 16 juin, les journalistes du *Guardian*, toujours plus mobilisés sur le sujet, poursuivent les révélations. On apprend ainsi que les gouvernements américain et britannique ont espionné les diplomates étrangers lors du sommet du G20 en 2009, qu'ils ont mis sur écoute le ministère des Affaires étrangères d'Afrique du Sud et qu'ils avaient planifié d'espionner le sommet du Commonwealth en 2009, afin d'avantager les entreprises américaines en course pour remporter des marchés [22]. Glenn Greenwald publie ensuite des extraits de documents qui montrent le manque de transparence de la Foreign Intelligence Surveillance Court (FISC), chargée de superviser les demandes de mandats autorisant la surveillance [23].

Le 20 juin, les fonctionnaires américains tremblent à nouveau. Le *Guardian* publie trois documents de la FISC expliquant que la NSA peut, sans mandat, conserver leurs conversations si elles apportent la preuve d'un crime ou de menaces à la sécurité nationale, ou encore « toute information qui pourrait aider la NSA, ce qui inclut les conversations cryptées [24] ». Le 21 juin, c'est le réseau de fibre optique des services secrets britanniques, destiné à espionner ses citoyens (voir *infra*, chapitre 10), qui est mis au jour. Puis, les jours suivants, le programme de collecte de métadonnées [a] de la NSA EvilOlive [25] (voir *infra*, chapitre 11) et celui de surveillance StellarWind [26] (voir *infra*, chapitre 8), ainsi que l'espionnage des ambassades européennes par les États-Unis [27] (voir *infra*, chapitre 5).

Il n'a fallu qu'un mois pour que soient révélées toutes ces informations secrètes et hautement explosives. Pour les services de renseignement américains, c'est l'alerte rouge, voire la panique, car leurs responsables savent qu'Edward Snowden et les journalistes avec qui il travaille en détiennent de nombreuses autres, encore inédites, sans savoir exactement lesquelles. Leur priorité absolue est donc désormais de tout faire pour empêcher la publication de ces documents, de mettre la main sur le lanceur d'alerte pour le rapatrier et l'emprisonner. Et, afin de décourager d'autres vocations, de lui infliger une condamnation exemplaire.

a Décrivant les caractéristiques des communications interceptées : expéditeur, destinataires, lieux d'envoi et de réception, durée de communication, adresses IP, etc.

4

Moscou, une liberté très surveillée

Douze jours après la révélation de l'identité d'Edward Snowden, la justice américaine l'inculpe de « vol de biens appartenant au gouvernement, de communication non autorisée d'informations relatives à la défense nationale et de communication d'informations classées secrètes à un tiers [1] ». Hong Kong n'est plus un abri sûr pour le lanceur d'alerte : il doit au plus vite quitter le pays. Certes, le gouvernement chinois est content de voir dénoncés les abus de l'espionnage américain, mais il ne souhaite pas accorder l'asile politique à Snowden par peur des représailles économiques que Washington pourrait déclencher.

À Hong Kong, Snowden s'évapore

Edward Snowden n'est pas le seul mis en danger par ces révélations. Glenn Greenwald et Laura Poitras sont à leur tour la cible de certains médias. Un jour, quelqu'un frappe à la porte de la chambre d'hôtel de Laura et l'appelle par son nom [2]. Des journalistes sont parvenus à remonter jusqu'à elle. La documentariste téléphone immédiatement à la sécurité de l'hôtel et lui demande de l'escorter dehors. Elle tente de rester à Hong Kong, pensant qu'Edward Snowden pourrait avoir besoin de la revoir, mais le 15 juin, alors qu'elle commence à filmer une manifestation de soutien à Snowden, un reporter de CNN vient la voir et lui pose des questions. Elle comprend dès lors qu'elle n'est plus un simple reporter derrière la caméra, mais bien une actrice de l'histoire ; et elle prend immédiatement un avion pour Berlin, où elle a loué un appartement pour travailler tranquillement sur son documentaire sur la NSA [3].

Pour l'instant, elle n'envisage pas de rentrer aux États-Unis : « Je n'arrêterai pas de faire ce que je fais, mais j'ai quitté mon pays. Avant même d'avoir été contactée par Edward Snowden, je n'avais plus l'impression de pouvoir protéger mes documents aux États-Unis. Si on promet à une source de la protéger et qu'on sait que le gouvernement nous surveille et peut saisir votre ordinateur, vous ne pouvez pas rester », regrette-t-elle, avant d'ajouter : « Nos vies ne seront plus les mêmes. Je ne sais pas s'il sera un jour possible pour moi d'habiter quelque part et de me sentir en sécurité. Cela sera peut-être complètement impossible [4]. »

Elle et Greenwald ne comptent pas s'exiler pour toujours, mais ils n'ont pas de plan immédiat pour rentrer. Ils savent que l'administration d'Obama poursuit non seulement les lanceurs d'alerte mais aussi ceux qui les aident. D'ailleurs, évoquant leur travail, un membre du Congrès a employé le mot « trahison [5] ». Au fil des semaines suivantes, les pressions s'intensifient. Car le gouvernement américain sait que ces journalistes, devenus à leur tour lanceurs d'alerte, possèdent encore de nombreux documents qui seront un jour publiés : « Nous n'essayons pas de les garder secrets, mais d'assembler les pièces du puzzle. C'est un projet qui prend du temps. Notre objectif est de faire sortir ce qui est dans l'intérêt du public, mais aussi d'essayer de comprendre le domaine dont nous parlons et de bien le restituer [6]. »

Le 10 juin 2013, au lendemain de la diffusion de la vidéo du *Guardian*, plusieurs journalistes réussissent à retrouver l'hôtel où Snowden s'était réfugié. Mais le jeune homme avait déjà quitté les lieux. Laura Poitras et Glenn Greenwald eux-mêmes perdent contact avec lui. Certains vont d'ailleurs se demander s'ils ont été assez soucieux de son sort. Pendant deux longues semaines, personne ne sait où il se trouve et s'il se porte bien. Où s'est réfugié le désormais fugitif, se demandent les journalistes ? C'est alors que le *South China Morning Post* de Hong Kong publie la première interview du lanceur d'alerte depuis la révélation de son identité, deux semaines auparavant, indiquant qu'« il ne se trouve pas entre les mains de la police, mais en lieu sûr [7] ». Néanmoins, le mystère reste entier.

La question se pose, car ceux qui mettent en cause son action laisseront entendre qu'il s'est alors réfugié au consulat russe de Hong Kong, et cela sur les conseils de ses amis de WikiLeaks [8]. Depuis 2011, la CIA essaie en effet de rassembler des preuves sur l'infiltration des partenaires de Julien Assange par les services secrets russes. Des éclaircissements arriveront plus tard de Moscou : lors d'un entretien accordé à Associated Press, le 5 septembre, le président Vladimir Poutine reconnaîtra que Snowden avait pris contact avec des diplomates russes à Hong Kong. Ces derniers lui avaient d'ailleurs transmis sa demande d'asile politique. C'est à cette occasion, expliquera-t-il, qu'il les avait prévenus que cette demande ne pourrait être satisfaite qu'à la condition que l'informaticien, une fois arrivé en Russie, s'abstienne de toute critique de l'administration américaine.

Le lanceur d'alerte quitte Hong Kong

Très vite, les États-Unis font pression sur Hong Kong pour exhorter la région à le placer sous mandat d'arrêt. Cette demande scellée émane du district Est de l'État de Virginie, une juridiction où l'ancien employeur de Snowden, Booz Allen Hamilton, a son quartier général. Un district qui enregistre par ailleurs une liste record de plaintes concernant la sécurité nationale [9]. Les États-Unis lancent alors une véritable bataille diplomatique pour mettre la main sur l'ex-consultant. Pressions discrètes et déclarations publiques se multiplient : « Si Hong Kong n'agit pas bientôt, menace un responsable de l'administration Obama, cela compliquera nos relations bilatérales et soulèvera des questions sur l'engagement de Hong Kong vis-à-vis de l'État de droit [10]. »

Mais cette extradition, que la Maison-Blanche veut rapide, est difficile à obtenir. Hong Kong, qui appartient à la Chine, possède un système judiciaire autonome. Cette administration a passé en 1998 un accord d'extradition avec les États-Unis, qui comporte une exception pour les délits politiques. Or l'espionnage est considéré comme un délit politique, ce qui complique la demande de Washington. Par ailleurs, le processus d'extradition est très lourd : la demande doit d'abord passer par une série de canaux diplomatiques avant d'arriver au gouvernement, qui décidera ou non d'accéder à la requête. S'il donne son feu vert, un magistrat formulera un mandat d'extradition à l'encontre d'Edward Snowden. Celui-ci sera alors arrêté, emmené devant un juge qui décidera si un crime — le seul motif justifiant une extradition — a été commis ou non.

Le premier chef d'inculpation (le vol) pourrait être considéré comme un crime, mais pas les deux accusations d'espionnage, analyse alors Simon Young, un professeur de droit à Hong Kong. Si le crime n'est pas établi, Snowden sera libre de quitter la ville. Sinon, il pourra toujours faire appel. Selon Hectar Pun, un avocat spécialisé dans les droits de l'homme, une telle extradition pourrait donc prendre trois à cinq ans [11]. Ni l'administration de Hong Kong ni le pouvoir central chinois ne semblent avoir envie de l'extrader, surtout depuis ses révélations au *South Morning China Post* [12]. Dans cette interview, il affirme, liste d'adresses IP à l'appui, que la

NSA pirate des ordinateurs à Hong Kong et en Chine. Des manifestants défilent dans les rues de Hong Kong, brandissant des panneaux d'Obama avec le slogan du roman d'Orwell, 1984 : « *Big Brother is watching you* [13]. »

L'administration de la région est embarrassée : si elle accède à la demande des Américains, elle sera considérée comme un allié de Washington. « L'extrader aux États-Unis, ce ne serait pas seulement une trahison de la confiance qu'Edward Snowden a mise en nous, ce serait aussi une déception des attentes du monde entier », écrit le *Global Time*, journal anglophone du groupe du *Quotidien du peuple*, organe officiel du Parti communiste chinois. D'un autre côté, en refusant l'extradition, Hong Kong donnerait l'impression d'être soumise au pouvoir central chinois. « Les choses seraient grandement facilitées, conclut donc le journal, si Hong Kong jouait un rôle leader dans la résolution de cette affaire plutôt que d'être commandée à distance par Washington ou Pékin [14]. » Dès lors, « l'affaire Snowden passe d'une affaire de fuites à une affaire de haute politique entre les puissances majeures du monde », résume l'analyste Bruce Riedel, un ancien de la CIA chercheur à la Brookings Institution [15]. L'extradition de Snowden devient un enjeu géopolitique. Et ce dernier risque gros à s'éterniser à Hong Kong.

La diplomatie américaine s'emploie en effet activement à couper toutes les portes de sortie au lanceur d'alerte, qui ne doit pas lui échapper. Plusieurs pays dont on peut soupçonner qu'ils pourraient accepter de l'héberger sont soumis à des pressions politiques et économiques musclées : en tête, le Vénézuela, la Bolivie, l'Équateur et le Nicaragua. Washington prend également contact avec le gouvernement cubain pour lui demander de ne pas autoriser l'atterrissage, même pour ravitaillement, d'un avion transportant Edward Snowden. Une attitude d'autant plus paradoxale que les États-Unis refusent d'extrader des bandits notoires demandés par plusieurs pays d'Amérique latine ou des personnes accusées de crimes de guerre comme l'ancien président de la Bolivie, Gonzalo Sœnchez de Lozada.

Sarah Harrison, l'ange gardien envoyé par WikiLeaks

Deux jours après avoir fêté son trentième anniversaire, Edward Snowden s'envole le 23 juin vers la Russie, à bord d'un avion de la compagnie russe Aeroflot. Pour lui, ce pays ne serait qu'une étape, d'après le *South China Morning Post*. Le journal cite l'Équateur comme destination finale, ou encore l'Islande d'où les membres de WikiLeaks dans le pays lui tendent la main. Le 20 juin, l'homme d'affaires Ólafur Sigurvinsson, directeur de DataCell, partenaire de l'association en Islande, avait même annoncé avoir affrété un avion pour le faire venir : « Nous avons un avion et toute la logistique est en place. Maintenant, nous attendons seulement une réponse du gouvernement. » Si Edward Snowden n'a pas pris cet avion, il a néanmoins bénéficié de l'aide de WikiLeaks en la personne de Sarah Harrison, trente et un ans, une proche de Julian Assange.

Lorsque le lanceur d'alerte descend de son avion à Moscou, il est accompagné de la jeune trentenaire et sa présence interpellera les médias du monde entier. « Qui est Sarah Harrison, son accompagnatrice envoyée par WikiLeaks ? », se demandera ainsi le *Huffington Post*[16]. Leur curiosité est d'autant plus aiguisée que cette jolie blonde leur expliquera qu'elle était venue à Hong Kong pour l'« accompagner sur le chemin de la sécurité ». Elle a ensuite voyagé avec lui jusqu'en Russie et y est restée à ses côtés pendant un mois au moins. Lorsqu'il obtiendra l'asile, elle repartira même avec lui vers un « endroit secret ».

Les médias essaient alors d'en savoir plus sur elle, mais ils se heurteront à un mur. Sur Internet, ils ne trouvent aucune information à son sujet et peinent à trouver des personnes qui la connaissent. Et pour cause : la jeune femme a pris soin d'effacer toute trace la concernant. Subsistent quelques indications, notamment sur son parcours professionnel. Les journalistes s'étonnent par exemple de voir qu'elle n'a aucune qualification juridique, contrairement à d'autres conseillers de WikiLeaks comme Jennifer Robinson, avocate spécialiste des droits de l'homme[17]. Diplômée de la prestigieuse Sevenoaks School et de l'université Queen Mary, où elle étudie la littérature anglaise, la jeune femme s'est formée sur le terrain. En 2011, elle entre à WikiLeaks, où elle prend rapidement du galon après le départ de cofondateurs du mouvement, qui se sont fâchés avec Julian Assange. Dès lors, elle devient pour lui une précieuse collaboratrice.

C'est elle qui présentera en 2012 à la presse l'affaire des *Syria files*, ces câbles diplomatiques secrets interceptés sur la situation en Syrie. C'est elle aussi qui soutiendra Assange devant le tribunal de Londres quand sera examinée sa demande d'extradition formulée par la Suède. C'est elle enfin qui sera « ses yeux et ses oreilles » sur le monde extérieur lorsqu'il se retrouvera bloqué en juin 2012 à l'ambassade d'Équateur à Londres, en raison d'un mandat d'extradition[18]. Pour le *London Evening Standard*, cette complicité ne serait pas que professionnelle — selon ce quotidien, tous deux auraient été amants dès l'été 2010[19].

Son rôle exact au côté d'Edward Snowden reste moins connu. Mais une chose est sûre : elle a permis à WikiLeaks de s'offrir une nouvelle notoriété et au jeune informaticien de se sentir soutenu, à un moment où les diplomates et les espions de la première puissance mondiale voulaient l'emprisonner. Le 12 juillet, lorsqu'il donnera sa première conférence de presse à l'aéroport international Cheremetièvo de Moscou, elle sera encore à ses côtés : assise à sa droite, elle échange alors avec lui des regards et des sourires complices.

Bloqué en zone de transit à l'aéroport de Moscou

Les cinq semaines qu'Edward Snowden passe dans la zone de transit de l'aéroport moscovite sont éprouvantes pour le jeune Américain. En y atterrissant, le 23 juin 2013, il ne savait pas qu'il n'en repartirait que plus d'un mois plus tard, le 1er août, alors que le séjour dans cette zone est en théorie limité à vingt-quatre heures. En effet, la loi russe permet d'octroyer un visa de transit de dix jours, renouvelable, à une personne ne pouvant quitter la Russie en raison de « circonstances exceptionnelles ».

Bloqué dans cet espace devenu prison, il sera même appelé « Alfred » par plusieurs médias, en référence au surnom de Mehran Karimi Nasseri. Incarné par Tom Hanks dans le film de Steven Spielberg *Le Terminal*, l'homme est resté coincé à l'aéroport Paris-Charles-de-Gaulle pendant... près de dix-huit ans. Mais, contrairement à ce dernier, Snowden est introuvable dans la zone de transit. Sur les réseaux sociaux, certains s'amusent à le comparer au personnage des livres-jeu *Où est Charlie ?* De même, la photo de son siège vide, dans l'avion qui était censé le conduire à Cuba le 24 juin, fera le tour du monde. Au lendemain de son arrivée en Russie, l'informaticien pensait en effet partir de Moscou pour La Havane, sans doute afin de poursuivre sa route vers l'Équateur où il avait demandé l'asile politique.

Une trentaine de journalistes réservent alors des places dans le vol. Mais lorsqu'il décolle, son siège et celui de Sarah Harrison restent désespérément vides. Tous deux sont toujours bloqués à l'aéroport de Moscou et les journalistes dépités volent inutilement vers Cuba pendant plus de douze heures. « Edward Snowden n'a pas de papiers valables. Pour cette raison, il ne peut aller ni à Cuba ni où que ce soit », explique le 27 juin une « source proche du dossier » citée par l'agence publique Ria-Novosti. Pour le journal russe *Kommersant*, Cuba aurait en fait changé de position après avoir subi des pressions de la part des États-Unis [20].

Lorsqu'il est arrivé en Russie, les dirigeants américains, furieux, ont en effet révoqué son passeport. « Il n'a aucun autre papier témoignant de son identité. C'est pourquoi, poursuit cette source, il est obligé de rester dans la zone de transit de Cheremetièvo. » Or l'annulation du passeport fait partie des « circonstances exceptionnelles » justifiant le renouvellement d'un visa de transit. Pour WikiLeaks, « Edward Snowden pourrait rester en permanence en Russie ». Une situation alors inenvisageable pour lui comme pour Washington et Moscou.

Malgré les pressions américaines, le ministère russe des Affaires étrangères confirme le 26 juin que Snowden « n'a pas violé les lois russes [...] et a le droit de partir où il veut, dans n'importe quelle direction ». Reste à savoir laquelle. L'ancien consultant de la NSA demande d'abord l'asile à l'Équateur. Dans sa lettre aux autorités de Quito, il explique qu'il risque d'être persécuté par « le gouvernement des États-Unis et ses agents, du fait de ma décision de rendre publiques de graves violations de la Constitution de la part du gouvernement des États-Unis d'Amérique — concrètement du quatrième et du cinquième amendement —, ainsi que de plusieurs traités des Nations unies souscrits par mon pays ». Ce risque, écrit-il, est très élevé : « Certaines des charges présentées contre moi par le ministère de la Justice des États-Unis sont classées dans la loi d'espionnage de 1917 qui prévoit la condamnation à perpétuité. [...] Il me semble improbable que je reçoive un traitement humain avant le procès et je cours en plus le risque d'une condamnation à perpétuité ou à la mort. »

Mais Quito est réticent : « Le cas Snowden va raviver la tension entre les États-Unis et l'Équateur », explique le quotidien *El Comercio*, rappelant que « ces tensions ne cessent de croître depuis mai en raison des critiques américaines contre la liberté de la presse en Équateur [21] ». Edward Snowden cherche donc un autre pays d'accueil. Le 2 juillet, Sarah Harrison dépose pour lui une demande d'asile auprès de vingt et un pays, dont l'Islande, la France, l'Allemagne, l'Inde, la Chine, Cuba et le Brésil. S'ensuit une valse de refus. L'Inde, qui nourrit d'étroites relations économiques avec les États-Unis, ouvre le bal : « Nous avons attentivement examiné la demande et nous avons conclu qu'il n'y a aucune raison d'y accéder », déclare Syed Akbaruddin, porte-parole du ministère indien des Affaires étrangères [22].

Même camouflet en Autriche, qui indique qu'une réponse positive n'est pas envisageable. Pour l'Espagne, la demande n'est pas « fondée juridiquement », selon les propos de José Manuel Garcia Margallo, ministre des Affaires étrangères. Quant à Radoslaw Sikorski, le chef de la diplomatie polonaise, il écrit sur son compte Twitter : « Une demande qui ne respecte pas les conditions officielles d'une demande d'asile est arrivée. Et même si elle les respectait, je ne lui donnerais pas de recommandation positive. » L'informaticien ne pourra pas non plus se rendre en France, le pays des droits de l'homme qui l'empêche de déposer sa demande en bonne et due forme (voir chapitre suivant).

Edward Snowden n'est pas étonné. Quelques jours auparavant, il avait dénoncé les pressions américaines sur le site de WikiLeaks : « Le président Obama a déclaré à la face du monde qu'il ne permettrait aucune "manigance ou marchandage" diplomatique à mon propos. [...] Mais on apprend maintenant qu'après avoir promis de ne pas agir de cette manière, le Président a donné l'ordre à son vice-président de faire pression sur les dirigeants des pays auprès de qui j'ai demandé une protection pour rejeter mes demandes d'asile politique. » Selon lui, « ce type de méthode de la part d'un leader mondial n'a rien à voir avec la justice, il s'agit de l'utilisation des vieux outils de la violence politique [23] ».

La réticence du Kremlin

Le Kremlin, quant à lui, est fort embarrassé face à cet encombrant visiteur : « Edward Snowden est bien arrivé à Moscou, ce à quoi nous ne nous attendions absolument pas », déclare Vladimir Poutine lors d'une conférence de presse le 25 juin 2013 en Finlande [24]. Le cas Snowden amplifie le début de crise diplomatique entre la Russie et les États-Unis, déjà en opposition sur le dossier syrien. Le secrétaire d'État américain John Kerry trouve « très décevant » et « profondément troublant » que le jeune homme ait pu voyager de Hong Kong à Moscou sans être inquiété. Il demande à la Russie d'« étudier toutes les options à sa disposition pour l'expulser vers les États-Unis [25] ». De son côté, Moscou accuse les Américains de l'avoir mis « en connaissance de cause dans l'embarras, en ne l'avertissant pas à temps de l'annulation du passeport [26] ». Vladimir Poutine se dit particulièrement révolté par les accusations de John Kerry : « Toutes les accusations à l'encontre de la Russie sont du délire et des sornettes. [...] Nous ne pouvons remettre certains citoyens qu'aux nations avec lesquelles nous avons des accords internationaux sur la remise de criminels. [...] Edward Snowden est un homme libre. Plus vite il choisira sa destination finale, mieux ce sera, et pour nous et pour lui [27]. »

Tout en tenant des propos très fermes, Vladimir Poutine refuse toutefois d'envenimer ses relations avec la première puissance mondiale. Il propose donc un compromis à l'informaticien, qui avait demandé le 1er juillet un asile politique temporaire : « Théoriquement, déclare-t-il le lendemain, Edward Snowden pourrait rester dans la Fédération de Russie, mais à une condition : qu'il renonce à toute intention de mener des activités anti-américaines, des activités nuisibles pour les États-Unis. » Un compromis qui permettrait au lanceur d'alerte de voyager librement et de travailler en Russie, une autorisation — accordée pour une période d'un an et pouvant être prolongée chaque année — plus rapide à obtenir que l'asile politique.

La déclaration de Poutine refroidit immédiatement Snowden. Malgré l'absence de réponses aux multiples demandes d'asile qu'il a formulées ailleurs, il se rétracte : « En apprenant hier la position de Poutine sur les conditions nécessaires pour rester en Russie, il a renoncé à sa demande [d'asile] », déclare Dmitri Peskov, le porte-parole du Kremlin. Mais, dans les jours qui suivent, les refus des pays sollicités s'enchaînent. Le 12 juillet, espérant qu'ils pourront intercéder en sa faveur auprès des autorités, l'informaticien invite des représentants d'ONG à l'aéroport Cheremetièvo et leur annonce qu'il va finalement demander l'asile politique en Russie. Ce qu'il fait officiellement le 16 juillet. La veille, Vladimir Poutine l'avait exhorté une nouvelle fois à cesser ses révélations : « À mon avis, les relations entre États sont beaucoup plus importantes que les chamailleries concernant les activités des services spéciaux. [...] Nous avons prévenu Edward Snowden que toute activité qui pourrait porter atteinte aux relations russo-américaines était inacceptable [28]. » N'ayant plus le choix, le lanceur d'alerte se soumet aux conditions du Kremlin.

Pendant ces longues semaines de négociations, il bénéficie d'un autre soutien de poids : son nouvel avocat russe, Me Anatoly Koutcherena. La stature imposante, les yeux bleus perçants, cet homme de cinquante-trois ans est décrit comme un « fervent serviteur » du Kremlin, comme l'explique Tanya Lokchina, de l'ONG américaine Human Rights Watch : « Il se voit et est vu par le Kremlin comme un des piliers de la communauté juridique russe. Il fait partie de ceux que le Kremlin pousse vers l'avant lorsque Poutine est accusé d'étouffer la société civile. » Et pourtant, il n'est pas un produit du système juridique soviétique. Il n'a d'ailleurs rejoint le barreau de Moscou qu'en 1993, devenant ensuite en quelques années l'une de ses figures, ayant comme clients de nombreuses célébrités. Pour Sergueï Nikitine, directeur d'Amnesty International en Russie, la notoriété de l'avocat lui vient de sa faculté à choisir soigneusement ses affaires afin d'éviter celles qui pourraient créer des problèmes avec les autorités : « Je pense que c'est son talent, explique-t-il, sentir dans quel sens souffle le vent. Il sait quand cela vaut la peine de faire quelque chose et quand il est préférable de rester à l'écart [29]. »

C'est peut-être la renommée de Me Koutcherena — ou bien les conseils de Sarah Harrison — qui a poussé Edward Snowden à envoyer un courriel à l'avocat. Ce dernier, après avoir peiné à le traduire — il ne parle pas anglais —, croit d'abord à une blague. Il décide alors de se rendre à la conférence de presse organisée le 12 juillet par le lanceur d'alerte dans la salle de transit internationale de Cheremetièvo. Le jeune homme le remarque, lui réitère sa demande. Anatoly Koutcherena accepte immédiatement. À partir de ce jour, il restera à ses côtés, étudiant ses demandes d'asile, le conseillant sur sa stratégie et assurant les liaisons avec la presse. C'est lui qui annonce aux politiciens russes que l'informaticien risque la torture ou la peine de mort s'il retourne aux États-Unis. Et qui conseille à ce dernier de ne pas persévérer dans sa demande d'asile aux pays contactés, mais d'essayer de rester sur le sol russe, en l'aidant à déposer une demande d'asile temporaire qui arrive sur le bureau de Poutine.

Selon certaines rumeurs, Me Koutcherena aurait agi sur ordre du Kremlin, dont il n'aurait été qu'un simple exécutant. Une thèse que l'avocat dément formellement, assurant n'avoir pas une seule fois été en contact avec le Kremlin depuis le début de cette affaire. Il est parfaitement indépendant vis-à-vis du pouvoir, dit-il, puisqu'il a défendu des personnes poursuivies par le Service fédéral de sécurité (FSB). De telles accusations, selon lui, ne viseraient qu'à le discréditer et à faire ainsi échouer les demandes d'asile de son client.

Edward Snowden obtient l'asile à Moscou

Le 24 juillet, la presse annonce qu'après un mois de confinement, Edward Snowden est autorisé à quitter l'aéroport, cette décision étant effective quand les papiers d'immigration seront remplis. Une semaine plus tard, c'est chose faite : la Russie accorde à l'informaticien un asile temporaire d'un an. Il est libre de se déplacer dans le pays jusqu'au 31 juillet 2014. « Au cours des huit dernières semaines, on a vu l'administration Obama ne montrer aucun respect à l'égard des lois internationales ou nationales, mais la justice a gagné en fin de compte. Je remercie la Russie de m'accorder l'asile en accord avec ses lois et ses obligations internationales », déclare Edward Snowden sur le site de WikiLeaks le 1er août 2013, avant de quitter rapidement l'aéroport pour trouver refuge chez des amis américains, sans autre précision [30]. De la seule photo qui existe de ce moment, on lit sur son visage une joie intense.

De l'autre côté du Pacifique, les États-Unis fulminent. « M. Snowden n'est pas un lanceur d'alerte, s'énerve un porte-parole de la présidence des États-Unis, il est accusé d'avoir divulgué des informations classifiées [31]. » La colère de la Maison-Blanche est telle qu'une semaine plus tard, Barack Obama annule la visite officielle en Russie qu'il avait prévue avant le G20 de Saint-Pétersbourg début septembre : « Après un examen approfondi, [...] nous sommes parvenus à la conclusion que les relations bilatérales avec la Russie n'ont pas enregistré assez de progrès récents pour qu'un sommet américano-russe se déroule début septembre », déclare le porte-parole du gouvernement, dans un communiqué évoquant divers litiges, dont l'affaire Snowden et « des questions comme la défense antimissile, la prolifération, le commerce, les questions de sécurité et des droits de l'homme [32] ».

« Nous sommes déçus par la décision du gouvernement américain d'annuler la visite du président Obama à Moscou », répond simplement le conseiller diplomatique du Kremlin, avant d'ajouter : « Il est clair que cette décision est liée à la situation — que nous n'avons pas créée — de l'ex-collaborateur des services spéciaux américains Edward Snowden. [...] Cela souligne que les États-Unis ne sont pas prêts à coopérer avec la Russie sur un pied d'égalité [33]. » Pour Pierre Rousselin, journaliste au *Figaro*, « les rebondissements de la cavale d'Edward Snowden, l'informaticien américain à l'origine des révélations sur le programme de cybersurveillance Prism, lèvent un voile sur la nouvelle guerre froide larvée qui se prépare à l'échelle de la planète [34] ».

Le 5 septembre, Poutine rappellera que, s'il n'y a pas eu de traité d'extradition entre la Russie et les États-Unis, c'est parce que ceux-ci n'ont pas voulu le signer. Il n'entend pas protéger particulièrement Edward Snowden et ne lui a demandé aucune information. Ce dernier, assure-t-il, « considéré comme un traître par le gouvernement américain, a une autre mentalité : il pense être un défenseur des droits de l'homme. [...] C'est un jeune homme, comment va-t-il maintenant mener sa vie ? Il s'est mis dans des difficultés, je n'imagine même pas ce qu'il va décider. Ce qui est sûr, c'est que nous n'allons pas l'extrader, il peut ainsi au moins être en sécurité ici. Après, peut-être que l'Amérique se rendra compte qu'il n'est pas un espion, mais un homme de conviction et qu'on pourra trouver un compromis quelconque [35] ».

Une liberté très surveillée

Si le lanceur d'alerte a retrouvé l'air libre et une forme de liberté, cette apparente victoire a un goût bien amer. « Edward Snowden ne diffusera plus de documents sur les programmes de surveillance américains à travers le monde, il veut refaire sa vie en Russie », promet son avocat Anatoly Koutcherena. Comme le veut la législation russe, explique-t-il, il s'est enregistré à l'endroit où il vit « sur le territoire de la Fédération de Russie », dans l'attente d'un visa. Selon le chef des services migratoires de la région de Moscou, Oleg Molodievski, Snowden peut désormais en théorie se déplacer partout où il veut dans le pays et avoir un emploi, hormis dans les structures gouvernementales [36].

Un mois et demi après l'obtention de son asile, à la mi-septembre, Me Koutcherena, qui n'était pas apparu publiquement depuis, déclare à la presse que l'ex-consultant de la NSA vit sous bonne garde sur le territoire russe, dans un endroit tenu secret, qu'il parvient à voyager incognito et attend des visites de sa famille : « On ne dit à personne où il réside. Et cela à sa requête, parce que nous estimons que le niveau de danger est encore très élevé », explique-t-il, avant d'ajouter que le jeune homme « avait des gardes pour assurer sa sécurité », mais que ces derniers n'étaient pas « nécessairement [membres] des forces de sécurité russes [37] ». La famille du lanceur d'alerte devrait lui rendre bientôt visite : « Sa mère va probablement aussi venir, et peut-être sa grand-mère et son grand-père [38]. »

Pour s'installer en Russie, Edward Snowden peut compter sur l'aide de plusieurs politiciens, comme le sénateur Rousslan Gattarov, chef du groupe de travail au Conseil de la fédération (chambre haute) chargé de veiller au respect de la vie privée des citoyens. Après lui avoir proposé de collaborer avec son groupe de travail pour assurer la protection des données personnelles des citoyens russes, Rousslan Gattarov annonce début août son intention de lancer une collecte d'argent sur Internet pour aider le fugitif [39]. L'idée a été proposée par des blogueurs russes : « Ils ont dit que M. Snowden pouvait avoir besoin d'argent et qu'ils étaient prêts à l'aider », a-t-il expliqué, en précisant avoir déjà contacté des représentants de l'informaticien qui avaient « approuvé » cette idée [40].

Rousslan Gattarov n'est pas le seul à avoir été séduit par la démarche et les compétences en informatique d'Edward Snowden. Elles ont appâté le fondateur du « Facebook russe », Vkontakte, Pavel Dourov, qui lui a proposé de rejoindre l'équipe de ses informaticiens pour s'occuper de la protection des données personnelles des utilisateurs de ce réseau social, numéro un en Russie [41]. Il a d'ailleurs félicité son pays pour avoir accordé l'asile au jeune homme, malgré la réserve de l'opinion (d'après un sondage de l'agence russe Novosti, seulement 43 % des Russes se déclaraient alors en faveur de l'asile accordé à l'Américain [42]).

En attendant de reprendre un semblant de vie, après deux mois de cache-cache avec les diplomates et de course-poursuite avec les journalistes, le jeune homme veut se reposer, a expliqué Me Koutcherena : « Il a traversé une période difficile, je dirais cauchemardesque. Il doit s'occuper de sa santé, reprendre ses esprits et a besoin de s'acclimater [43]. » Mais reprendre une vie normale n'est pas facile quand on s'est attaqué à la première puissance mondiale. À la mi-octobre, la visite en Russie de Lon

Snowden, père de l'ex-agent de la CIA, prendra ainsi des airs de roman d'espionnage : « Nous sommes suivis par quatre ou cinq voitures, raconte alors Anatoli Koutcherena, cela saute aux yeux... Qui sont-ils ? Nous ne le savons pas. Nous sommes partis de l'aéroport, je tente de m'arrêter et les voitures s'arrêtent [44]. »

Au même moment, soucieux de répondre aux multiples accusations à son encontre qu'il lit dans la presse américaine, Edward Snowden accepte de répondre au *New York Times*. Un entretien qui se fera grâce à plusieurs séries de mails cryptés. Dans l'édition du 17 octobre du quotidien, on apprend ainsi qu'il est certain que les informations qu'il détenait ne sont pas tombées dans les mains des Russes, parce qu'il les a laissées à ses amis journalistes, lors de leur rencontre à Hong Kong. S'il n'a pas donné cette indication plus tôt, c'est pour éviter que Greenwald subisse toute la pression. Il n'a pas non plus été piégé par les Chinois.

Snowden rappelle au passage qu'il s'occupait pour la NSA de contrer l'espionnage électronique de la Chine. À propos d'une note de la CIA qui aurait critiqué son travail à Genève, il explique qu'elle était consécutive au repérage d'une faille de sécurité dans un logiciel de l'agence : cette découverte n'avait pas plu à son supérieur hiérarchique. Sur le fond, le lanceur d'alerte se félicite de son action. « Le maintien de ces programmes secrets représente un plus grand danger que leur révélation. [...] Ce type de programmes d'espionnage montés dans le secret, hors du contrôle du public, n'a pas de légitimité et c'est le problème. C'est une dangereuse normalisation d'un mode de gouvernance "dans l'obscurité", où des décisions ayant d'énormes conséquences publiques sont prises sans aucune participation du public. »

C'est sans doute pour éveiller un public décidemment mal informé que le lanceur d'alerte s'est fendu d'un « manifeste pour la vérité » en octobre 2013. Envoyé *via* une connexion sécurisée au *Spiegel* et publié le 3 novembre en une du magazine allemand, ce manifeste dénonce la « campagne de persécution sans précédent » dont son auteur fait aujourd'hui les frais de la part de son gouvernement qui s'est senti « démasqué [45] ». En apprenti philosophe, Snowden rappelle que l'expression de la vérité ne saurait être tenue pour un crime en soi : « Quiconque dit la vérité ne commet pas de crime. » Bien au contraire, cette stratégie de dévoilement du fonctionnement des services secrets aurait eu, selon lui, le mérite d'initier une prise de conscience publique, au terme de laquelle « des réformes des modes de gestion, de supervision et des lois » devraient être entreprises.

Pendant ce temps, les documents qu'il a confiés aux journalistes continuent de faire trembler les États-Unis et devraient continuer encore un moment. D'après Lon Snowden, son fils « a encore beaucoup de choses à partager ». Il le fera encore grâce au journaliste vedette du *Guardian*, que le lanceur d'alerte a choisi comme interlocuteur privilégié. Depuis le début des révélations, Glenn Greenwald occupe le devant de la scène, mène la bataille de l'information et prend les coups.

5

Un choc planétaire : malaise en Europe

Avec les révélations d'Edward Snowden, l'Europe apprend que la NSA américaine espionne ses citoyens, mais aussi ses dirigeants. Interception des communications téléphoniques et Internet, pose de micros dans les salles de réunion, l'agence américaine orchestre une vaste surveillance des ambassades et des différentes instances du pouvoir européen à Bruxelles et à Strasbourg. De quoi révolter les parlementaires, partagés entre accablement et colère. « Nous ne pouvons pas accepter que les Américains espionnent les citoyens européens, même s'ils ont des impératifs de sécurité », s'insurge la députée française Véronique Mathieu. Sa collègue allemande Brigitte Spiegel (SPD) s'exclame qu'il est « dramatique que nos amis et partenaires interceptent des données sur nos citoyens dans notre dos », et son homologue Sophia Veld renchérit : « Nos alliés ne nous traitent pas comme des amis, mais comme des suspects [1]. » À travers ces déclarations, les parlementaires européens dénoncent avec plus de force l'espionnage de leurs concitoyens que celle de leurs institutions pourtant très surveillées, notamment lors des négociations politiques et commerciales avec les États-Unis. Viviane Reding, la commissaire européenne à la Justice, saisit ainsi cette opportunité pour souligner l'importance de mettre en place une législation solide sur la protection des données individuelles du même niveau que celles garanties par le gouvernement américain à ses citoyens.

Face au scandale, l'Europe fait profil bas

En France, les premières réactions sont loin d'être aussi fermes. Après avoir timidement demandé des explications aux États-Unis, François Hollande propose le 1er juillet 2013 à ses partenaires de ne reprendre les négociations commerciales avec les États-Unis qu'après avoir demandé des explications à l'administration Obama sur les activités de la NSA. John Kerry, le secrétaire d'État américain, ne tarde pas à répliquer. Il appelle son homologue Laurent Fabius pour essayer de le rassurer par cette déclaration ambiguë : « Tout pays qui est impliqué dans le domaine international mène beaucoup d'activités destinées à protéger sa sécurité. » Loin d'un *mea culpa* ou d'une excuse, cette réponse indignera beaucoup d'observateurs, jusqu'à Jim Hoagland, éditorialiste au *Washington Post* : « Quelle stupidité que d'avoir installé des micros dans la délégation de l'Union européenne à Washington ou à Bruxelles et dans une série d'ambassades ! Les dommages politiques de la découverte de ces écoutes sont tellement supérieurs aux bénéfices potentiels [2]. »

Toutes touchées par l'espionnage de la NSA, les instances européennes manifestent néanmoins une vraie difficulté à se mettre d'accord sur une action commune, certains pays refusant d'attaquer de front les États-Unis. Le 3 juillet, François Hollande se contente désormais de demander un report de quinze jours du lancement des discussions commerciales avec les Américains. Le Royaume-Uni, partenaire très actif de la NSA en Europe (voir *infra*, chapitre 10), rappelle qu'une question d'espionnage ne peut être traitée à l'échelon européen et monte au créneau pour empêcher toute concertation au sein de l'Union européenne. Ce refus entraîne la débandade : Paris accepte que les négociations avec les Américains redémarrent dès le 8 juillet, sans aucun préalable, et l'Europe renonce à rédiger une demande commune d'explication, démontrant ainsi son impuissance à protéger les libertés de ses citoyens. La fermeté des Américains, bien décidés à ne donner ni explication ni excuse, a donc payé face à une Europe divisée, minée de l'intérieur par la Grande-Bretagne, juge et partie en la matière.

Pendant ce temps, les preuves s'accumulent contre la Maison-Blanche. Fin août 2013, l'hebdomadaire allemand *Der Spiegel* publie une nouvelle série de documents accablants donnés par Edward Snowden, prouvant l'ampleur de l'effort d'espionnage des Américains face à une Europe qui voudrait afficher un peu d'autonomie [3]. L'année 2005 semble, à cet égard, avoir marqué un tournant : c'est à cette date que George W. Bush a nommé l'un de ses proches ambassadeur auprès des instances européennes.

Clayland Boyden Gray n'est pas n'importe qui : grand, élégant et pince-sans-rire, c'est d'abord un républicain très marqué à droite, l'ami des lobbyistes du pétrole et de l'automobile, un homme déterminé à tout faire pour saboter les mesures de réduction de la pollution. Peu avant sa nomination, il est invité par la NSA à prendre connaissance des « joyaux » que l'agence détient sur les activités politiques et économiques de l'Europe. Grâce à Snowden, on dispose d'un compte rendu de la NSA sur cette réunion importante : « L'ambassadeur apprécie les capacités de la NSA à collecter les communications en Europe. » Très fier de son succès, le rapporteur anonyme de la NSA va jusqu'à retranscrire les appréciations de Clayland Boyden Gray. Après être entré dans le détail des documents collectés, il s'est exclamé : « Je n'avais pas idée que je recevrais des informations aussi précieuses. C'est fabuleux, vous, les gens de la NSA, êtes en train de devenir mes meilleurs amis [4] ! » Un enthousiasme qui prouve l'efficacité de l'espionnage américain en Europe.

Deux autres révélations de l'article du *Spiegel* font également trembler l'Europe. À sa lecture, les diplomates apprennent que les ambassades de l'Union européenne à Washington et à New York sont « sonorisées ». Car, parmi les documents récupérés par Snowden, se trouve un plan des bureaux de New York de la délégation européenne à l'ONU et de son infrastructure de communication. Il y est indiqué qu'une structure commune CIA-NSA, appelée SCS (Special Collection Service, voir *infra*, chapitre 8), copie régulièrement les disques durs des bureaux et met sur écoute le réseau informatique externe. Autre révélation très dérangeante pour Washington : ces documents affirment que l'Agence internationale de l'énergie atomique (AIEA) est également une cible privilégiée pour l'administration américaine, qui s'est déjà laissé surprendre dans le passé par les essais nucléaires de l'Inde et du Pakistan. Tout comme l'ONU, dont les diplomates apprennent qu'en 2012, la NSA s'est félicitée d'avoir réussi à mettre sur écoute son réseau vidéo, dans le cadre du programme « Blarney » regroupant des données stratégiques destinées à l'exécutif américain. Grâce à ce travail, les Américains ont découvert une opération du même type montée par la Chine, ce qui leur a permis de disposer des copies des interceptions effectuées par les Chinois ! Une histoire digne de John le Carré...

Cet été 2013, en France, les autorités découvrent que leurs institutions font aussi partie des cibles de la NSA. Le 1er septembre, le *Spiegel* publie un document de l'agence américaine, daté de juin 2012, qui relate ce qu'elle qualifie de *success story* : ses espions ont réussi à mettre sur écoutes le réseau informatique sophistiqué VPN (Virtual Private Network) du ministère des Affaires étrangères, leur permettant d'avoir connaissance de

« documents » [5]. Le ministère n'est pas la seule victime française des écoutes de la NSA, loin de là. Sont aussi surveillées : l'adresse Internet du Quai d'Orsay « diplomatie.gouv.fr », l'ambassade de France à Washington et celle auprès de l'ONU à New York où ont été posés des micros-espions. Les conversations interceptées à Washington sont identifiées sous le nom de code « Wabash » et celles venant des bureaux français de l'ONU sous celui de « Blackfoot ». Les Français apprennent avec stupéfaction les quatre domaines qui ont particulièrement intéressé les agents d'outre-Atlantique : leur politique étrangère — notamment au Moyen-Orient et en Afrique —, leurs marchés militaires, ceux liés au nucléaire et leurs négociations commerciales.

La révélation de ces documents, nommés « Stateroom », aurait dû en toute logique déclencher un scandale politique de grande ampleur. Trois conventions internationales, signées par les États-Unis, interdisent en effet l'espionnage entre États membres de l'ONU, même si certaines infractions sont *de facto* tolérées. Non sans ironie, un diplomate américain anonyme lance amèrement : « Les États-Unis ont violé le onzième commandement de notre profession, tu ne dois pas te faire prendre [6]. » Pourquoi l'Amérique d'Obama a-t-elle réalisé une telle opération d'espionnage au détriment de ses alliés, au risque de créer de graves incidents diplomatiques ? La meilleure explication vient sans doute de l'éditorialiste du *Washington Post*, Jim Hoagland, qui rappelle un épisode de la guerre froide. Au début des années 1980, en pleine discussion avec un officiel soviétique, le journaliste s'était étonné de l'installation par l'URSS de missiles SS20 aux frontières de l'Europe, déclenchant l'hostilité de tous les pays européens. Il lui demanda donc la raison de cette initiative dangereuse pour la paix dans le monde. L'apparatchik soviétique lui fit cette réponse superbe : « Parce qu'on pouvait le faire. » Et Jim Hoagland de conclure : « C'est la même logique bureaucratique qui a prévalu à la NSA [7]. »

Le malaise atlantiste du gouvernement français

Ainsi visés par un large système de surveillance portant atteinte aussi bien à leur souveraineté propre qu'à leur principe, les États européens devraient naturellement se sentir redevables à l'égard d'Edward Snowden et de ses éclairantes révélations. Mais la logique de la diplomatie est un peu plus compliquée que cela : Barack Obama entend bien punir le lanceur d'alerte et voit d'un mauvais œil la perspective de son arrivée dans un pays « allié ». Pour éviter cette situation, il exerce donc des pressions politiques et économiques sur les dirigeants européens. La démarche est efficace : tout en éprouvant une certaine honte à constater sans pouvoir réagir l'ampleur de l'espionnage américain, les États du Vieux Continent craignent de subir des représailles s'ils prennent le parti des lanceurs d'alerte. La peur sera plus forte que la honte. Les unes après les autres, les portes européennes de l'exil se referment pour Edward Snowden, dans le silence et la confusion.

Le « pays des droits de l'homme » ne fait pas figure d'exception. Confronté à la demande d'asile du jeune informaticien, le gouvernement français prend rapidement la décision de tout entreprendre pour ne pas la satisfaire. Il est difficile de savoir ce qu'ont été les pressions ou menaces américaines exercées par la Maison-Blanche sur l'Élysée. Ce qui est certain, c'est que la situation économique de l'Hexagone ne lui permet pas de risquer un bras de fer avec l'Amérique et ses alliés. Sur le plan militaire, depuis sa réintégration au sein du commandement intégré de l'OTAN, la France est un partenaire de la NSA, dont les renseignements sont bien utiles à un pays confronté au terrorisme sur son sol, ayant des citoyens otages de groupes islamistes et surtout menant des opérations militaires en Afrique où le renseignement électronique joue un rôle de premier plan.

Après avoir affiché une indignation de façade largement médiatisée, le président François Hollande a donc mis en scène une manœuvre complexe : empêcher Edward Snowden d'arriver en France sans pour autant renier les valeurs de sa patrie, refuge traditionnel de citoyens inquiétés dans leur pays d'origine. Depuis 1951, la convention de Genève accorde le statut de réfugié à toute personne qui craint avec raison d'être persécutée du fait de son origine ethnique, de sa religion ou de ses idées politiques. La France n'avait pas attendu cette date pour être la terre d'asile de Russes fuyant le bolchevisme ou encore de républicains espagnols. Aujourd'hui, c'est l'Office de protection des réfugiés et apatrides (OFPRA) qui traite les demandes d'asile en toute indépendance, même si l'institution est rattachée au ministère de l'Intérieur. Soutenue par la Ligue des droits de l'homme et par Reporters sans frontières, la demande de Snowden a donc toutes les chances d'être examinée favorablement par l'OFPRA. Il y a péril en la demeure pour le président français.

Dans un premier temps, Paris annonce ne pas avoir reçu de demande et Manuel Valls déclare qu'à titre personnel il n'est pas enclin à recevoir l'ex-consultant en France. Il vient d'ailleurs d'effectuer un voyage éclair à Washington, où il a rencontré le secrétaire à la Sécurité extérieure, le ministre de la Justice et le patron du FBI. Au menu des entretiens : la lutte contre la menace islamiste et les échanges de renseignements entre Français et Américains [8]. Dès le 1er juillet, inquiet de la tournure prise par les événements, le président de la Ligue des droits de l'homme, Pierre Tartakowsky, avait diffusé un communiqué, en vain : « Il est légitime de penser qu'Edward Snowden ne bénéficierait pas d'une justice sereine et équitable sur le territoire des États-Unis qu'il a préféré quitter. Il est aujourd'hui demandeur d'asile, comme défenseur des droits à une vie privée et lanceur d'alerte. La France s'honorerait en lui offrant l'accueil qu'il mérite à ce double titre. » Peu réceptif à cet appel, François Hollande a préféré militer pour un « code de bonne conduite », une sorte d'accord de « non-espionnage » entre les États-Unis et l'Europe. Aussi, à une question sur l'accord du droit d'asile à Edward Snowden, le président français pourra-t-il répondre sèchement : « Ce n'est pas la question [9]. »

Juillet 2013 : la Bolivie humiliée

Dès le début juillet, un incident diplomatique d'envergure va brutalement révéler les véritables intentions du gouvernement français. Le 2 juillet, le président de la Bolivie, Evo Morales, quitte Moscou où il a participé à la conférence internationale des pays producteurs de gaz naturel. En marge de la conférence, Evo Morales a déclaré que son pays était prêt à examiner une éventuelle demande d'asile d'Edward Snowden, toujours bloqué à l'aéroport de Moscou. Alors que l'avion présidentiel bolivien vole de la capitale russe vers Lisbonne, où il doit effectuer une escale technique, le gouvernement américain prévient la France que le lanceur d'alerte se trouve peut-être à bord de l'avion.

Les Boliviens, qui avaient pourtant reçu le 27 juin l'autorisation de survol de l'espace aérien français, apprennent alors en vol que le Premier ministre français leur interdit le survol de l'Hexagone. Bientôt, l'Italie, l'Espagne et le Portugal, eux aussi, ferment leur espace aérien à l'appareil d'Evo Morales, qui se retrouve dans la situation d'un avion « terroriste ». À court de carburant, celui-ci atterrit en urgence sur l'aéroport de Vienne. Là, l'ambassadeur d'Espagne en Autriche lui apprend que s'il souhaite qu'on lui ouvre l'espace aérien espagnol, il doit au préalable inspecter l'aéronef pour vérifier que Snowden ne se trouve pas à bord. Evo Morales lui donne sa parole d'honneur et assure ne pas transporter le jeune informaticien. Mais le gouvernement espagnol, en contact avec un autre gouvernement, insiste : « Ne pourriez-vous pas m'inviter à venir prendre un petit café dans votre avion ? », demande, penaud, l'ambassadeur [10]. Furieux, le président bolivien lui répond qu'il lui faudra employer la force pour fouiller l'avion. Les présidents vénézuélien et équatorien téléphonent à leur homologue bolivien pour l'encourager à rester ferme sur ce principe. Quelques heures plus tard, l'autorisation de survol de l'Espagne est finalement donnée.

Evo Morales fait alors publier une déclaration de son ministre des Affaires étrangères demandant à la France de s'expliquer sur cette fermeture brutale de son espace aérien « qui a mis en danger la vie du Président ». En Autriche, pays non adhérent de l'OTAN, il organise une conférence de presse grâce au soutien du président social-démocrate, Heinz Fischer, le remerciant de lui avoir sauvé la vie et fustigeant l'attitude « néocoloniale » des quatre pays impliqués. Conscients d'avoir déclenché un scandale diplomatique majeur, les quatre pays rouvrent leur espace aérien et l'avion de Morales peut finalement rejoindre la Bolivie le lendemain.

Mais le mal est fait : la Bolivie comme l'Argentine, le Brésil, l'Uruguay et le Vénézuela rappellent leurs ambassadeurs à Paris pour consultation, après que les chefs d'État de ces pays ont émis des protestations publiques et solennelles. La présidente argentine, Cristina Kirchner, exprime sa consternation : « Ils sont devenus fous. Un chef d'État et son avion disposent d'une immunité totale. » À La Paz, des manifestants se rassemblent devant l'ambassade de France, criant des slogans comme « France hypocrite et colonisatrice », brûlant des drapeaux français et jetant des pierres sur l'ambassade. Le lendemain, le Parlement bolivien envisage même d'expulser du pays les ambassadeurs de France, d'Italie et du Portugal. Quelques jours plus tard, La Paz dépose une plainte devant le Haut Commissariat aux droits de l'homme de l'ONU pour violation du droit international mettant en danger la vie de son Président. Observatrice de premier plan, la députée européenne Éva Joly regrette alors que la France se pose en vassal des États-Unis plutôt qu'en alliée, déclenchant par ce « mauvais *road trip* aérien » la colère de toute l'Amérique latine.

Paris se trouve contraint de présenter des excuses publiques et circonstanciées à Evo Morales. Celui-ci les accepte le 24 juillet comme une première étape, afin de « conserver des relations respectueuses avec la France ». Et lors de l'Assemblée générale de l'ONU à New York, le 24 septembre 2013, François Hollande sait trouver les mots pour calmer la colère, un peu surjouée, du fougueux président bolivien. D'après le ministre de la présidence bolivienne Juan Quintana, une réunion de trente minutes entre les deux hommes permet à Hollande de faire ses excuses à Morales, expliquant que l'incident de l'avion interdit de vol au-dessus de la France avait été instrumentalisé par ceux qui veulent ruiner les relations entre la France et la Bolivie. Hollande, plein de sollicitude, s'est engagé à accélérer la livraison de six hélicoptères français Super Puma, utilisés contre les narcotrafiquants [11]. Il s'est également engagé à demander aux dirigeants d'Airbus d'améliorer leur offre commerciale afin que soit renouvelée la flotte nationale bolivienne équipée de Boeing. Et on a même parlé d'un grand projet de fourniture d'un système de surveillance aérienne du pays. Une grande brouille qui finit bien, même si elle laissera des traces [12].

Face aux révélations, le « théâtre politique » des autorités françaises

Droit dans ses bottes, le gouvernement français continue cependant à gérer l'affaire Snowden dans la même logique. Le 4 juillet, un communiqué laconique du ministère de l'Intérieur tombe sur le fil des agences de presse : « La France a reçu, comme beaucoup d'autres pays, par l'intermédiaire de son ambassade à Moscou, une demande d'asile de M. Edward Snowden. Compte tenu des éléments d'analyse juridique et de la situation de l'intéressé, il n'y sera pas donné suite. » Fin du communiqué.

Juriste éminent, Me Eolas propose dès le lendemain sur son blog une brillante analyse de ce texte sibyllin, en soulignant que la France ne dit pas qu'elle « refuse » l'asile à Snowden, mais simplement qu'elle « ne donne pas suite » à sa demande [13]. Pour faire une demande valable sur le plan juridique, il aurait fallu que le jeune Américain obtienne de l'ambassade de France à Moscou un visa d'entrée sur le territoire national, qui lui aurait alors permis de soumettre son dossier à l'OFPRA à Roissy. Manuel Valls ne lui a donc pas refusé l'asile, il lui a refusé la possibilité d'en faire la demande en l'empêchant de se présenter à la frontière française. Plusieurs juristes, comme Claire Rodier du GISTI, estiment qu'il s'agit là d'une décision hautement politique. Et de s'interroger sur la légalité constitutionnelle d'une action empêchant l'examen d'une demande d'asile politique dont la justification est évidente.

De fait, la France s'est bornée à ne pas donner suite à la demande du lanceur d'alerte. Manuel Valls, quant à lui, peut parader devant ses alliés américains en leur expliquant qu'il a refusé la demande d'asile de Snowden, ce qui est faux. Un coup fourré et un mensonge. Bilan de l'opération : le citoyen français a du mal à s'y retrouver, plongé dans une actualité traitée par les médias avec une certaine confusion, entretenue par une série de communiqués alambiqués du gouvernement français.

Mais sa politique d'alignement sur les desiderata de Washington dans cette affaire, si elle semble donner un moment le change dans l'opinion, va être mise à rude épreuve quatre mois et demi plus tard. Le 21 octobre 2013, Glenn Greenwald révèle dans le quotidien français

Le Monde la collecte massive de données téléphoniques des Français par la NSA [14], ce qui va relancer le débat.

Dès la publication de cet article, le Premier ministre Jean-Marc Ayrault déclare être « profondément choqué » et le président de la République appelle Barack Obama pour lui faire part de sa profonde réprobation à l'égard de ces pratiques, « inacceptables » entre alliés et amis [15]. Le ministre des Affaires étrangères, Laurent Fabius, convoque aussitôt au Quai d'Orsay l'ambassadeur des États-Unis pour lui demander des « explications » et rappeler que l'espionnage par un pays ami « est tout à fait inacceptable ». Visiblement guère préoccupée, la Maison-Blanche se contente de son côté d'un bref communiqué, stipulant tranquillement que, même si « certaines » révélations ont « déformé » les activités de la NSA, des questions légitimes se posent et que les deux présidents discutent de la préoccupation de Barack Obama d'équilibrer les impératifs de sécurité et ceux du respect de la vie privée [16]. « Les États-Unis revoient en ce moment leur manière de recueillir du renseignement, explique ainsi benoîtement John Kerry. Notre but est d'essayer de trouver le juste milieu entre la protection de la vie privée et la sécurité de nos citoyens [17]. »

La presse américaine, quant à elle, n'hésite pas à ironiser : le « ton sévère » des autorités françaises relèverait « en partie du théâtre politique plutôt que de la réelle indignation », puisque « la France entretient son propre programme d'espionnage visant les Américains » et que « les activités de la NSA en Europe sont connues depuis des mois », note le *New York Times* [18]. Encore plus moqueur, Paul Whitefield, chroniqueur au *Los Angeles Times*, écrit : « Le gouvernement français a été choqué ! Choqué ! D'apprendre que de telles choses étaient possibles. Il était temps de réagir avec vigueur. [...] Qui sait si Charles H. Rivkin [l'ambassadeur américain convoqué par Laurent Fabius] a eu droit à une bonne tasse de café au lait et quelques-unes de ces délicieuses pâtisseries tout en déclarant à son interlocuteur français qu'il n'avait aucune idée de ce dont il parlait [19] ? »

Et le 29 octobre 2013, lors de son audition devant la Chambre des représentants, le général Keith Alexander, directeur de la NSA, a enfoncé le clou en insistant sur l'ampleur des accords de coopération franco-américains en matière de renseignement. Il a expliqué alors que les journaux européens avaient mal « compris » les documents remis par Edward Snowden ; et que leurs allégations concernant l'interception de communications de citoyens européens étaient « complètement fausses [20] ». Le *Wall Street Journal* renchérit et dément l'information, révélée par Glenn Greenwald dans *Le Monde*, selon laquelle « sur une période de trente jours, du 10 décembre 2012 au 8 janvier 2013, 70,3 millions d'enregistrements de données téléphoniques des Français [avaient] été effectués par la

NSA[21] ». Si ces enregistrements ont bel et bien été effectués, affirme la source gouvernementale anonyme reprise par le quotidien, ce n'est pas la NSA qui en est à l'origine mais la DGSE (Direction générale des services extérieurs français) elle-même[22]. Ainsi, les prétendues activités américaines d'espionnage en France auraient été en réalité diligentées par les services de renseignement français[23], et leurs résultats transmis à la NSA dans le cadre de l'accord de coopération « Lustre[24] ». Au vu de cet accord d'échange d'informations, on comprend les réticences du gouvernement français à dénoncer les pratiques douteuses de la NSA, comme à accorder l'asile à Edward Snowden. Il peut également craindre que les Américains fassent fuiter des informations compromettantes pour le gouvernement.

C'est pourquoi, si la France est le premier pays concerné par ces révélations, ce sont ses voisins qui taperont le plus du poing, notamment l'Allemagne : « Toute cette affaire doit être tirée au clair, car elle ne concerne pas que la France, mais aussi d'autres pays, à commencer par la République fédérale », a martelé dès le 21 octobre le chef de la diplomatie allemande, Guido Westerwelle[25].

L'Allemagne sous la férule du renseignement américain

De fait, de nombreux documents de la NSA rendus publics par Edward Snowden et par ses relais journalistiques concernent l'Allemagne. Il en ressort notamment qu'en décembre 2012, « l'agence américaine a enregistré les métadonnées de près de 15 millions de communications téléphoniques par jour et 10 millions de connexions Internet[26] ». Cette surveillance particulièrement intense était justifiée comme étant une réponse du renseignement américain face à l'« islamisme extrémiste » qui gagnerait du terrain en Allemagne, ainsi que l'avait indiqué le rapport annuel de l'Office fédéral de protection de la Constitution publié en juin 2013[a].

Ce même mois, le président Obama se rend à Berlin. Interrogé sur l'ampleur de ces écoutes, il les justifie en expliquant qu'elles ont sauvé de nombreuses vies, y compris en Allemagne[27]. Une partie des attentats du 11 Septembre avait en effet été préparée par une cellule terroriste de Hambourg, une ville depuis très écoutée par les Américains. Mais, comme le *Spiegel* le révèlera dans de multiples articles distillant au cours des mois suivants les « fichiers Snowden », les militaires américains basés en

a Selon ce rapport, le nombre de membres des réseaux islamistes serait passé de 38 080 en 2011 à 42 550 en 2012.

Allemagne ne se sont pas contentés d'espionner les communications des pays du Proche-Orient, d'Afrique du Nord ou d'Europe de l'Est, ils se sont aussi intéressés aux... communications personnelles d'Angela Merkel [28].

Dès le début des révélations, le 5 juin, le ministre de l'Intérieur Hans-Peter Friedrich (CSU) a affiché un soutien sans faille à Washington. De son côté, l'opposition social-démocrate, en pleine campagne électorale a, sans surprise, reproché à Angela Merkel de ne pas réagir assez vigoureusement, pressant la chancelière d'« éclaircir au plus vite la réalité de ces documents » : « Si les soupçons se vérifient, ces activités iraient bien au-delà des préoccupations légitimes quant à la sécurité », a prévenu son adversaire, Peer Steinbrück [29].

Il faut dire que le sujet est très sensible en Allemagne, où — du fait de son passé nazi — les citoyens sont protégés par dix-sept instances régionales de défense de la vie privée. Les Allemands se sont d'ailleurs distingués en 1987 en refusant de répondre à une partie du questionnaire de recensement, par crainte d'aboutir à un *gläserner Mensch*, un « homme transparent ». À cette défiance permanente face au contrôle de l'État, s'ajoute un anti-américanisme qui ne demande qu'à s'exprimer avec virulence à chaque occasion [30]. Visiblement gênée, Angela Merkel a souligné alors son extrême vigilance à l'égard des dérives de l'espionnage, se référant à l'expérience du nazisme ainsi qu'aux pratiques de surveillance de la police secrète de l'ex-Allemagne de l'Est (Stasi).

Malgré ces déclarations, la chancellerie a été accusée de minimiser l'ampleur de l'espionnage américain. Le 19 août 2013, le chef de cabinet de la chancellerie Ronald Pofalla a déclaré n'avoir aucune idée de l'ampleur de l'espionnage américain, une prise de position aussitôt contredite par le *Spiegel* : l'hebdomadaire a expliqué que le Service fédéral de renseignement allemand (Bundesnachrichtendienst, BND) hébergeait dans plusieurs de ses locaux des agents du renseignement américain — prolongeant ainsi une pratique issue de la guerre froide [31]. Griesheim, près de Darmstadt, est ainsi le siège d'un « centre de cryptologie » où, d'après un document interne de la NSA, deux cent quarante employés de l'agence travaillaient en 2011. C'est là qu'une partie des analyses des écoutes européennes est réalisée. « L'espionnage allemand coopère étroitement avec la NSA et utilise même un logiciel d'interception fourni par les États-Unis », accuse le journal, avant de rappeler un autre épisode révélateur : lors de sa visite à Washington en avril 2012, le président du BND, Gerhard Schindler, a rencontré les dirigeants de la NSA et a manifesté à plusieurs reprises son « empressement à collaborer encore plus étroitement avec la NSA ». Le but des Allemands était notamment de recueillir

« des directives et des conseils », tout en « renforçant et élargissant la coopération bilatérale ».

Contrairement à la relation franco-américaine, cette fervente coopération entre les services de renseignement allemands et américains trouve racine dans leur passé proche. Le spectre de la surveillance totalitaire nazie a pesé sur la Constitution allemande, limitant fortement la pratique de l'espionnage dans le pays. Ce statut — unique en Europe — place en principe le gouvernement à l'abri des remous politiques que peuvent provoquer les activités d'espionnage, tout en lui permettant de réaliser de précieuses économies. La RFA a donc eu, dès la fin de la Seconde Guerre mondiale, tout intérêt à entretenir des liens particuliers avec les États-Unis dans ce domaine, au prix d'une certaine perte d'indépendance. C'est pourquoi, soixante ans plus tard, plusieurs parlementaires ont mis en doute l'étonnement de leurs dirigeants : « Nos services de renseignement affirment qu'ils n'étaient pas au courant. C'est inimaginable pour moi », s'est notamment indigné Thomas Oppermann, leader du SPD et directeur de la commission du contrôle parlementaire des services de renseignement, lors d'une réunion en juin. Un employé du service de renseignement allemand a toutefois rappelé au quotidien *Die Welt* que « chaque service protège ses sources », laissant entendre ainsi que les noms des programmes de la NSA tels que Prism correspondent à de simples intitulés techniques, qui ne sont pas forcément connus dans le détail par les fonctionnaires des services secrets allemands [32]. Les informations fournies par les Américains sont en effet limitées et leurs sources ne sont pas détaillées.

Parfois, les services américains précisent tout de même si les sources sont d'origine Humint (*Human Intelligence*, sources humaines) ou Sigint (*Signals Intelligence*, provenant de signaux électromagnétiques). Un employé de la BND a ainsi déclaré à *Die Welt* : « Nous ne prenons pas tout pour argent comptant, mais il faut reconnaître que toutes les informations provenant de la NSA ou de la CIA ont toujours été extrêmement pertinentes et précieuses pour nous [33]. » « Sans l'aide des services secrets américains, nous serions fichus », renchérit dans les colonnes du même journal un officier du renseignement. Dans ce contexte très spécial, le refus allemand d'offrir l'asile politique à Edward Snowden n'a donc rien d'étonnant.

Après tant de remous, à quelques semaines d'un vote où elle joue sa réélection, Angela Merkel veut donner une apparence de fermeté, alors même que les partis d'opposition manifestent bruyamment leur indignation. Thomas Oppermann, du SPD, s'étonne que les citoyens non américains ne bénéficient d'aucune protection juridique de la NSA. Pour reprendre la situation en main, Ronald Pofalla, chef de cabinet de la chancellerie, annonce disposer d'« assurances écrites » qu'en Allemagne, les Américains « respectaient les lois allemandes ».

De son côté, soucieuse de manifester concrètement sa « préoccupation », la chancelière demande à ses services secrets de mobiliser un hélicoptère Eurocopter pour réaliser des clichés haute définition du toit du consulat américain à Francfort. D'après les documents d'Edward Snowden, ce toit — comme celui de nombreux locaux diplomatiques dans le monde — sert de parc à antennes d'interception de communication de toutes sortes. Le 8 septembre au matin, l'hélicoptère effectue donc un surplace de dix minutes juste au-dessus du consulat, dont les employés, furieux, prennent des photos de l'intrus. Aussitôt, l'ambassadeur des États-Unis à Berlin prend son téléphone pour protester. Une manière comme une autre, pour Angela Merkel, de ne pas laisser à son opposition le monopole des initiatives... Cela n'empêche pas les Verts allemands de déclarer que l'Allemagne est surveillée par l'Amérique, probablement depuis la Grande-Bretagne [34]. Ajoutant encore à l'inquiétude, le ministère de l'Intérieur confirme que la firme Booz Allen Hamilton, partenaire privilégié de la NSA (voir *infra*, chapitre 11), s'est vu confier une mission concernant la sécurité des données gouvernementales stratégiques de l'Allemagne [35].

Mais, fin octobre, Berlin hausse le ton, car Angela Merkel apprend que son téléphone personnel a été surveillé par la NSA [36]. On apprend ainsi que l'interception des communications de la chancelière allemande aurait débuté en 2002, alors qu'elle était présidente de sa formation politique, la CDU ; et que, pour sa part, Barack Obama en aurait été informé en 2010 [37]. « Entre des amis proches et des pays partenaires comme le sont la République fédérale d'Allemagne et les États-Unis depuis des décennies, déclare-t-elle dans un communiqué, une telle surveillance d'un chef de gouvernement ne peut exister. Ce serait un coup sérieux porté à la confiance, de telles pratiques devraient cesser immédiatement. »

En définitive, la position allemande se révèle l'une des plus ambiguës en Europe. Désireuse de préserver ses bonnes relations économiques, commerciales et diplomatiques avec Washington [38], l'Allemagne n'en est pas moins choquée par ces diverses révélations d'espionnage. Un débat s'est d'ailleurs ouvert au Bundestag, le Parlement allemand, sur l'opportunité d'accorder l'asile à Edward Snowden. Les avis sont évidemment partagés mais, selon le coprésident du Parti de gauche, Bernd Riexinger, trois cent vingt députés se seraient prononcés en faveur de l'octroi de cet asile, et trois cent onze contre [39]. Quoiqu'un peu courte, cette majorité peut compter sur un soutien de poids : dans son édition du 4 novembre 2013, *Der Spiegel* s'est en effet prononcé en faveur de cet asile.

L'un des rares pays qui n'ont pas succombé à l'attentisme observé chez ses voisins européens a été la Finlande, où l'association de défense des libertés European Digital Rights (EDRI) a exprimé sa lassitude de voir les débats suscités par l'affaire Snowden s'enliser dans des considérations générales, les politiciens n'ayant qu'une idée : traiter ce genre de problème sans y impliquer les citoyens. En juillet 2013, grâce à un article de la Constitution prévoyant qu'une association peut soumettre au Parlement une loi si son projet rassemble 50 000 signatures, l'EDRI a proposé un projet de loi ironiquement intitulé « Yes we can » [40]. Il prévoyait que les entreprises qui se livreraient à l'espionnage des Finlandais pourraient être punies d'une amende pouvant aller jusqu'à 25 % de leur chiffre d'affaires et d'une peine de prison pour leurs responsables. Le délit serait constitué même s'il est effectué d'un pays tiers. Ce projet prévoyait également d'interdire l'expulsion d'un « lanceur d'alerte » réfugié dans le pays, et la possibilité pour ce dernier d'obtenir un accueil sécurisé et un droit de résidence en Finlande, même si son passeport national était invalidé. Cette disposition aurait permis à Edward Snowden de voir sa demande d'asile en Finlande acceptée si la loi avait déjà été adoptée.

6

Du scandale Echelon à l'affaire Prism

L'Europe serait-elle frappée d'amnésie dès que le sigle « NSA » est prononcé ? On est tenté de le croire quand on sait que la décennie 1990 lui avait déjà servi un scandale sur des écoutes de même nature, avec le même accusé : la NSA. À l'époque, on ne parlait pas de « Prism », mais du « système Echelon ». C'est au début de l'année 1998 que l'Europe a commencé à s'intéresser à ce système de surveillance, avec la publication du prérapport *Évaluation des technologies de contrôle politique*, commandé par le comité d'évaluation des choix technologiques et scientifiques (STOA) du Parlement européen [1]. Son auteur, Steve Wright, était un chercheur travaillant pour la Fondation Omega, une organisation britannique de défense des droits de l'homme basée à Manchester. Il y dévoilait une gamme de nouvelles technologies « intrusives », de l'utilisation de la vidéosurveillance aux « armes de contrôle des foules », ou encore de nouvelles techniques d'interrogation et de torture.

Quand l'Europe a la mémoire qui flanche : les révélations oubliées de 1998-1999 sur le système Echelon

Le ton du rapport est plutôt alarmiste et retient alors l'attention du Parlement. Le chapitre consacré à l'interception des communications attribue un rôle majeur au système Echelon : « Toutes les communications e-mail, téléphoniques, et les fax échangés à travers l'Europe sont régulièrement interceptés par la NSA. » Le rapport précise que ces informations transitent par une station de télécommunication secrète basée à Londres, avant d'être envoyées par satellite à Fort Meade, dans le Maryland, *via* une autre centrale située à North York Moors en Angleterre. Ces révélations n'étonnent qu'à moitié les députés européens. Glyn Ford, le député anglais à la tête du STOA, bon connaisseur des technologies, réagit ainsi en septembre 1998 : « Franchement, ironise-t-il, les seules personnes à douter encore de l'existence d'Echelon se trouvent aux États-Unis. Ces systèmes d'espionnage ont été perçus comme une condition nécessaire à la sécurité internationale pendant la guerre froide. Mais, désormais, il n'y a plus aucune raison militaire d'espionner les Russes, à moins de vouloir écouter le bruit d'une économie protocapitaliste en train de s'effondrer. »

Ce sentiment est partagé par les députés européens, qui décident de commander un rapport plus détaillé. Duncan Campbell, le journaliste écossais auteur de l'enquête qui avait révélé en 1988 le nom de code « Echelon » et l'ampleur du programme (voir *infra*, chapitre 10), est chargé du travail. Au printemps 1999, il remet son rapport, *Fonctionnalité d'interception 2000*, un document très complet qui fait sensation : « Ce rapport, confirme-t-il, décrit comment le renseignement électronique a, depuis plus de quatre-vingts ans, pris ses dispositions pour surveiller les communications internationales. [...] Il existe des systèmes intelligents qui interceptent puis traitent toutes les formes modernes de communication [2]. » Pour lui, cela est possible car « les pays partenaires de la NSA se partagent actuellement près de cent vingt systèmes de collecte de données par satellite ». En revanche, Campbell dément certaines informations publiées à l'époque dans la presse, affirmant que prononcer certains mots sensibles au téléphone — comme « bombe » — déclencherait une mise sur écoute automatique : « Malgré trente ans de recherches, cette technique n'est toujours pas au point. Bien que les communications européennes puissent être interceptées, il est probable qu'elles soient en grande partie ignorées. »

D'après ce rapport, le système Echelon s'est trouvé une autre utilité dans le monde de l'après-guerre froide : espionner les entreprises. Les Américains utilisent ce formidable outil d'intelligence économique pour promouvoir les intérêts de leurs géants industriels. Concrètement, détaille Campbell, Echelon permet « d'estimer les prix à venir des produits de base, de connaître les objectifs des États lors des négociations commerciales, de surveiller le commerce international des armes, de suivre de très près l'évolution des technologies sensibles, ou encore d'évaluer la stabilité politique et la puissance économique d'un pays cible ».

Ces révélations suscitent une vive controverse, laquelle atteint son acmé avec la divulgation de trois cas particuliers, dont deux concernant la France. Il apparaît en effet que les appels téléphoniques et les fax passés en 1994 par l'entreprise française Thomson CSF vers le Brésil — avec lequel elle négocie le marché d'un système de surveillance de la forêt amazonienne (SIVAM) pour un montant d'1,3 milliard de dollars — ont été écoutés par la NSA. Conséquence : les démarches françaises ont été contrées, des agents sur place neutralisés et c'est finalement Raytheon, importante société américaine, l'un des principaux constructeurs du satellite d'interception d'une base Echelon, qui rafle le marché brésilien. Pour appuyer ses dires, Duncan Campbell cite cette déclaration de Raytheon juste après sa victoire : « Le Département du Commerce a travaillé extrêmement dur pour soutenir l'industrie américaine sur ce projet. »

La deuxième affaire, c'est la perte pour la France d'un contrat aéronautique de 6 milliards de dollars, toujours en 1994, lors d'un appel d'offres émis par l'Arabie saoudite opposant l'entreprise européenne Airbus et les géants américains Boeing et McDonnell Douglas, qui signeront finalement ce marché. À l'époque, le quotidien américain *Baltimore Sun* lève le voile sur cet échec : il révèle que la NSA a intercepté l'ensemble des fax et des appels téléphoniques échangés entre Airbus, la compagnie aérienne nationale saoudienne et le gouvernement saoudien. Par ce biais, l'agence a découvert l'existence de pots-de-vin versés par les agents d'Airbus à des Saoudiens. La NSA a donc averti les autorités américaines, qui ont dès lors appuyé avec succès la candidature de Boeing et McDonnell Douglas, en dénonçant au gouvernement saoudien le réseau de corruption monté par les Européens.

Katharine Gun, membre de l'agence du renseignement britannique (GCHQ) qui divulguera en 2003 des informations secrètes à propos de l'invasion illégale des États-Unis en Irak (voir *infra*, chapitre 14), expliquera que les écoutes étaient à l'époque divisées en trois catégories : « sécurité nationale », « crimes graves » et « développement économique [3] ». Ainsi, pendant les années Clinton (1993-2001), le secrétaire d'État Warren Christopher avait, devant le comité des relations internationales du Sénat, placé la question du développement économique au même niveau d'importance que celui de la sécurité nationale : « Dans le monde de l'après-guerre froide, notre sécurité nationale est inséparable de notre sécurité économique », avait-il averti, justifiant en filigrane le maintien du système Echelon. Et, au cours de l'été 2000, Georges Tenet, directeur de la CIA de 1997 à 2004, a expliqué que de nombreux pays utilisaient leurs services secrets à des fins d'espionnage économique [4]. Reconnaissant que « la Sigint fournit des informations économiques utiles au gouvernement américain », il a toutefois nié les obtenir par l'espionnage industriel, arguant ne pas vouloir prendre le risque de perdre la confiance des alliés des États-Unis en les surveillant illégalement. Face aux révélations du rapport Campbell, ces déclarations qui se voulaient rassurantes n'ont pas suffi à calmer alors les inquiétudes de l'Europe.

L'« effet 11 Septembre » torpille l'enquête du Parlement européen sur le système Echelon

À cette époque, les parlementaires européens réagissent fermement. À la suite du rapport Campbell, le Parlement européen met sur pied l'année suivante un « comité temporaire d'étude du système d'interception Echelon », comprenant trente-six membres chargés, sur une durée d'un an, de vérifier les informations du rapport de Duncan Campbell et de réaliser une synthèse. C'est un démocrate-chrétien portugais modéré, Carlos Coelho, qui est choisi pour diriger le groupe. « Des choses fausses ont été publiées, car elles sont techniquement impossibles », commente-t-il, en référence à la littérature existante sur Echelon. « Mais il y a des points que nous devons vérifier, pour tâcher de trouver s'ils peuvent réellement se produire et par quels moyens. Nous devons protéger nos citoyens et nos entreprises. C'est notre devoir [5]. »

Cette ardeur politique à reprendre le cours des investigations depuis le début est due à la pression des entreprises plutôt qu'à une mobilisation citoyenne. Le seul motif de « violation de la vie privée » n'aurait en effet pas suffi à déclencher cette nouvelle enquête européenne, dans la mesure où la notion de vie privée revêt des sens très divers dans les différents États européens. En revanche, quand, dans une conjoncture économique difficile, leurs entreprises perdent des contrats internationaux à cause de la concurrence déloyale des Américains, le problème est sérieux : les politiciens européens ne peuvent donner l'impression de rester indifférents face à cette menace pour l'emploi et la compétitivité de leurs économies.

Après une année d'enquête, les parlementaires ont rassemblé les connaissances accessibles sur Echelon, provenant aussi bien de la sphère publique que d'entretiens avec divers experts du domaine. Il leur a fallu définir les différents domaines où s'exerce l'espionnage industriel. Ils ont alors découvert que les Américains pratiquaient la surveillance des conférences internationales sur le commerce, souvent organisées aux États-Unis pour faciliter le travail de leurs agents secrets. Les responsables politiques américains ont en revanche farouchement nié voler des secrets commerciaux pour les transmettre aux entreprises de leur pays. Mais au printemps 2000, dans une tribune publiée dans les colonnes du *Wall Street Journal* intitulée « Pourquoi nous espionnons nos alliés », James Woolsey, chef de la CIA de 1993 à 1995, a confirmé avec sa brutale franchise les inquiétudes européennes en ironisant à propos des révélations de Duncan Campbell : « Soyons réalistes, [...] la majorité de la technologie européenne ne vaut pas la peine d'être volée. » Avant d'expliquer que les produits européens sont chers et techniquement moins avancés que les produits américains. C'est pourquoi, pour vendre, les Européens doivent être des corrupteurs, des champions de pots-de-vin. « Les gouvernements sont tellement impliqués dans ces pratiques que, dans certains pays, les pots-de-vin sont déductibles des impôts », assène Woolsey, ce qui était d'ailleurs vrai au moment où il l'a écrit.

Une fois que la NSA a réuni les écoutes téléphoniques prouvant qu'une entreprise étrangère pratiquait la corruption pour obtenir un contrat aux dépens d'une entreprise américaine, une procédure particulière est mise en place. Pour éviter toute fuite, explique Woolsey, l'information n'est pas donnée à la société américaine et c'est un fonctionnaire qui prend contact directement avec les plus hautes autorités du pays concerné, pour leur fournir oralement l'identité des corrompus de son gouvernement, les sommes en jeu et le nom de la firme étrangère impliquée. Ainsi, en toute discrétion, l'appel d'offres est modifié pour éliminer le corrupteur. Et, bien souvent, l'entreprise américaine emporte le marché.

La franchise de ces propos ne fait qu'exaspérer un peu plus les dirigeants européens, qui se voient rappeler des pratiques qui ne sont pas à leur honneur ; d'autant qu'ils savent que les firmes américaines pratiquent la corruption autant que les leurs, en sachant très bien le dissimuler. Mais l'avantage suprême des Américains, c'est de disposer de la NSA, qui sait leur donner un avantage concurrentiel décisif. Cette omniprésence fait régner, dans les relations internationales, une véritable paranoïa sur l'« espionnage américain », avec des risques de dérapages. Craignant que les théories conspirationnistes en vogue — imputant par exemple cette surveillance américaine au « lobby juif » ou aux « Illuminatis » — n'entachent le sérieux de l'enquête, Campbell fait un rappel : « Les capacités et l'ampleur d'Echelon ont été exagérées », précisant que si le dispositif peut effectivement intercepter deux millions de communications en une heure, la plupart n'ont pas le moindre intérêt puisque seules quatre communications sur ces deux millions font l'objet d'un rapport.

En dépit de toutes les preuves réunies par le comité d'enquête européen sur les activités d'espionnage économique de la NSA, la Maison-Blanche, au lieu de faire amende honorable, ravive les tensions au printemps 2001. Lorsque le groupe du Parlement européen arrive à la fin de ses investigations sur Echelon, l'un de ses membres, le député allemand Gerhard Schmid, du SPD, suggère de se rendre aux États-Unis pour terminer l'enquête et donner aux Américains l'opportunité de réagir. Un voyage est donc organisé, mais il tourne à la confusion avant même le départ. En avril, le comité européen annonce en effet que ses membres s'apprêtent à rencontrer différents officiels américains. Ils organisent leur voyage à Washington à partir de courriels et d'appels téléphoniques. Seuls l'Advocacy Center et le Département du Commerce confirment un rendez-vous. Coup de théâtre, à quelques jours du départ : le Département d'État américain annonce aux Européens que ni le Département d'État, ni l'Advocatoy Center, ni le Département du Commerce, ni la CIA, ni la NSA n'ont l'intention de les rencontrer.

Malgré ce camouflet, une douzaine de parlementaires se rendent à Washington. Ils ne rencontreront que deux représentants officiels du gouvernement, Porter Goss et Nancy Pelosi, quelques membres du Congrès en charge de la surveillance du renseignement, ainsi que l'ancien chef de la CIA Jim Woolsey. Sur place, ils réussissent à fixer un rendez-vous avec le ministère de la Justice, mais ne sont reçus que par de modestes fonctionnaires. Cet accueil méprisant provoque l'indignation du président du comité, qui se sent « insulté », de même que l'ensemble de la délégation qui, humiliée, décide d'écourter son séjour [6]. Dès leur retour, la présidente du Parlement européen de l'époque, Nicole Fontaine, fait une déclaration incendiaire dans laquelle elle blâme l'attitude américaine. Carlos Coelho lui fait écho, estimant que ce refus de tout dialogue « renforce la suspicion sur le fait que les Américains ont vraiment quelque chose à cacher ».

Néanmoins, en dépit de cet incident, le document européen *Rapport sur l'existence d'un système mondial d'interception des communications privées et économiques*, qui paraîtra quelques semaines plus tard, se révèle insignifiant et ne présente quasiment aucun élément supplémentaire de preuve de l'existence du système Echelon. La nature des charges est telle qu'il est pratiquement impossible de les confirmer, se défendent mollement les députés, expliquant par exemple que personne chez Airbus n'a été en mesure de leur dire : « Oui, nous avons été interceptés par Echelon. » Ce rapport, disent-ils, « prouve que le suivi en bonne et due forme des activités des services secrets est impossible, car leurs opérations secrètes, par définition, ne laissent pas de traces ».

Mais Carlos Coelho rappelle que, s'il ne les confirme pas, le rapport ne réfute pas non plus les allégations de Duncan Campbell. Il donne d'ailleurs clairement sa propre opinion : « Si vous avez un outil dont vous pouvez tirer avantage, et ce sans le moindre contrôle extérieur, que feriez-vous ? » Seule micro-victoire : le rapport réussira à faire disparaître les guillemets qui entouraient le mot Echelon. La BBC, après avoir longtemps parlé de « prétendu système Echelon », écrit le « système Echelon ». Quelques mois plus tard, l'Amérique se laisse surprendre par Al-Qaida, qui frappe le 11 septembre 2001 à New York et à Washington. Les Européens estiment le moment mal choisi pour continuer à contester l'espionnage des Américains, alors même qu'ils n'ont pas su démasquer l'attentat préparé par Oussama Ben Laden. Plus personne ne reparlera de la NSA au Parlement européen avant juin 2013...

Le Brésil et le Mexique sous le feu de la NSA

Alors qu'on croyait l'affaire enterrée, les nouvelles révélations fracassantes contenues dans les documents d'Edward Snowden ont relancé le débat sur la surveillance, faisant ressurgir le nom d'Echelon dans les médias. Grâce à l'affaire Snowden, l'affaire Echelon sera peut-être actualisée au cours de l'« enquête approfondie sur les programmes de surveillance américains » lancée début juillet 2013 par la Commission européenne des libertés civiles, qui portera « notamment sur les allégations d'écoute des bâtiments de l'Union européenne et d'espionnage ». En attendant les résultats, le Parlement européen a invité les pays de l'Union européenne à accélérer leurs travaux sur l'ensemble des propositions relatives à la protection des données, et demandé à la Commission et aux autorités américaines de « reprendre sans délai les négociations sur l'accord relatif à la protection des données à caractère personnel ».

Des négociations qui pourraient s'accélérer au fil des révélations. Après celles fracassantes du *Monde* [7], du *Spiegel* [8] et du *Guardian* [9], toutes fondées sur les « fichiers Snowden », selon lesquelles de nombreux citoyens français ainsi que « trente-cinq leaders internationaux » dont Angela Merkel sont écoutés, le sommet du Conseil européen s'est ouvert le 24 octobre à Bruxelles dans un contexte de vive tension : le président français et la chancelière allemande ont déclaré vouloir « en finir avec le temps de la guerre froide » et les Vingt-Huit ont publié une déclaration commune soulignant « l'intention de la France et de l'Allemagne d'engager des discussions bilatérales avec les États-Unis dans le but de trouver d'ici à la fin de l'année un accord sur leurs relations mutuelles dans ce domaine [10] ». C'était la première fois que les Européens affichaient leur unité depuis les révélations d'Edward Snowden. Le 21 octobre, la commission parlementaire Libertés civiles, justice et affaires intérieures (LIBE) a également approuvé un projet de règlement sur la protection des données personnelles à une majorité de cinquante et une voix contre une, et un projet de directive sur les données de sûreté, par vingt-neuf voix contre vingt. Elle prévoyait de publier un rapport d'enquête sur les activités de la NSA en janvier 2014, tandis qu'un vote sur d'éventuelles représailles pourrait intervenir peu après [11].

Loin de la prudence européenne, le Brésil et le Mexique ont au contraire rapidement réagi, avec beaucoup plus de fermeté. Et pour cause : les révélations les plus dérangeantes pour la diplomatie américaine sont probablement celles concernant l'espionnage de personnalités politiques de premier plan, dont des chefs d'État. Au premier rang : Dilma Rousseff, la présidente brésilienne, et Enrique Peña Nieto, le président mexicain. Depuis les années 2000, leurs pays sont devenus des cibles importantes de la NSA, notamment à cause des relations souvent tendues entre les deux zones du continent américain. Se demandant toujours s'ils font partie des pays amis, Washington regarde ses voisins avec une grande méfiance, mais aussi avec une certaine avidité. Car l'espionnage de ces deux grandes puissances d'Amérique du Sud est aussi économique, les documents révélés par Snowden ayant notamment montré que les contrats commerciaux et d'armements en cours de discussion avec eux, comme l'achat d'avions de chasse par le Brésil, intéressait grandement la NSA [12]. Enfin, le Mexique est le principal lieu de passage de la cocaïne colombienne ou péruvienne consommée en Amérique du Nord, ce qui suscite aussi une méfiance américaine accrue [13].

C'est sur la populaire chaîne brésilienne TV Globo, lors de la très regardée émission *Fantastico*, que le journaliste du *Gardian* Glenn Greenwald a dévoilé le 1er septembre 2013 un document explosif de la NSA que lui avait confié Edward Snowden. Datant de juin 2012 et intitulé « Infiltration intelligente de données, étude de cas du Brésil et du Mexique », il montre que les communications de la présidente brésilienne et de ses principaux collaborateurs ont été espionnées *via* un programme informatique. Baptisé Secure and Trustworthy Cyberspace (SATC), cet outil permet d'intercepter toute l'activité d'un « objectif » — surnom donné par la NSA à la personne écoutée —, y compris les contenus de ses courriels et les sites Internet visités. Dans le cas brésilien, l'objectif de la NSA était de développer une « meilleure compréhension des méthodes de communication et des interlocuteurs » de Dilma Rousseff [14].

Devant des millions de téléspectateurs ébahis, Glenn Greenwald a exposé plusieurs documents tous aussi accablants. Parmi eux, un tableau de la NSA expliquant que le Brésil faisait partie des pays dont les États-Unis ne savaient pas s'ils étaient amis ou ennemis. Le journaliste a ensuite présenté une lettre rédigée en 2009 par Thomas Shannon, l'ambassadeur des États-Unis au Brésil, et destinée au secrétaire d'État américain : le diplomate y remerciait la NSA pour les informations qu'elle lui avait transmises avant le cinquième Sommet des Amériques, une rencontre entre chefs d'État pour traiter les affaires commerciales et diplomatiques de la région. Voici ce qu'écrivait Thomas Shannon : « Les plus de cent rapports que nous avons reçus de l'agence nous ont donné une compréhension profonde des intentions des autres participants du sommet, ce qui a permis à nos diplomates d'être bien préparés pour conseiller le président Obama sur la façon de négocier les questions controversées [15]. »

Le journaliste américain James Bramford, un spécialiste de la NSA également en contact avec Edward Snowden après sa fuite à Hong Kong, a pour sa part expliqué : « La tactique du gouvernement américain depuis le 11 Septembre consiste à justifier ses écoutes par le terrorisme et à effrayer les gens pour les pousser à accepter ces mesures. Or l'espionnage qu'ils pratiquent n'a rien à voir avec la sécurité nationale, il est seulement question d'obtenir un avantage déloyal sur les autres nations concernant les accords économiques, industriels et commerciaux. [...] C'est un peu comme d'être assis à une table de poker et de connaître les cartes des autres joueurs [16]. »

Comme le Brésil, le Mexique a fait l'objet d'une très haute surveillance. Dans l'émission *Fantastico*, Glenn Greenwald a ainsi révélé que le président Enrique Peña Nieto, élu en décembre 2012, avait lui aussi été espionné lorsqu'il était le candidat favori à l'élection présidentielle. Ses courriels et ses appels téléphoniques ont été interceptés, notamment ceux où le candidat du Parti révolutionnaire institutionnel (PRI) discutait avec ses proches collaborateurs des noms de ses éventuels futurs ministres. Au total, plus de 80 000 messages auraient ainsi été analysés par l'agence de renseignement [17]. Le ministère des Affaires étrangères mexicain n'a pas tardé à réagir. Dans un communiqué, il a expliqué avoir convoqué l'ambassadeur des États-Unis et adressé un télégramme diplomatique à Washington afin d'exiger une enquête sur ces allégations d'espionnage. Barack Obama s'est engagé à ouvrir une telle enquête.

Une semaine après ces révélations sur les écoutes des chefs d'État brésilien et mexicain, l'analyse du journaliste James Bramford à propos des motivations économiques de cette surveillance se confirmait. *Fantastico* a dévoilé cette fois un document Top Secret prouvant que les Américains avaient également espionné les réseaux Internet privés du géant pétrolier Petrobras, la plus grande entreprise du Brésil, en partie détenue par l'État. Numéro un mondial dans l'exploitation de pétrole, l'entreprise a de quoi intéresser la Maison-Blanche. Elle possède en effet deux outils de calcul très puissants, capables notamment d'évaluer les réserves de pétrole offshore à partir d'échantillons prélevés en mer. Grâce à ces données, l'entreprise réalise en interne des cartographies très précises, montrant par exemple où se situent les nouvelles réserves de pétrole et de gaz naturel dans ses eaux territoriales. Ces cartes ont un intérêt évident pour Washington, qui estime que les découvertes du Brésil au large de ses côtes sont susceptibles de « transformer le pays en un des plus grands producteurs de pétrole dans le monde [18] ».

Scandale diplomatique aux Nations unies

Ces révélations tombent mal pour les États-Unis : une visite diplomatique de Dilma Rousseff était prévue le 23 octobre, dans le but de renforcer les échanges économiques entre les deux pays et de reprendre à la Chine la place de premier partenaire économique du Brésil perdue par les États-Unis trois ans plus tôt [19]. Mais le 17 septembre, devant l'ampleur du scandale, malgré un coup de fil du président Obama quelques heures auparavant, Dilma Rousseff annule sa visite d'État. Dans le communiqué annonçant cette décision sans précédent, elle condamne « les activités illégales d'interception des communications de citoyens, d'entreprises et de membres du gouvernement brésiliens, [qui sont] une atteinte à la souveraineté nationale et aux droits individuels, incompatible avec la coexistence démocratique entre pays amis ».

Après cet acte très symbolique, les relations continuent de se tendre entre Brasilia et Washington. Sept jours plus tard, lors de l'Assemblée générale annuelle de l'ONU, face à l'ensemble des chefs d'État du monde dont Barack Obama, Dilma Rousseff renchérit en accusant la NSA, dans un discours retentissant, de violer le droit international par sa collecte tous azimuts de renseignements personnels de citoyens brésiliens et par l'espionnage économique ciblé des industries stratégiques de son pays. « S'immiscer d'une telle manière dans les vies et les affaires d'un autre pays, s'insurge-t-elle, est une violation du droit international et en tant que telle, un affront aux principes qui devraient gouverner les relations entre les pays, en particulier entre pays amis. [...] Les technologies de l'information et de la communication ne peuvent être le nouveau champ de bataille entre États. Le temps est venu de créer les conditions pour empêcher le cyberespace d'être utilisé comme une arme de guerre, *via* l'espionnage, le sabotage et les attaques contre les systèmes et les infrastructures des autres pays [20]. »

La présidente brésilienne rejette ainsi les arguments selon lesquels l'interception illégale de renseignements et de données vise à protéger les nations contre le terrorisme. « Jamais une souveraineté ne peut s'affirmer au détriment d'une autre, affirme-t-elle, implacable. Jamais le droit à la sécurité d'un pays ne peut être assuré par la violation des droits humains et civils fondamentaux d'un autre pays. Pire encore, quand les entreprises privées sont en train de soutenir cet espionnage. Le Brésil sait se protéger, le Brésil refuse et combat le terrorisme, il n'héberge pas de groupes terroristes. » Elle attire également l'attention sur les enjeux et les dangers des écoutes généralisées américaines : « En l'absence de droit à la vie privée, il ne peut y avoir de véritable liberté d'expression et d'opinion, et donc pas non plus de démocratie effective. En l'absence du respect de la souveraineté, il n'existe pas de base relationnelle entre les nations. » Dilma Rousseff propose alors à l'ONU de mettre en place un cadre multilatéral pour la gouvernance d'Internet afin de garantir la transparence du réseau mondial.

De quoi perturber Barack Obama, qui succède à la présidente brésilienne à la tribune des Nations unies. Il s'essaie à un timide *mea culpa*, dans lequel il reconnaît implicitement l'espionnage mené par la NSA : « Nous avons commencé à examiner la façon dont nous recueillons des renseignements, de manière à équilibrer correctement nos préoccupations légitimes de sécurité et celles de nos alliés avec le respect de la vie privée auquel a droit toute personne. » Bien entendu, cette déclaration ne suffit pas à rassurer Brasilia. Dilma Rousseff, elle, veut des mesures tangibles, effectives, concrètes. C'est pourquoi elle annonce que son pays adoptera une législation *ad hoc*, permettant d'utiliser les technologies nécessaires pour se protéger des interceptions illégales de communications.

L'idée est d'obliger Google, Facebook, Apple et les autres sociétés américaines du Web à stocker sur le territoire brésilien les données qu'elles recueillent dans le pays. Une exigence difficilement réalisable selon les experts, car trop onéreuse [21]. Un projet de loi a tout de même été lancé en septembre et un député du Parti des travailleurs de Dilma Rousseff a été chargé de sa rédaction. Si ce texte est adopté, Facebook, par exemple, qui stocke l'ensemble de ses données aux États-Unis, ainsi qu'une petite partie en Suède, sera contraint d'ouvrir un centre de stockage de données au Brésil.

Les relations entre le Brésil et les États-Unis ne sont donc pas prêtes de s'apaiser. Pire : suite à de nouvelles révélations en octobre 2013, la colère de Dilma Rousseff s'est étendue à l'ensemble de l'Amérique du Nord. Dans de nouveaux documents révélés par *Globo*, émanant du Centre de la sécurité des télécommunications Canada (CSTC), elle a appris en effet qu'Ottawa avait également espionné les communications du ministère brésilien des Mines et de l'Énergie. L'objectif de ce programme, baptisé Olympia : surveiller les communications du ministère pour vérifier les contacts du Brésil « avec d'autres groupes que Petrobras, au Brésil ou à l'étranger [22] ».

Face à ces allégations, le gouvernement canadien et le CSTC se sont contentés de cette réponse laconique : « Nous ne commentons pas les activités de collecte de renseignements à l'étranger. Selon la loi, cette organisation ne peut pas cibler des Canadiens [23]. » De quoi révolter le ministre brésilien des Mines et de l'Énergie Edison Lobão, pour qui l'affaire est « grave » : « De nombreuses firmes canadiennes, explique-t-il, sont intéressées à faire des affaires dans notre pays [24]. » Furieuse, Dilma Rousseff monte une nouvelle fois au créneau. Elle fait immédiatement savoir que son ministre des Affaires étrangères a demandé des explications aux responsables canadiens. Mais, pour elle, l'objectif de l'espionnage présumé ne fait aucun doute : comme pour les États-Unis, il concerne l'économie et les intérêts stratégiques canadiens en pleine négociation commerciale avec le Brésil [25]. Pour tirer tout cela au clair, la police fédérale brésilienne a déclaré le 15 octobre 2013 juger « fondamental » de pouvoir parler avec l'ex-agent des services secrets américains Edward Snowden, réfugié en Russie. La commission du Sénat a également indiqué qu'elle souhaitait organiser une vidéoconférence avec l'ex-agent américain et d'autres parlementaires à la Chambre des députés.

Ainsi, en Amérique du Sud comme en Europe, le « scandale Snowden » a commencé à saper à partir de l'été 2013 les fondements mêmes des relations internationales. Car il a révélé l'ampleur et la puissance de l'« empire du secret » édifié depuis les années de guerre froide, dans le monde entier, par les services de renseignement américains. Une histoire sur laquelle il est important de revenir pour mesurer les effets de ce séisme.

II

La NSA, un empire du secret au cœur de la mondialisation

7

La construction par la NSA d'un réseau mondial tentaculaire

En faisant éclater la vérité, Edward Snowden s'est attaqué à une institution de taille, dont le pouvoir n'a cessé de s'étendre au fil des ans. Depuis sa création en 1952, la NSA a développé ses tentacules sur le monde entier, faisant preuve d'une ambition sans limites. C'est en pleine guerre de Corée qu'est née l'agence de surveillance, pour pallier les dysfonctionnements du système de renseignement américain. Ceux-ci sont devenus patents le 25 juin 1950, lorsque les troupes communistes de Kim Il-sung, fondateur et premier dirigeant de la Corée du Nord, envahissent la Corée du Sud. Malgré son vaste réseau d'informateurs dans la région, qui s'étend de Séoul à Hong Kong en passant par Taipei, la CIA n'a rien vu venir de cette attaque militaire de grande envergure. En cause : les insuffisances du renseignement américain.

Depuis 1952, une longue tradition d'espionnage

De la fin de la Seconde Guerre mondiale à 1949, les services de renseignement américains ont intercepté et décrypté des milliers de communications entre Moscou et l'Extrême-Orient. Mais, à partir de 1950, plus rien, silence radio. La capacité d'écoute des Américains s'est volatilisée, tandis qu'au même moment, Kim Il-sung consulte Mao Zedong et Joseph Staline sur l'opportunité et les modalités opérationnelles d'une invasion au sud du 38e parallèle. La faute à William Wolf Weisband ? Recruté dans les années 1930 par les Soviétiques, l'espion avait réussi à infiltrer le service cryptographique américain d'Arlington

Hall, en Virginie. Informant régulièrement Moscou de ses découvertes, il a brisé, à lui tout seul, la capacité des États-Unis à lire les messages secrets des Soviétiques et des Nord-Coréens, offrant à l'URSS un vrai coup d'avance dans la bataille des télécommunications [1].

Prenant acte de ce terrible camouflet — lequel aura coûté la vie à près de 40 000 soldats américains —, le directeur de la CIA de l'époque, Walter Bedell Smith, alerte la Maison-Blanche, qui s'empresse en retour de créer une nouvelle agence entièrement dévolue au renseignement d'origine électromagnétique (ROE). La NSA est née. L'accouchement s'est fait dans la douleur, mais le nouveau-né va bientôt occuper une place de choix dans la communauté du renseignement [2].

La NSA s'intéresse rapidement à l'espionnage de ses propres citoyens, comme en témoigne le projet Shamrock. Initié pendant la Seconde Guerre mondiale, il visait à collecter la plupart des télégrammes entrant ou sortant des États-Unis. C'était donc avant tout une opération d'espionnage domestique. L'interception systématique des télégrammes exigeant un effort considérable de la part des autorités pour garder le projet secret, seule une dizaine de personnes au sein du gouvernement avaient été mises dans la confidence. En pratique, la collecte était assurée directement par les réseaux de télégraphie américains ITT, RCA et Western Union. Ils transmettaient ensuite à l'agence des copies de tous les télégrammes internationaux. Contraintes de l'époque obligent, les microfilms étaient transportés en train de New York à Fort Meade dans le Maryland (siège de la NSA) par des coursiers assermentés. Les microfilms furent bientôt remplacés par des bandes magnétiques beaucoup plus lourdes ; 150 000 télégrammes étaient ainsi livrés chaque mois et analysés par les agents de la NSA en vue de produire des rapports pour la CIA et le FBI.

L'espionnage des citoyens par la NSA, dénoncé par Edward Snowden, n'est donc pas une nouveauté, comme en témoigne également l'opération Minaret. En 1967, à la demande du président Johnson et du FBI, la NSA établit une liste dite des « désordres civils » afin de savoir si les organisations luttant contre la guerre au Viêt-Nam ou celles militant en faveur des droits civiques pour les Noirs étaient soutenues par des gouvernements étrangers. Il s'agissait également de déterminer quels citoyens américains étaient en contact avec des gouvernements étrangers et à quel titre ils l'étaient. La NSA se mit donc à éplucher les interceptions téléphoniques et télégraphiques de Shamrock, tout en veillant à ce que les documents particulièrement sensibles ou confidentiels soient diffusés de manière très limitée. On trouve trace de la collaboration étroite entre les deux agences gouvernementales dans un message envoyé par le fondateur et directeur charismatique du FBI, John Edgar Hoover, à la NSA. Il y manifeste un intérêt certain pour les documents reçus à l'époque : « Il y a des mouvements extrémistes blancs et noirs qui montent des activités violentes et illégales afin de détruire notre gouvernement ; étant donné leurs objectifs, ils sont les alliés naturels des ennemis étrangers des États-Unis. » Sous l'administration Nixon, Minaret connaîtra une expansion considérable. Le Président espérait en effet que ces interceptions l'aideraient à battre ses adversaires démocrates et à identifier les sources des journalistes qui mettaient régulièrement en cause son action politique [3].

Ce n'est qu'en 1975 que plusieurs commissions parlementaires mirent au jour l'existence de ces programmes. Ces révélations firent l'effet d'une bombe politique, semant une grande confusion chez les dirigeants de la NSA et les sociétés de télécommunication incriminées. Malgré les efforts du président Gerald Ford pour garder le secret sur ces activités illégales, les enquêteurs de la commission Church découvrirent le pot aux roses après avoir auditionné des dizaines de personnes et recueilli des centaines de témoignages. Les parlementaires apprirent alors avec stupéfaction que le pouvoir exécutif s'était immiscé dans la vie privée de milliers de citoyens, violant toutes les garanties constitutionnelles. Auditionné par le Sénat, le général Lew Allen, directeur de la NSA depuis 1973, fut sommé d'expliquer comment chaque agence gouvernementale lui fournissait sa liste de personnes à écouter. Mille six cent soixante-dix citoyens américains, dont des personnalités comme Jane Fonda, Martin Luther King, Benjamin Stock, l'ancien porte-parole des Panthères noires Eldridge Cleaver ou le sénateur républicain Strom Thurmond, ainsi que 3 000 étrangers, avaient été écoutés. Au total, entre 1967 et 1973, cette surveillance avait donné lieu à la rédaction de 3 900 rapports [4].

Ce scandale politique fit la une des journaux pendant des mois, contraignant le gouvernement à créer un cadre législatif et juridique strict pour empêcher la reproduction de ce genre d'abus. Lois de protection de la vie privée qui, du reste, devaient voler en éclats un quart de siècle plus tard, au lendemain des attentats du 11 septembre 2001. Reste qu'en 1978, la NSA fut soumise, pour la première fois de son histoire, à l'autorité de la loi. Voté en octobre, le *Foreign Intelligence Surveillance Act* (FISA) fixa précisément l'étendue et surtout les limites des prérogatives de l'agence. L'interception systématique des télégrammes fut proscrite, ainsi que la constitution de listes de citoyens américains à surveiller. Si une surveillance se révèle d'une nécessité impérieuse au regard de la sécurité nationale, la NSA doit demander une autorisation spécifique à un tribunal *ad hoc* constitué à cet effet. La Foreign Intelligence Surveillance Court, un tribunal fédéral, statue ensuite sur la légitimité de cette écoute et ne l'autorise que pour trois raisons : si cette personne est un agent étranger, si elle est un espion ou si elle est suspectée de terrorisme. En général, c'est le FBI qui obtient ce genre d'autorisation, la NSA n'opérant théoriquement qu'à l'étranger. Au fil des ans, cette distinction s'estompera, notamment dans des affaires de terrorisme et de trafic de drogue, activités transnationales par excellence [5].

Les abus de la surveillance de la NSA s'inscrivent dans l'histoire. Les Américains ont très tôt acquis la certitude que le fait de disposer d'une structure performante d'interception des télécommunications constituait un avantage politique et stratégique majeur. L'intérêt d'une telle structure est qu'elle sert aussi bien à espionner ses ennemis que ses alliés. Ainsi, au printemps 1945, le gouvernement américain organisa une conférence à grand spectacle avec comme objectif affiché la fondation d'un ordre international nouveau, grâce à la création de l'Organisation des Nations unies (ONU). Cinquante pays envoyèrent une délégation à San Francisco, où Roosevelt les avait généreusement invités. Ce que les délégués ignoraient, c'est que toutes les compagnies de téléphonie et de télégraphie américaines avaient reçu l'ordre d'intercepter et de communiquer au gouvernement la correspondance des représentants. James Bamford relate par exemple l'interception des messages de la délégation française, qui utilisait alors le Hagelin M-209, une machine à chiffrer munie de six rotors, dont les Américains connaissaient les secrets de fabrication et d'utilisation. Et pour cause, ils avaient eux-mêmes développé cette machine, inventée pendant la Seconde Guerre mondiale par l'émigré suédois Boris Hagelin. Roosevelt eut ainsi vent de la préoccupation majeure des Français à l'époque : le rétablissement de leur statut de grande nation. Une ambition corroborée par les conversations du secrétaire général de la délégation française, qui se plaint, le 29 avril 1945, de ne plus faire partie des puissances invitantes : « Notre intégration dans les puissances invitantes aurait signifié, aux yeux de tous, notre retour à notre place traditionnelle dans le monde. »

Quand la NSA préparait des frappes nucléaires contre l'URSS

Dès sa création, la NSA a été mise au service de l'armée américaine, en particulier de l'US Air Force. Objectif : l'aider à appréhender l'organisation de la défense aérienne soviétique. Ainsi, des avions espions américains truffés d'appareils électroniques pénétraient régulièrement dans l'espace aérien soviétique et enregistraient les réactions des systèmes radar, les communications des batteries sol-air et les mouvements des avions chargés de défendre le pays. Il ne s'agissait pas là d'un exercice banal, mais d'opérations très dangereuses au cours desquelles plusieurs équipages furent abattus. L'objet de ces périlleuses missions de reconnaissance était d'acquérir une connaissance parfaite des modes et procédures de défense de l'URSS, afin de préparer une attaque nucléaire préventive sur son territoire.

Le général Curtis LeMay, alors directeur du Strategic Air Command, était réputé pour sa radicalité. Stratège ayant orchestré les bombardements au Japon en 1945, il était persuadé qu'un jour ou l'autre l'URSS attaquerait l'Amérique. À ses yeux, la meilleure manière de se prémunir contre ce danger était d'adopter une doctrine de frappes nucléaires préventives. Avec le soutien de l'état-major interarmées, Curtis LeMay réalisa un inventaire des capacités de défense soviétiques à partir des incursions de la NSA. D'après ses calculs, le largage de cent soixante-dix bombes atomiques sur soixante-dix villes pendant trente jours suffirait à anéantir toute velléité de riposte de la part de l'URSS. Lors d'un conseil de sécurité en juillet 1961, LeMay proposa ce plan d'action au président John F. Kennedy. Celui-ci lui fit part de son mécontentement et bloqua le projet, alors que le Pentagone l'approuvait [6]. À cette époque, Kennedy prônait plutôt le recours aux opérations secrètes. En 1960, il avait ainsi chargé Bill Harvey, un officier supérieur de la CIA, de créer des cellules clandestines, les *second-story men* : ces hommes pénétraient illégalement dans les ambassades étrangères pour dérober des livres de code destinés au chiffrement des télécommunications et les remettaient ensuite à la NSA. De quoi sérieusement faciliter le travail de l'agence…

Curtis LeMay était furieux de s'être fait éconduire et ne manqua pas de le manifester. Il faut rappeler que, avec l'accord du prédécesseur de Kennedy, Dwight D. Eisenhower, il avait multiplié les incursions en URSS. Entre mars et mai 1956, l'opération Homerun avait ainsi permis de collecter de précieuses informations sur les capacités anti-aériennes russes en Arctique, des bombardiers américains RB-47 ayant effectué cent cinquante-six vols de reconnaissance à partir de la base de Thulé au Groenland, permettant de conclure que les Russes ne seraient pas en mesure de se défendre contre une attaque venant du nord [7]. Mais l'opération Homerun n'était pas unique dans son genre. Des avions militaires B17 et B29, équipés de matériel d'écoute radio et de radars, seront également utilisés lors d'incursions de la NSA dans l'espace aérien soviétique, ce qui ne manquera pas d'entraîner de vigoureuses réactions de la part de Moscou : de 1949 à 1972, les Américains ont recensé trente attaques de leurs appareils par les avions et la DCA soviétiques — treize avions furent abattus, le premier en 1950, le dernier en 1964.

En 1960, conséquence inattendue de ces raids audacieux qui auraient pu déclencher l'apocalypse atomique, deux cryptographes de la NSA choqués par ces agissements, William Hamilton Martin et Bernon F. Mitchell, prennent l'initiative d'informer de ces incursions aériennes secrètes un représentant démocrate au Congrès, Wayne Hays. Leur mise en garde étant restée lettre morte, les deux hommes embarquent en juin pour un voyage sans retour jusqu'à Moscou, *via* Mexico et La Havane. Ils laissent derrière eux une lettre dans laquelle ils dénoncent les vols provocateurs de la NSA et s'insurgent contre « l'argent et les moyens militaires mobilisés pour renverser les gouvernements considérés comme adversaires des États-Unis ». Quelques mois plus tard, au cours d'une conférence de presse organisée à Moscou par le Kremlin, les deux transfuges renouvellent leurs accusations et révèlent l'espionnage des télécommunications de puissances alliées : « L'Italie, la Turquie, la France, l'Indonésie », entre autres, sont écoutées par la NSA. Aux États-Unis, cette conférence de presse sème un grand trouble dans la classe politique. Furieux, l'ancien président Harry S. Truman déclare que Martin et Mitchell méritent d'être fusillés. L'opprobre public s'abat bientôt sur eux, le membre du Congrès Francis E. Walter dénonçant par exemple leurs « relations sexuelles déviantes » et leur appartenance commune à un « insidieux réseau homosexuel ». En plus d'être activement recherchés par les services de renseignement, ils sont déclarés *persona non grata* et ne seront par conséquent jamais autorisés à revenir en Amérique — souhait qu'ils exprimeront des années plus tard, après avoir été déçus par la vie en Union soviétique. Martin mourra en 1987 au Mexique et Mitchell en 2001 à Moscou, sans que ni l'un ni l'autre n'aient pu retrouver leur patrie [8].

Deux ans après cette défection qui préfigure étrangement l'affaire Snowden, intervint la « crise des fusées » à Cuba. Bien que la NSA ait détecté une intensification du trafic radio des cargos soviétiques faisant route vers La Havane dès juillet 1962, ce sont des photographies aériennes prises par un avion espion U2 à la fin août qui permirent au gouvernement américain d'apprendre que l'URSS se préparait à installer dans l'île une batterie de missiles nucléaires de moyenne portée. Engagée en mai 1962 par Nikita Khrouchtchev, cette opération de déploiement militaire soviétique à Cuba impliquait l'envoi de 50 000 hommes et de quatre sous-marins nucléaires. Les militaires soviétiques et cubains maintinrent une stricte discipline de silence radio durant le déploiement, ce qui empêcha la NSA de détecter l'arrivée des missiles. Quand, le 22 octobre, le président Kennedy révéla dans un discours public la nature de la menace soviétique, la NSA fut mise en état d'alerte maximale. Le jour même, elle détecta des communications stratégiques mais indéchiffrables entre

La Havane et Moscou. Ses repérages par radiogoniométrie montrèrent que les vingt-deux cargos soviétiques faisant route vers Cuba n'avaient pas encore franchi la ligne d'embargo maritime tracée par Kennedy. Le 27 octobre, la NSA interceptait des messages de mobilisation générale des forces cubaines et soviétiques présentes dans l'île. À midi, un message d'une unité de missiles cubains confirmait qu'un avion espion américain U2 avait été abattu alors qu'il survolait l'île.

Dès le lendemain, à l'issue d'une crise diplomatico-militaire sans précédent entre Washington et Moscou, marquée par la menace imminente d'une « troisième guerre mondiale », la tension retombait et les cargos soviétiques faisaient demi-tour. Mais la leçon fut rude pour les États-Unis, la NSA ayant été incapable de décrypter les communications cubano-soviétiques et de détecter l'installation des rampes de lancement des missiles [9].

Les échecs de la NSA au Viêt-Nam

Si les États-Unis sont intervenus au Sud-Viêt-Nam dès 1954, après la défaite française de Diên Bien Phû, leur investissement militaire est resté relativement faible et localisé jusqu'en 1964. À la mort de John F. Kennedy, assassiné le 22 novembre 1963 à Dallas, 15 000 « conseillers militaires » sont présents sur place en appui des forces de Jean-Baptiste Ngô Dình Diêm, le président de la République du Viêt-Nam (sud). En décembre 1965, ce nombre a été plus que décuplé et monte jusqu'à 185 000 hommes. Que s'est-il passé entre-temps ?

Un changement d'administration, certes, Lyndon Johnson étant désormais au pouvoir. Mais aussi l'adoption de la « résolution du golfe du Tonkin » en août 1964, qui donne au Président le pouvoir de déclarer la guerre sans avoir à demander au préalable la permission du Congrès, comme l'exige la Constitution. Cette résolution intervient à la suite d'incidents maritimes entre des torpilleurs nord-vietnamiens et deux destroyers américains, le *USS Maddox* et le *USS C. Turner Joy*, le 2 et le 4 août 1964 [10].

Le 2 août, alors que les États-Unis mènent depuis plusieurs mois l'opération De Soto, une campagne maritime d'espionnage des télécommunications des forces du Viêt-Minh et du Viêt-Cong, le *Maddox* repère trois torpilleurs nord-vietnamiens se dirigeant vers lui. Il appelle immédiatement le *Turner Joy* en renfort, ainsi que des avions de chasse, et ouvre le feu en premier. Le fait que le *Maddox* ait tiré en premier ne sera jamais reconnu par le Pentagone ni par la Maison-Blanche. Quelques instants plus tard, quatre avions F-8E attaquent les patrouilleurs nord-vietnamiens et leur infligent de lourdes pertes. De son côté, le *Maddox* ne compte qu'un seul impact de balle sur sa coque, ce qui n'empêche pas Lyndon Johnson de mettre Hanoï en garde contre les « graves conséquences » d'une telle attaque.

Le 4 août à 10 heures du soir, le *Maddox* et le *Turner Joy* enregistrent des taches fantômes sur leurs écrans radar et croient à une nouvelle attaque des Nord-Vietnamiens. Un rapport de la NSA déclassifié en 2005 décrit leurs réactions : « Les deux destroyers ont tournoyé dans les eaux sombres du golfe du Tonkin, le *Turner Joy* tirant follement plus de trois cents coups. » Et le rapport de conclure : « Le déplacement rapide des navires de guerre a créé des signaux radar supplémentaires, faisant croire à des attaques par torpilles. » En fait, les deux bateaux avaient tiré sur leurs propres ombres [11] !

L'affaire aurait pu en rester là ; le ridicule ne provoquant pas nécessairement une guerre. Mais c'était sans compter sur une nouvelle erreur d'appréciation, de la part de la NSA cette fois. L'agence, en effet, a cru intercepter dans la nuit un nouveau message des forces nord-vietnamiennes, qui disait : « Sacrifié deux navires et tout le reste va bien. » Croyant que le *Maddox* et le *Turner Joy* avaient été coulés, Johnson lança immédiatement en représailles une vaste attaque aérienne. Problème : le message avait été mal traduit et, surtout, mal daté — intentionnellement ou pas, telle est toujours la question. En réalité, il fallait lire : « Nous avons sacrifié deux hommes, mais tous sont vaillants. » Le message faisait référence aux incidents du 2 août et non à ceux du 4 août. Peu fière de sa bourde, la NSA va alors maquiller l'histoire en reconstituant de toutes pièces une chronologie fictive. Le rapport déclassifié de la NSA conclut que les informations « ont été délibérément faussées pour soutenir l'idée qu'il y avait eu une attaque ». Au final, le Congrès, qui fut tout de même consulté, autorisa la guerre par 416 voix contre 0 à la Chambre des représentants et 88 contre 2 au Sénat. Quand Lyndon Johnson, qui de toute manière s'était préparé à la guerre dès juin 1964, reviendra quatre ans plus tard sur ce grave impair des services de renseignement, il dira : « Bon Dieu, ces marins stupides tiraient juste sur des poissons volants (*flying fish*) [12]. »

Pendant l'intervention militaire au Viêt-Nam, l'activité de la NSA connut des hauts et des bas, même si globalement l'agence ne joua qu'un rôle limité dans le conflit. Un de ses plus grands échecs fut sans doute de n'avoir pas su anticiper l'offensive surprise du Têt (nouvel an vietnamien) lancée à la fin janvier 1968, par le Front national de libération du Sud-Viêt-Nam (ou Viêt-Cong) et l'Armée populaire vietnamienne. Si la NSA avait bien constaté une intensification du volume des communications au Nord-Viêt-Nam, les officiers sur le terrain estimaient qu'il s'agissait d'un leurre. Mais à minuit, le 30 janvier 1968, un poste d'écoute proche de Saigon se rendit compte que toutes les communications radio de l'ennemi s'étaient brutalement interrompues : silence total sur les ondes. Trois heures plus tard, Nord-Vietnamiens et Viêt-Cong lançaient une offensive générale sur toutes les villes du sud du pays. Le manque criant de préparation des forces américaines et sud-vietnamiennes, conjugué à l'inefficacité des écoutes de la NSA et à l'incrédulité de l'état-major fut un grave échec pour le Sud, un échec camouflé par le gouvernement américain. Dans le cadre de la « vietnamisation du conflit », la NSA forma une unité locale de 2 700 hommes chargés d'écouter les communications de l'ennemi. Après la défaite américaine, cette unité sud-vietnamienne fut capturée avec tous ses équipements. La plupart de ses membres furent exécutés, les autres emprisonnés [13].

Israël 1967 : coulez le navire espion !

Événement des plus surprenant, la confrontation la plus sanglante de l'histoire de la NSA a eu lieu avec un de ses alliés, Israël. En effet, le 4 juin 1967, alors que les États-Unis fournissent des armes à l'État hébreu *via* l'Allemagne de l'Ouest depuis plus de cinq ans, un télétype en caractères cyrilliques se met à crépiter dans une pièce secrète du Pentagone. Un « traducteur présidentiel » dédié au téléphone rouge (en fait une liaison télex) entre Moscou et Washington se penche sur le message d'Alexis Kossyguine, qui exhorte le président des États-Unis à tout mettre en œuvre pour éviter que la guerre qui vient de se déclencher entre Israël et l'Égypte ne dégénère. Le président du Conseil des ministres de l'URSS garantit que, pour sa part, son gouvernement fera tout pour mettre fin au conflit. Informé de cette décision, le président Johnson répond immédiatement que les États-Unis n'ont aucune intention d'intervenir dans ce conflit. La NSA est néanmoins mise en alerte. Elle dépêche un avion espion pour survoler la zone des combats et des interprètes hébréophones, pudiquement appelés « traducteurs d'arabe spécial », sont mobilisés en renfort. Les stations d'écoute de la Méditerranée interceptent les communications des pilotes israéliens détruisant les bases aériennes égyptiennes [14].

Le *Liberty*, navire américain d'interception des télécommunications, met le cap sur la zone de conflit et jette l'ancre, le 8 juin 1967, dans les eaux internationales, à quelques encablures de la péninsule du Sinaï afin d'écouter les communications tactiques des belligérants en VHF et UHF (très hautes et ultra-hautes fréquences radio). Des avions israéliens le repèrent rapidement et l'identifient à son pavillon états-unien et à son immatriculation AGTR-5, abréviation de « General Technical Research » (recherche technique générale), la couverture classique des bateaux de la NSA. À terre, l'infanterie israélienne continue à progresser sur trois fronts en direction du canal de Suez, infligeant de lourdes pertes aux Égyptiens. Quatorze casques bleus indiens de l'ONU sont délibérément tués par les Israéliens. Gabi Bron, un journaliste israélien, fait par ailleurs état de l'exécution de cent cinquante prisonniers de guerre égyptiens. Afin de cacher ces violations du droit de la guerre, les Israéliens mentent à l'ONU et aux États-Unis, tout en jetant un voile pudique sur leurs exactions. Dans ce contexte, la présence du *Liberty* et de ses outils perfectionnés d'écoute constitue un danger imminent pour Israël [15].

Le 8 juin 1967 à 14 heures, alors que les techniciens du *Liberty* écoutent les conversations des pilotes de bombardiers Tupolev TU-95 pour connaître la nationalité des pilotes — Russes ou Égyptiens —, plusieurs Mirage IIIC non immatriculés attaquent le navire au canon et à la mitrailleuse. À terre, une station de la NSA enregistre le message d'un pilote israélien : « Formidable, merveilleux, il brûle, il brûle ! » Le *Liberty* appelle à l'aide le porte-avions *Saratoga* tout en tentant désespérément d'intercepter les communications de ses attaquants. La procédure de destruction des appareils d'interception et des documents secrets est engagée, mais déjà, d'autres avions Super Mystère [a] viennent lâcher des bombes au napalm sur le *Liberty*. Huit membres d'équipage sont tués et son capitaine est blessé. À cette tempête aérienne, s'ajoute bientôt le feu nourri de trois vedettes israéliennes. À 14 h 30, une demi-heure après l'attaque des avions, les vedettes lancent deux torpilles contre le navire américain, l'une d'elles explosant dans la salle d'écoute radio et tuant vingt-cinq opérateurs de la NSA. Des rafales de mitrailleuse tuent un autre marin. Les radeaux de sauvetage mis à la mer sont également mitraillés [16].

Malgré son état lamentable, le navire ne coule pas ; les survivants préviennent alors Washington. Louis W. Tordella, le directeur adjoint de la NSA, se rend compte rapidement que l'administration américaine ne souhaite pas ébruiter l'affaire. Johnson vient d'ailleurs de recevoir un message de l'ambassade d'Israël, l'invitant à garder le silence sur cet « incident ». Le message stipule que les médias américains pourraient interpréter la présence du *Liberty* dans cette région comme un coup de main secret des États-Unis à Israël. Pendant ce temps, le *Liberty* parvient

---

a Les avions de combat israéliens sont alors majoritairement français, construits par Dassault.

non sans mal à rallier l'île de Malte. Il est immédiatement consigné sur place. Les marins survivants sont menacés de cour martiale s'ils évoquent l'attaque de quelque manière que ce soit. Ils devront donc passer sous silence la perte de trente-quatre de leurs camarades, ainsi que les 171 blessés.

En avril 1969, après des négociations secrètes au cours desquelles les Israéliens maintiennent contre toute vraisemblance la thèse d'une erreur d'identification du navire — pris, selon leurs dires, pour un bâtiment égyptien —, un accord est finalement conclu entre les deux parties. Le gouvernement américain accepte de se faire dédommager à hauteur de 7,5 millions de dollars, pour un navire qui en valait 30 millions, équipements compris. Johnson, qui fait alors campagne pour être réinvesti président des États-Unis, gardera le secret le plus rigoureux sur l'affaire afin de ne pas s'aliéner le soutien des sionistes américains. Quant aux familles des victimes, elles devront encore attendre treize ans avant qu'Israël ne consente à leur verser 6 millions de dollars de dédommagement.

En l'absence de fuites du côté israélien, personne ne sait pourquoi le *Liberty* a été attaqué si sauvagement. S'agissait-il seulement d'éloigner un témoin gênant des exactions de l'armée israélienne dans le Sinaï ? Voulait-on couler le navire pour en attribuer la responsabilité à l'Égypte ? La réponse se trouve sans doute dans les archives de la NSA et des services secrets israéliens, mais l'un comme l'autre refusent encore aujourd'hui de rendre publics ces documents.

La Corée du Nord n'a pas peur de la NSA !

En janvier 1968, la guerre froide prend une tournure inquiétante au large de la péninsule coréenne. La radio nord-coréenne dénonce régulièrement les agissements des « agresseurs impérialistes américains qui infiltrent des navires armés et des bandits espions » dans ses eaux territoriales.

Le 19 janvier, un commando lourdement armé de trente-cinq officiers nord-coréens passe clandestinement la frontière avec le sud et réussit à s'infiltrer jusque dans la résidence du président sud-coréen Park Chung-hee avant d'être neutralisé par un régiment sud-coréen. Au même moment, un navire américain d'espionnage électronique longe les côtes de la Corée du Nord, enregistrant les télécommunications de la République populaire. Le 23 janvier, une vedette militaire nord-coréenne s'approche du navire ; celui-ci s'empresse de s'annoncer comme le *Pueblo*, un « navire de recherche océanographique américain ». Pas dupes, les

Nord-Coréens envoient trois autres navires pour l'encercler et ouvrent le feu. À bord, un marin est tué et le capitaine du *Pueblo* blessé. L'ordre est donné de détruire tous les documents et équipements d'interception électroniques, mais il arrive trop tard. Le navire est pris d'assaut et escorté sous bonne garde jusqu'au port de Wonsan, sur la côte est de la Corée du Nord. L'arraisonnement du navire s'effectue sans que ni la marine ni l'aviation américaines ne soient en mesure d'intervenir.

Au siège de la NSA, l'inimaginable devient réalité : tout le personnel, l'équipement et les documents ultrasecrets d'un navire espion de l'agence sont tombés entre les mains de l'ennemi. Les communications, les codes et les activités mêmes de l'armée américaine dans la région sont durablement compromis. À Washington, Johnson réunit un conseil de guerre et étudie deux possibilités de riposte : soit des bombardements ciblés sur des installations militaires, soit une guerre totale contre la Corée du Nord [17]. Un général propose également de lancer un raid sur Wonsan pour récupérer le *Pueblo*. Au même moment, l'équipage du *Pueblo* est emprisonné, interrogé et malmené. Mais là n'est pas le principal problème des Américains : les Nord-Coréens partagent en effet avec leurs alliés soviétiques les fruits de leur prise de guerre. Les équipements d'interception et leurs manuels sont inspectés minutieusement ; des machines cryptographiques très sophistiquées (KW7, KG14 et KW37) entièrement démontées, pour la plus grande joie des Soviétiques [18].

Déjà enlisé dans la guerre du Viêt-Nam, Johnson tergiverse. Il va consacrer pas moins de douze réunions à l'affaire du *Pueblo*. Il hésite à ouvrir un second front militaire au nord. L'élection présidentielle approchant, le sort du navire devient un puissant argument électoral pour le prétendant Richard Nixon. Celui-ci s'exclame publiquement : « Quand un pays au faible potentiel militaire comme la Corée du Nord peut se permettre de saisir un vaisseau américain en haute mer, il est temps de changer de dirigeant ! » Une diatribe plutôt bien accueillie par l'opinion publique américaine, puisque Nixon sera élu en 1969. Mais, pour l'heure, les Nord-Coréens triomphent. Leur radio nationale, interceptée par la CIA, diffuse la « confession » du commandant Lloyd M. Bucher, dans laquelle il reconnaît que son navire a fait une « incursion criminelle » dans l'espace maritime nord-coréen. D'autres membres d'équipage mettent publiquement en cause l'activité de la NSA. Pour enfoncer un peu plus le clou, la télévision nord-coréenne montre les documents les plus confidentiels trouvés à bord du *Pueblo* et révèle les programmes Top Secret Trine et Savine [19].

Après onze mois de pourparlers avec des adversaires intraitables, les militaires américains accepteront finalement de reconnaître qu'ils avaient pénétré illégalement dans les eaux territoriales nord-coréennes pour y effectuer une mission d'espionnage. Le 23 décembre 1968, après ce *mea culpa* et des excuses officielles au régime de Pyongyang, l'équipage du *Pueblo* et le corps d'un marin tué pendant l'assaut sont rendus à leur patrie. À Washington, les officiers du *Pueblo* subissent les remontrances de leurs supérieurs qui vilipendent leur « passivité » pendant l'assaut. De son côté, le régime nord-coréen exhibe fièrement son trophée de guerre (le *Pueblo*) et en fait une pièce maîtresse de sa propagande « anti-impérialiste ». Nonobstant l'impact symbolique désastreux de ce camouflet naval, la NSA et l'armée américaine eurent avant tout à pâtir de la perte de leur avantage stratégique en matière de surveillance électronique. Nord-Coréens et Soviétiques avaient en effet réussi à identifier les procédures de communication des Américains dans la zone et ne s'y laisseraient plus surprendre. Encouragé par ce succès, le régime de Pyongyang exprimera sa volonté de contrer toute nouvelle intervention des Américains dans la région.

Il n'aura pas à attendre très longtemps pour mettre ses menaces à exécution. Le 14 avril 1969, un avion d'espionnage américain EC-121M s'envole du Japon pour une mission d'écoute au-dessus de la péninsule coréenne. L'équipage est composé de vingt-deux personnels de bord et neuf spécialistes des écoutes radio et radar. Leur mission ? Évaluer les capacités de défense nord-coréennes. Lorsqu'ils arrivent à proximité du port de Chongjin, au-dessus des eaux internationales, l'avion est pris en chasse et abattu par deux MIG 21. L'appareil louvoie un temps, puis chute irrémédiablement dans la mer du Japon. Tout l'équipage est tué. À Washington, le nouveau président Richard Nixon est furieux. Le 18 avril, il convoque une conférence de presse pour condamner cette agression et précise que les pilotes nord-coréens savaient, grâce à leurs radars, que l'appareil se trouvait au-dessus des eaux internationales. Comment le sait-il lui-même ? Parce que la NSA sait déchiffrer les codes de la défense anti-aérienne nord-coréenne et qu'elle a écouté la conversation des pilotes avant et pendant l'attaque. Ce discours, aux allures d'aveu public, compromet à nouveau les capacités d'écoute et d'analyse de l'agence. À la NSA, c'est la consternation : un officiel confessera plus tard avoir rêvé de donner une bonne fessée à Nixon ce jour-là [20].

Après avoir scruté à la loupe les activités militaires de l'Union soviétique pendant près de quatre décennies, la NSA a dû se réinventer au sortir de la guerre froide. Elle s'est trouvée investie de nouvelles missions : traque des terroristes internationaux et du crime organisé, interception des appels téléphoniques passant par les satellites et les câbles à fibre optique. Il n'était plus question d'intercepter les communications radio cryptées, les signaux de télémétrie guidant les missiles ou les signaux radar. Une telle évolution suppose un renouvellement complet de la formation du personnel, de nouveaux équipements et de nouvelles pratiques de renseignement. Malgré les subsides conséquents alloués à l'agence au titre de cette actualisation pressante des moyens et méthodes d'interception, et le recours à un nombre toujours croissant de sous-traitants, les résultats ne furent pas toujours au rendez-vous, comme le soulignait cruellement le journaliste James Bamford : « Ils n'ont vu arriver ni le premier attentat du World Trade Center, ni l'attaque contre l'*USS Cole* [au large du Yémen], ni les attentats contre des ambassades américaines en Afrique, ni le 11 Septembre [21]. »

8

Le traumatisme du 11 Septembre

La guerre menée par les États-Unis contre le terrorisme a commencé une quinzaine d'années avant les attentats du 11 Septembre. Au Moyen-Orient, les agents de la NSA suivent avec attention les activités des personnes soupçonnées d'être liées à des groupes terroristes. À la fin des années 1990, la NSA et la CIA opèrent aux côtés des services secrets israélien et britannique au sein de l'United Nations Special Commission (UNSCOM), chargée de vérifier l'élimination des armes de destruction massive de l'Irak. Mais, en 1998, les États-Unis prennent l'intégralité de l'opération en main et transmettent les renseignements recueillis vers Fort Meade, *via* un système d'écoute automatisé. Cet accaparement déplaît fortement à l'UNSCOM, qui ne peut plus contrôler si Washington utilise ces renseignements pour d'autres buts que le désarmement. C'est aussi à cette période, en 1995, que remontent les premiers rapports de la NSA concernant les activités d'Oussama Ben Laden. Le 26 juin 1996, l'agence intercepte par exemple un message de félicitations adressé au terroriste concernant l'attentat des tours de Khobar, en Arabie saoudite [1]. Mais cette surveillance n'empêchera pas Oussama Ben Laden de préparer pendant plusieurs années l'attentat le plus meurtrier de l'histoire contemporaine.

Des indices annonciateurs ignorés par les services de renseignement

Le 11 septembre 2001, les agents de la NSA, comme des millions d'individus à travers le monde, regardent avec effroi sur leurs écrans de télévision les tours du World Trade Center s'effondrer, symbole de la puissance américaine, emportant dans leur chute plus de 2 000 vies. Au total, avec les morts de l'attentat du Pentagone et du crash du vol UA93 à Shanksville, 2 996 personnes ont été tuées ce jour-là, dont les dix-neuf terroristes. Alors que le monde entier semble s'arrêter, le chaos s'empare de Fort Meade. Les responsables déclenchent le plan d'urgence, renvoient des centaines d'agents chez eux, se ruent vers les banques de données pour chercher frénétiquement des signes ayant pu présager une telle catastrophe [2].

« C'était une journée en enfer », se rappelle un officier de la NSA aujourd'hui à la retraite, décrivant une ambiance dominée par la panique, la succession de réunions souvent inutiles, le tintamarre de téléphones et la pluie torrentielle de rapports. « Comment je suis arrivé à rentrer chez moi après ces 24 heures aussi intenses et éreintantes sans avoir d'accident de voiture ? Je n'en ai pas la moindre idée [3]. » Dans une pièce aux fenêtres couvertes de rideaux noirs — pour masquer l'agitation extérieure —, les membres de la section antiterrorisme sont paralysés par l'ampleur de l'événement et la culpabilité de n'avoir pas su l'empêcher.

Les mois précédents, de nombreux signaux auraient en effet pu alerter ces services. Un proche d'Oussama Ben Laden, mis sur écoute, avait évoqué à plusieurs reprises le nom des futurs kamikazes. Il s'agit d'Ahmed Mohammed Ali al-Hada, un des leaders du mouvement salafiste au Yémen, à la tête d'une des tribus les plus violentes du pays, un ami de Ben Laden depuis les champs de bataille où ils avaient combattu ensemble face aux troupes soviétiques. C'est dans sa maison, à Sanaa, que le futur ennemi numéro un des États-Unis viendra se réfugier au début des années 2000 afin de mieux coordonner ses attaques. Non seulement le réseau téléphonique y est plus performant mais, à cette époque, le Yémen ne se soucie guère d'Al-Qaida et refuse d'aider les Américains dans leur traque des islamistes. Très vite, la maison d'Ahmed al-Hada devient un « centre de la terreur », ouvert jour et nuit aux appels des combattants. Entre mai 1996 et octobre 1998, après être retourné en Afghanistan, Oussama Ben Laden compose plus de deux cents fois le 011-1-967-1-200-578 pour donner des consignes à Ahmed al-Hada, qui les transmet aux équipes stationnées en Europe, en Asie et en Afrique, avant de rappeler son ami pour lui donner des nouvelles des différents groupes.

En octobre 1998, le téléphone d'Oussama Ben Laden est mis hors service, et c'est celui d'Ahmed al-Hada qui est à son tour espionné. Ces écoutes permettent d'éviter plusieurs drames, notamment au cours de l'été 1999 : après avoir entendu parler d'un attentat prévu dans une ambassade africaine, les États-Unis ferment temporairement six de leurs locaux diplomatiques en Afrique. En juillet, la Maison-Blanche annule aussi un voyage de la secrétaire d'État et du secrétaire de la Défense en Albanie après avoir été prévenue de menaces d'attentats.

Pendant plusieurs mois, des indices laissant présager une catastrophe se succèdent, sans pour autant que les analystes soient en mesure de les détecter. En 1999, deux ans avant qu'il ne parvienne à détourner le vol 77 d'American Airlines qui s'écrasera sur le Pentagone, le nom de Nawaf al-Hazmi est mentionné dans une conversation téléphonique. Son identité, comme celle de son frère Salim et de Khalid al-Mihdhar, ses futurs complices, fait peu ou prou l'objet de recherches, les agents de l'époque n'ayant jamais entendu ces noms auparavant [4].

Cette première erreur est infime comparée à celles qui suivront à l'aube de l'an 2000. Début janvier, Khalid al-Mihdhar et Nawaf al-Hazmi, deux des kamikazes du 11 Septembre dont les noms figurent sur les écoutes d'Ahmed al-Hada dès 1999, s'envolent de Bangkok après un séjour en Malaisie et atterrissent sur le sol américain, au Los Angeles International Airport, sous leurs vraies identités, sans être arrêtés [5]. Ils louent ensuite un appartement à San Diego, d'où Khalid al-Mihdhar appelle à plusieurs reprises Ahmed al-Hada. Malheureusement, les technologies d'écoute de l'époque, encore peu évoluées, ne permettent pas d'indiquer la provenance de l'appel intercepté. L'opérateur yéménite ne sera pas non plus en mesure de donner à la NSA l'origine de l'appel. Si la NSA avait regardé l'annuaire de San Diego, elle y aurait néanmoins découvert l'adresse des deux hommes [6]. Et si Khalid al-Mihdhar avait été arrêté à ce moment-là, le 11 Septembre aurait été évité, d'après les conclusions de la commission d'enquête sur ce drame [7]. À la fin août 2001, les futurs kamikazes s'installent même au motel Valencia, dans la ville de Laurel, à quelques kilomètres du quartier général de la NSA. Tous les jours, dans la rue, dans les commerces, dans les salles de sport, ils croisent les agents de l'agence de renseignement [8].

Le fonctionnement cloisonné de la NSA explique en grande partie ces échecs. Car l'agence n'est pas prêteuse et aime garder ses informations pour elle. Lorsque, après une série de tentatives d'actes terroristes dans la nuit du 3 au 4 janvier 2000, la NSA tire la sonnette d'alarme en informant par écrit différentes agences américaines du départ de Khalid Al-Mihdhar et de Nawaf Al-Hazmi pour Kuala Lumpur, elle le fait à sa façon : « La maison de Sanaa, explique le journaliste Fabrizio Calvi, devient une "installation de coordination au Moyen-Orient liée aux activités d'Al-Qaida contre les intérêts américains" [9]. » La note ne fera pas réagir le FBI. « Or, poursuit le journaliste, si les analystes de la NSA avaient « demandé au Département d'État si Khalid al-Mihdhar et Nawaf al-Hazmi figuraient dans ses fichiers, ils auraient vu que l'ambassade américaine de Djedda leur avait délivré des visas pour de multiples entrées aux États-Unis. Dans un monde idéal, l'arrivée prochaine de deux terroristes présumés aux États-Unis aurait déclenché une série d'alertes qui aurait conduit à bloquer les attaques du 11 Septembre. Mais le monde de la NSA est loin d'être idéal [10]. » D'ailleurs, la NSA refusera de donner des enregistrements de la maison de Sanaa à la CIA, qui n'était parvenue qu'à en enregistrer une petite partie.

La Maison-Blanche, elle aussi, se trompe lorsque, ce 11 septembre, elle pense — malgré les indices menant à Al-Qaida — que l'attentat a été commandité par Saddam Hussein. Un message se félicitant de la réussite des attentats, émanant d'une ancienne République soviétique et attribué à des membres d'Al-Qaida, envoyé à 9 h 53, soit un quart d'heure seulement après la chute d'un avion sur le Pentagone, étrangement ne met pas la puce à l'oreille des services de renseignement [11].

Pour se défendre, des officiers de la Maison-Blanche expliqueront ensuite que les terroristes avaient utilisé un langage crypté pour communiquer, appelé stéganographie, dissimulant des données dans des fichiers contenant des musiques ou des images — essentiellement à caractère pornographique. La chasse aux sorcières est alors lancée pour mettre en cause ceux qui auraient aidé Al-Qaida à dissimuler ses communications. Plusieurs médias, comme le *Washington Post*, s'en prennent alors à Phil Zimmermann, l'inventeur du programme de cryptage Pretty Good Privacy (PGP), écrivant qu'« il pleure tous les jours, submergé par la honte », ce à quoi l'intéressé répondra dans un communiqué : « Regardez mes lèvres : je ne regrette absolument pas d'avoir créé PGP. Ce qui m'attriste, ce sont ces morts, pas mon invention [12]. » La polémique retombe un peu lorsque, à la fin septembre 2001, s'appuyant sur des informations d'opérateurs des télécommunications, le FBI annonce que les échanges entre les terroristes étaient en réalité « ouverts », émanant de réseaux publics, comme ceux de bibliothèques, ou de simples comptes Hotmail [13]. D'ailleurs, le docteur Brian Gladman, ancien responsable de la sécurité électronique au ministère de la Défense, explique que l'échange de courriels cryptés aurait pu attirer l'œil des renseignements américains, qui auraient alors eu plus de chances d'identifier les terroristes. « Le problème, explique-t-il, ce n'est pas le cryptage. C'est la masse de données qui tue les renseignements : ils ne peuvent faire face à ce stock géant d'informations et tout regarder [14]. »

D'autres révélations accablantes pour Washington ont été divulguées le 19 juin 2012, après la publication de cent vingt documents déclassifiés de la CIA. On y apprend notamment que l'agence avait localisé Ben Laden un an avant le 11 Septembre, mais qu'elle n'avait pas obtenu de la Maison-Blanche le financement permettant de l'arrêter ou même de continuer à le surveiller, contredisant ainsi les affirmations de George W. Bush au lendemain des attentats. « Je ne pense pas que l'administration Bush aurait voulu que ces documents soient déclassifiés, a d'ailleurs expliqué Barbara Elias-Sanborn, la fonctionnaire de la NSA chargée de les rassembler, car ils démontrent que la CIA savait que quelque chose allait se produire avant le 11 Septembre, mais n'a pas obtenu le soutien institutionnel dont elle avait besoin [15]. »

L'emballement de la lutte antiterroriste

Au lendemain des attentats, traumatisants pour les citoyens du monde entier, la réaction du gouvernement américain se doit d'être ferme. Voté dans la précipitation le 26 octobre 2001, le *Patriot Act* va nettement plus loin que le *Foreign Intelligence Surveillance Act* (FISA), en élargissant les pouvoirs d'investigation des services secrets, dont ceux de la NSA.

Depuis 1978, on l'a vu, le FISA autorisait déjà les agents du renseignement américain à collecter « statutairement [des] informations des renseignements étrangers [...] à partir des fournisseurs de services électroniques sous supervision judiciaire ». Une autorisation qu'avait élargie l'article 702 de la loi dite *FISA Amendment Act* de 2008 (que le Sénat a réautorisé jusqu'en 2017 par un vote à une très large majorité le 28 décembre 2012). « L'article 702, résume alors le démocrate Ron Wyden devant le Sénat, donne au gouvernement de nouveaux pouvoirs pour recueillir les communications de personnes qu'on estime être des personnes étrangères et se situant à l'extérieur des États-Unis. » Avec cet amendement, évoqué par Edward Snowden dans un forum quelques années avant sa fuite, les services secrets peuvent demander, au nom de la lutte contre le terrorisme, à toute société de services informatiques, américaine ou non, et active sur le territoire des États-Unis, de leur donner accès à des écoutes quasi illimitées, que ces communications aient lieu sur le territoire américain ou ailleurs. Jérémie Zimmermann, porte-parole et cofondateur de l'association française La Quadrature du Net, évoque ainsi un « véritable emballement du système juridique américain post-11 Septembre, qui donne de plus en plus de pouvoirs à la NSA [16] ».

L'emballement n'est pas seulement juridique, il est également financier. Dans les cinq années suivant les attentats, le budget alloué à la NSA a plus que doublé, représentant alors plus de 20 % des dépenses de l'ensemble des services de renseignement. Le nombre d'informations collectées par l'agence a encore pris plus de place sur le très secret *President's daily brief* envoyé tous les matins au président George W. Bush, synthétisant les renseignements interceptés par l'ensemble des agences nationales de surveillance. De quoi impressionner en mars 2007 un officier de la Navy en visite à Fort Gordon (Géorgie), subjugué de voir toutes les informations produites par des opérateurs, analystes et linguistes. Les techniques, elles aussi, évoluent, permettant à la NSA de pénétrer à distance des systèmes électroniques pour y voler des données. « Je suis très impressionné, s'exclamera l'officier. Ces gars-là produisent le meilleur service de surveillance concernant ce que font les méchants [*bad guys*]. Cela vaut le coup d'y investir autant d'argent [17]. » En 2008, l'interception de messages électroniques devient si essentielle aux opérations du général David Petraeus en Irak qu'une nouvelle fonction est créée à la CIA, celle d'officier chargé de l'interception d'informations (Human Intelligence Targeting Officer, HTO). Ce dernier est chargé de recouper les données concernant la localisation des combattants d'Al-Qaida obtenues *via* le système de surveillance et celles émanant des agents sur place, afin de mieux diriger ensuite les drones chargés de les tuer.

Mais la légalité de telles opérations n'est pas toujours évidente. En 2005, Pirouz Sedaghaty et Soliman al-Buthi, à la tête de l'antenne de la Fondation de charité islamique Al-Haramain dans l'Oregon, accusés par la justice américaine de détourner une partie des dons pour financer Al-Qaida, découvrent qu'ils ont été écoutés par la NSA. Le Département de la Justice leur a en effet accidentellement donné une transcription de ces conversations, dont certaines avec leurs avocats. L'information est rapidement confirmée par le *New York Times*, qui révèle que de nombreuses opérations d'espionnage sont réalisées sans avoir obtenu les autorisations judiciaires nécessaires. La Fondation porte plainte contre le gouvernement, qui interdit, au nom du secret d'État, que le document fourni par erreur serve de preuve ou qu'il soit même évoqué [18].

Engagés dans les conflits en Afghanistan puis en Irak, les États-Unis mettent en place des programmes leur permettant d'étendre toujours plus leur réseau de surveillance. C'est dans ce contexte que la NSA a monté le programme StellarWind. Jugé inconstitutionnel en 2008 par le ministère de la Justice (DOJ) tant sa capacité d'intrusion était en contradiction avec le principe des libertés individuelles, ce programme géré par le gouvernement saisit automatiquement toutes les données d'un citoyen à partir d'un simple numéro de téléphone enregistré par le système ou à la suite de l'apparition d'un mot-clé programmé. StellarWind reste le programme représentatif de tous les abus reprochés à la NSA en 2013. Conçu et réalisé après 2001, il constitue la première tentative de surveillance généralisée de la population, associant l'État et les grandes entreprises privées pour mettre au point les technologies susceptibles de rendre ce grand projet possible. Dès 2002, deux hauts responsables de la NSA dénonçaient en interne un programme trop complexe, ruineux et attentatoire aux libertés, en l'occurrence le logiciel utilisé nommé Trailbrazer. William Binney et J. Kirk Wiebe furent chassés de l'agence avant d'être arrêtés par le FBI et inculpés. Le programme StellarWind fut protégé par le secret le plus absolu, sans aucun contrôle des élus, jusqu'à ce qu'un journaliste du *New York Times*, James Risen, en apprenne l'existence en 2005.

Celui-ci rencontre alors des fonctionnaires de la NSA qui, outrés par l'illégalité du programme, lui en donnent tous les détails. Quand la direction du quotidien prend contact avec la Maison-Blanche, il lui est expliqué que la publication de ce reportage ruinerait tout le travail de lutte contre le terrorisme. Sa publication est annulée et, furieux de la timidité de son journal, James Risen décide de publier son enquête sous forme de livre en janvier 2006, avec un titre évocateur : *State of War*[19]. C'est pourquoi le *New York Times* se décide finalement à publier son enquête au même moment, après en avoir retiré quelques détails. Dès la parution du dossier, Washington se déchaîne. Le procureur général Alberto Gonzales publie un communiqué : « Le Président à l'autorité naturelle d'après la Constitution et en tant que commandant en chef d'engager [la NSA] dans ce genre d'activité[20]. » Le lendemain, George W. Bush estime que les fuites sur les activités secrètes de la NSA constituent une « action honteuse » qui va aider les ennemis de l'Amérique et il annonce qu'il va demander à la justice de poursuivre les auteurs des fuites et, si possible, le *New York Times*.

CIA-NSA : le duo d'as des renseignements américains

Cette première vague de révélations va contraindre les agences de renseignement à renforcer les procédures leur permettant de conserver le secret sur leurs activités et à faire la chasse aux contestataires en interne susceptibles de devenir des lanceurs d'alerte. Il leur faut également mieux se coordonner entre elles et apprendre à partager l'information, le cloisonnement de leur activité n'ayant pas été pour rien dans l'incroyable suite de bévues qui a précédé le 11 Septembre. Dans un premier temps, le Special Collection Service (SCS), l'unité conjointe CIA-NSA basée dans les missions diplomatiques américaines à l'étranger, est considérablement renforcé. Ce service très spécial multiplie les écoutes au Moyen-Orient. C'est lui qui calculera à distance le nombre de personnes présentes dans la maison pakistanaise où se cachait Oussama Ben Laden, contribuant à l'intervention de ce 2 mai 2011, où l'homme le plus recherché du monde a été tué, après près de dix ans de traque.

Surnommé l'« armée de Mission impossible [21] », ce service permet aux États-Unis de surveiller les réseaux terroristes, de trafic de drogue ou de toute autre entité. Depuis son complexe de trois étages, caché dans une forêt dense près de Beltsville (Maryland) [22], au 11 600 Springfield Road [23], le SCS, qui n'existe pas officiellement, écoute des conversations téléphoniques, intercepte des messages privés, craque et vole les dispositifs de cryptage des ambassades et des consulats, n'hésitant pas pour cela à commettre effractions et cambriolages [24]. C'est en 1978, en pleine guerre froide, que les dispositifs d'écoute des deux agences fonctionnant à partir des ambassades ont été fusionnés [25]. Guidées par le même objectif — la surveillance électronique à l'étranger —, elles disposent d'atouts complémentaires : d'un côté, la NSA possède un matériel radio et informatique ultraperformant et une armée d'informaticiens piratant les réseaux étrangers ; de l'autre, les agents de la CIA mènent dans le monde entier des opérations clandestines parfois très risquées pour poser des micros, copier des disques durs ou voler des données [26]. Avoir des agents de terrain dans ce domaine est d'autant plus intéressant pour la NSA que les autorités étrangères restaurent en permanence la sécurité de leurs réseaux quand ils sont pénétrés [27].

Pendant longtemps, les deux agences avaient refusé de collaborer. La CIA considérait, à juste titre, la NSA comme une agence de second rang, juste bonne à fournir le contenu d'écoutes que la CIA étudiait et mettait en perspective. C'est d'ailleurs elle qui rédigeait seule le mémo quotidien de renseignements remis au président des États-Unis. Outrée par cet impérialisme, la NSA, qui se refusait à ne jouer qu'un rôle « technique », se faisait un malin plaisir à ne pas communiquer les données brutes de ses enregistrements. Et puis son rôle s'est accru avec le développement des communications électroniques. La CIA a mené des combats d'arrière-garde en refusant de communiquer des informations Top Secret à la NSA, prenant comme prétexte que son personnel n'était pas soumis régulièrement au détecteur de mensonge [28]. Marqués par cette période, les vétérans de la NSA continuent d'appeler leurs meilleurs ennemis « TBAR » (*those bastards across the river*), tandis que ces derniers aiment à les désigner par toute expression faisant référence à des matières fécales [29]...

Aujourd'hui, l'activité secrète et stratégique du SCS a pris une importance croissante, favorisant l'alliance entre les deux agences. Au poste de surveillance de l'ambassade soviétique à Washington, se sont ajoutés ceux de pays de l'Est comme la Pologne, celui de Buenos Aires, très actif pendant la guerre des Malouines (1982), et celui de Tel-Aviv visant les communications de l'armée et de la police israéliennes [30]. Ce service ne se limite pas à l'espionnage à partir des ambassades. En 1999, ses agents ont espionné des camps d'entraînement d'Al-Qaida en Afghanistan et intercepté des communications au Pakistan, analysant par un laser les vibrations produites sur une fenêtre pour calculer le nombre de personnes présentes dans une pièce ciblée [31]. Ils ont aussi installé un système d'écoute sophistiqué dans un pays d'Asie du Sud, ce qui leur a permis d'enregistrer des conversations secrètes entre militaires pendant plusieurs années [32]. Mais ces interventions ne sont pas toujours couronnées de succès : en 2001, le SCS aurait aussi placé vingt-sept mouchards dans le Boeing 767-300ER du président chinois Jiang Zemin, découverts avant même qu'ils n'aient été activés [33].

Les attentats du 11 Septembre et la traque antiterroriste ont rendu les deux équipes réunies au sein du SCS extrêmement dépendantes, comptant l'une sur l'autre pour réussir leurs opérations de surveillance respectives et conduisant à ce qui peut être décrit à présent comme une « symbiose de deux titans du renseignement américain [34] ». Cette maturité est d'autant plus nécessaire que le réseau du SCS, très implanté au Proche et Moyen-Orient, en Chine et en Asie du Sud-Est, cible aussi les alliés des États-Unis. La base de Beltsville dispose d'une soixantaine de postes au sein des ambassades et consulats américains du monde entier, dont l'activité peut compromettre à tout moment les relations diplomatiques des États-Unis [35].

Pour obtenir des métadonnées téléphoniques, le SCS bénéficie aussi d'arrangements secrets avec les autorités de nombreux pays et leurs services secrets [36]. Certains pays alliés en Europe, comme le Royaume-Uni, l'Allemagne, les Pays-Bas ou ceux de Scandinavie seraient néanmoins réticents à transmettre de telles données aux renseignements américains. Ce qui ne serait pas le cas de la France, selon le journaliste Matthew M. Aid : « Les services secrets français, écrivait-il en juillet 2013 dans *Foreign Policy*, continuent de partager ces informations avec la CIA, notamment dans les opérations de contre-terrorisme [37]. »

Les opérations secrètes du Special Collection Service

En 2013, plusieurs centaines d'agents travaillent spécifiquement pour le SCS. Ces Special Collection Elements (SCE) sont recrutés et entraînés spécialement pour travailler sur l'interception des communications à l'étranger et la pénétration des systèmes informatiques. Une douzaine d'entre eux travaillent à plein temps dans les locaux du NSA à Fort Meade, ce qui aurait été inconcevable avant le 11 Septembre. Opérant sous couverture diplomatique, certains des SCE sont installés dans les ambassades et consulats américains, par groupes de deux à cinq personnes [38]. Parmi les locaux diplomatiques où le SCS possède des stations particulièrement actives, figurent ceux de Bruxelles, Genève, Nicosie, Francfort et Sanaa. Soixante-quinze de ces sites participent à l'alimentation de XKeystore, le redoutable outil d'espionnage de Prism — on y reviendra. Beaucoup de données particulièrement stratégiques proviennent de ce type d'interceptions.

Depuis le 11 Septembre, le SCS emploie aussi des agents très spéciaux, qui se sont livrés à quelques centaines d'interventions très sensibles, dites *black bag jobs*. Pour obtenir les informations recherchées, concernant souvent les menaces terroristes, ils sont capables d'entrer illégalement dans les bureaux des individus ou organismes visés, d'installer des logiciels espions dans leurs serveurs, de mettre sur écoute les lignes sécurisées, copier et voler des disques, pirater des mots de passe, et ce sans laisser de trace, comme le rapporte le journaliste Matthew M. Aid, qui cite cette anecdote significative : « Un officier scandinave spécialiste du contre-terrorisme m'a raconté qu'un jour, alors qu'il regardait la vidéo d'un suspect de terrorisme filmé par une caméra de surveillance, il a vu deux hommes entrer par effraction dans l'appartement de l'individu, qui était alors — c'était un vendredi — à la mosquée du coin. Mais plutôt que de mettre à sac la pièce et de voler son matériel électronique, comme n'importe quel cambrioleur l'aurait fait, l'un des hommes a sorti un disque et a installé des programmes sur l'ordinateur de la cible tandis que son collègue regardait à la fenêtre. Ils sont ensuite partis sans laisser de trace. Au total, cette opération a duré moins de deux minutes [39]. »

Pour aider ces agents, des ingénieurs d'élite ont développé dans les laboratoires secrets de Beltsville des technologies toujours plus performantes, voire surprenantes, comme un parapluie abritant une antenne parabolique [40] ou le programme Oratory, enregistrant toutes les conversations des personnes prononçant certains mots-clés dans un secteur donné. « Quand vous pensez à la CIA, résume John Pike, de la Fédération des scientifiques d'Amérique (FAS), vous pensez à James Bond et aux microfilms, pas à une agence dont l'objectif est d'utiliser la meilleure technologie pour espionner. C'est pourtant ce qu'est le SCS [41]. » Depuis l'été 2013, selon *Foreign Policy*, le SCS est donc très inquiet. Et pour cause : « Le détail de toutes ses opérations et l'identité des cibles se trouvent dans les quatre ordinateurs d'Edward Snowden [42]. »

Et, de fait, ces « détails » ont commencé à être distillés dans plusieurs grands médias internationaux. On a ainsi appris que le SCS, d'après un document de 2010, est actif dans quatre-vingts résidences diplomatiques américaines. À Berlin, le toit de l'ambassade américaine est idéalement situé, au cœur de la capitale ; à Rome, le dernier étage de l'ambassade située *via* Veneto est bourré à craquer d'antennes de réception couvrant toutes les gammes de fréquence — ce qu'avait déjà identifié Duncan Campbell. Un document d'Edward Snowden publié par *L'Espresso* a confirmé cette observation [43], précisant que 4 millions de métadonnées téléphoniques italiennes avaient été interceptées par le SCS entre décembre 2012 et janvier 2013 — ce qui a mis dans l'embarras le Premier ministre italien, lequel avait imprudemment déclaré en juillet 2013 qu'il ignorait si l'Italie était victime des activités de la NSA. Parfois, le SCS laisse opérer un pays de l'alliance *five eyes*. Après avoir appris que les Brésiliens étaient écoutés par les Canadiens [44], on a ainsi découvert que les Indonésiens étaient écoutés par les Australiens [45] et que les Suédois, pourtant hors de ce premier cercle, surveillaient les Russes.

Parmi les outils utilisés par le SCS, figure le *contact chaining* [46] qui permet, à partir de la surveillance d'une cible, d'identifier ses contacts : grâce aux métadonnées de localisation d'un ensemble de téléphones portables, il est possible de déterminer ceux qui appartiennent à un groupe ; Facebook et Twitter sont également utilisés pour mieux cerner un groupe et ses activités [a]. Ce procédé est largement mis en œuvre par les experts de la NSA, comme l'a signalé un autre « document Snowden » qui cite un de leurs outils d'analyse nommé Co-Traveler, capable d'établir des corrélations entre les métadonnées de plusieurs portables, analysées par extraction d'une base de données de milliards de métadonnées nommée Fascia [47]. De même, ces experts utilisent d'autres logiciels permettant de

a Cet outil a par exemple été utilisé en octobre 2013 par les agents du MI6 britannique à Moscou pour identifier les contacts locaux d'Edward Snowden et déterminer ses lieux de rendez-vous, voire son domicile ; de quoi inquiéter sur les intentions ultimes des services secrets anglais et américains, soupçonnés par certains de chercher à organiser l'enlèvement et l'exfiltration de l'ancien consultant de la NSA (Wayne Madsen, « British intelligence operation to kidnap Snowden ? Number One MI-6 officer working undercover in Moscow embassy », <Globalresearch>, 18 novembre 2013).

figurer graphiquement des liens entre personnes ou entre groupes. Le logiciel Accumulo, développé sur logiciel libre, repère par exemple des comportements inhabituels dans une grande masse de données — l'agence en vend une version publique grâce à la société Apache. Autre logiciel du même genre : Analyst Notebook, conçu par IBM [48].

Interventions tous azimuts dans les affaires du monde

Pour Russel Tice, ancien analyste de la NSA chargé des écoutes, les cibles de la NSA dans les années 2000 étaient aussi variées qu'importantes : les journaux et les chaînes de télévision, les fonctionnaires du Département d'État, les grands patrons de l'armée et de l'industrie, les politiciens et particulièrement ceux chargés du suivi des activités de renseignement. Avocats et juges n'étaient pas épargnés, des ONG comme la Croix-Rouge étaient écoutées. Selon Tice, cette activité frénétique s'explique par la volonté de la NSA d'assurer sa prééminence, de suivre au plus près la vie politique pour pouvoir influencer les décideurs, voire les mettre sous pression : « En 2004, j'ai eu entre les mains tous les contacts téléphoniques d'un candidat à l'élection au Sénat qui est aujourd'hui... notre Président. [...] Je pense que la NSA est devenue une agence hors-la-loi qui a les capacités d'un FBI d'Edgar Hoover avec une forte injection de vitamines [49]. »

En septembre 2013, un article du *Spiegel* a révélé que les « documents Snowden » montraient que la NSA surveille également avec beaucoup d'attention les transactions financières internationales [50]. En particulier grâce à un service baptisé Follow the Money (FTM), qui intercepte les paiements par carte et les virements bancaires. La NSA a ainsi réussi à décrypter les échanges du réseau de cartes bancaires Visa en surveillant plus particulièrement les zones géographiques chaudes. Elle a également intercepté les échanges interbancaires réalisés à travers le réseau Swift, coordonné à Bruxelles. Un document du GCHQ britannique s'inquiétait d'ailleurs de la légitimité de ces actions « pleines d'informations personnelles sur des gens qui, pour la plupart, ne sont pas des cibles pour nous [51] ».

Dans un autre registre, Diane Feinstein, la présidente de la commission du Sénat américain censée contrôler les agences de renseignement, a reconnu en août 2013 avoir eu connaissance de « cas isolés » où des fonctionnaires de la NSA avaient utilisé les moyens techniques de l'agence pour faire des enquêtes privées concernant... leurs épouses [52]. Le cas est assez répandu pour qu'il ait un nom dans le jargon de l'agence : on parle de « Loveint ».

La NSA intervient donc puissamment, mais de manière très discrète, dans les affaires du monde. Bien souvent, son activité ne sert qu'à nourrir l'action d'autres instances comme la CIA, le FBI ou le Département d'État. Quand elle identifie une information de valeur, elle peut servir à effectuer un contrôle, à maîtriser une situation ou à manipuler des acteurs, même les plus anodins. Les témoignages de son activité sont, par définition, peu nombreux. C'est pourquoi celui de l'ancien journaliste du *New York Times* Raymond Bonner, publié en octobre 2013, est précieux [53]. Tout commence en 2003, lorsqu'il publie un article sur l'assassinat de deux enseignants américains à l'ouest de la Papouasie, en août 2002 : citant un « officiel américain », il y expliquait que ce sont des soldats indonésiens qui avaient commis ce crime sur lequel enquêtait le FBI. Cela lui vaudra d'être entendu en 2007 par le ministère de la Justice et de découvrir à cette occasion que des moyens considérables avaient été déployés — en vain — pour identifier sa source, le FBI ayant obtenu les métadonnées téléphoniques de tous les appels des correspondants du *New York Times* et du *Washington Post* en Indonésie mobilisés par cette affaire, et ce sur vingt-deux mois, soit 1 637 appels de Bonner et d'autres journalistes. Une performance de renseignement typique des activités de la NSA.

Cette dernière joue par ailleurs un rôle fondamental dans la politique d'assassinats ciblés par drones que pratique l'administration Obama depuis 2008 au Pakistan, en Afghanistan, au Yémen [54] et en Somalie. Elle fournit en effet 60 % des renseignements opérationnels (interceptions de messages et géolocalisation) qui alimentent une base de données créée en 2010, dite « Disposition Matrix », listant les personnes à éliminer soupçonnées d'être membres ou proches d'Al-Qaida [55]. Ce qui est demandé à la NSA est de fournir des données immédiatement exploitables par les drones tueurs, une fois que le président Obama a personnellement donné son autorisation de tir sur telle ou telle personne. Son responsable du renseignement transmet aussitôt la *kill list* (liste des personnes à tuer) au Pentagone ou à la CIA [56].

Peu après l'attentat à la bombe contre le marathon de Boston survenu le 15 avril 2013, un responsable de la section antiterrorisme du FBI a fait une déclaration particulièrement intéressante sur CNN. Après avoir expliqué que son service disposait de beaucoup de données, au niveau national comme au niveau international, pour traiter des cas qui ne sont pas des enquêtes criminelles ordinaires, il a déclaré : « Toutes les communications électroniques sont susceptibles d'être réécoutées en faisant une recherche d'historique dans le passé. Je ne peux pas vous donner de détails sur ce qui est fait et comment cela est fait. Tout ce que je peux vous dire, c'est qu'il n'y a pas de communication numérique qui soit sûre [57]. » À mots couverts, l'agent spécial Tim Clemente révélait ainsi que toutes les communications téléphoniques ou Internet passant par le territoire américain étaient enregistrées et conservées un certain temps dans les immenses centres de stockage de données de la NSA.

Malgré l'étendue de son réseau, la NSA reste fragile. D'abord, parce qu'elle doit dépenser toujours plus d'argent pour suivre les évolutions technologiques. Ensuite, parce que sa constellation de satellites en orbite autour de la terre fournit peu de renseignements, ayant été mal conçue au milieu des années 1990. Enfin, plusieurs pays échappent aux écoutes de la NSA, comme la Corée du Nord qui a enterré ses câbles de fibres optiques. De son côté, Al-Qaida n'utilise quasiment plus le téléphone ou la radio. « Retrouver ces signaux doit être la première priorité. Les agences travaillent dur pour retrouver des accès perdus. Mais le succès sur ce terrain demande de la volonté à accepter les coûts financiers, les risques politiques et même des pertes humaines », écrivait un rapport remis au président Bush en 2005 [58].

Mais récolter des données n'est pas le plus difficile pour la NSA : encore faut-il pouvoir les exploiter utilement. Or, en janvier 2007, le général Keith Alexander, directeur de la NSA, a avoué au Congrès que l'agence passait à côté d'importantes masses de données, dont le nombre ne cessait d'augmenter. Car, d'après des spécialistes, la NSA ne serait capable de décortiquer qu'une petite partie de ce qu'elle collecte.

9

Le monde sur écoute

L'omnipotence de la NSA doit beaucoup à l'action de son directeur depuis août 2005, le général Keith B. Alexander, surnommé le « roi Alexander ». L'un des rares militaires de haut rang à disposer d'une solide formation technique, il a été sur tous les fronts pour justifier le rôle de la NSA, obtenir les crédits nécessaires et le blanc-seing de Barack Obama. En 2001, à la tête du service de sécurité de l'armée (Inscom), il veut déjà implanter en son sein une structure semblable à la NSA [1]. Il se heurte alors au patron de l'agence, le général Michael Hayden. Furieux de voir le fougueux général vouloir faire le job à sa place, ce dernier critique ouvertement son comportement de cow-boy, son indifférence à la hiérarchie et aux lois, pointée par un de ses anciens collègues : « Il disait que pas mal de choses ne sont pas vraiment légales, mais qu'elles ne sont pas pour autant illégales [2]. » Car, pour Alexander, ce qui compte, c'est d'obtenir des résultats : si on veut trouver une aiguille dans une botte de foin, il faut d'abord contrôler toute la botte de foin puis trouver un moyen efficace d'y retrouver l'aiguille.

Le rêve (presque) réalisé du général Keith B. Alexander : le contrôle total du cyberespace par la NSA

En prenant la tête de la NSA, il peut enfin réaliser son rêve : disposer en temps réel de toutes les données électroniques échangées dans le monde et les conserver assez longtemps afin d'y piocher les informations permettant de reconstituer le contexte d'actes de terrorisme.

Ces moyens, le général Alexander va les trouver à la Maison-Blanche, où son charisme fait merveille pour mettre en valeur les qualités de son agence. L'efficacité, il va la chercher chez les entreprises qui ne peuvent rien lui refuser, qu'il s'agisse des géants de l'informatique ou de ceux d'Internet. Son discours est toujours le même : sa mission est de protéger les États-Unis contre les dangers qui les menacent. Pour cela, il faut trouver les *bad guys*, ceux qui rêvent de faire un autre 11 Septembre. Dans un compte rendu — sans doute enjolivé — de son activité antiterroriste en date du 11 janvier 2012 révélé par Edward Snowden, il annonce « avoir contribué à la compréhension et à la neutralisation » de cinquante-quatre complots terroristes, vingt-cinq en Europe, onze en Asie, cinq en Afrique et treize aux États-Unis [3]. Face aux critiques concernant le manque d'encadrement juridique de son activité et sa soif permanente de nouveaux moyens, il a toujours la même réponse : « Voulez-vous devenir celui qui a refusé les moyens nécessaires avant la prochaine attaque ? »

L'autre force du général Keith B. Alexander est sa compétence technique, dont témoigne sa proximité avec les très nombreux ingénieurs et analystes qu'il dirige. Devant la commission judiciaire du Sénat, il se vante d'employer 960 agrégés, 4 000 ingénieurs informatiques et plus de 1 000 mathématiciens (la NSA est le premier employeur de mathématiciens des États-Unis) [4]. Fasciné par les capacités du numérique et les diagrammes de représentation d'une situation, il en fait souvent un usage abusif. Son conseiller scientifique, James Heath, est une personnalité très controversée : savant visionnaire pour les uns, escroc dont le seul talent serait de débloquer des budgets faramineux pour les autres. Ce qui est certain, c'est que cet ingénieur a su, après le 11 Septembre, créer une entreprise qui a largement profité des budgets considérables engagés par l'administration de George W. Bush. Sa société, Object Sciences Corporation, a vendu des compétences d'extraction de données et de représentations graphiques utilisables dans la lutte antiterroriste. En mai 2005, avant de prendre son poste à la NSA, il a réussi à vendre son entreprise à Science Applications International Corporation (SAIC), un prestataire privilégié de la NSA, pour une somme inconnue [5]. Tous ses collaborateurs lui reconnaissent cependant le sens des relations publiques et de la mise en scène. C'est lui qui a conçu la première salle de commandement de Keith B. Alexander, pompeusement nommée Information Dominance Center et réalisée selon le modèle de la passerelle de commandement du vaisseau spatial *Enterprise* de la série télévisée *Star Treck* [6].

Le général Alexander se montre toujours surpris, peiné même, qu'on puisse le soupçonner d'avoir de mauvaises intentions, comme celle d'espionner la vie privée des Américains. Il met alors volontiers en avant sa qualité de bon citoyen, sa femme et ses enfants. Pourquoi ne lui ferait-on pas confiance, lui qui n'a qu'un seul but : assurer la sécurité des Américains ? C'est pour remplir cette mission qu'il veut contrôler entièrement le cyberespace, dit-il, savoir tout ce qui s'y passe, identifier ses ennemis, parer leurs attaques, les attaquer éventuellement [7]. Pour lui, la NSA doit dominer Internet et le cyberespace, comme la Navy domine l'espace maritime [8]. Un programme aussi ambitieux suppose une infrastructure puissante et moderne. Elle est aujourd'hui en place.

Depuis que Keith B. Alexander a pris les commandes de l'agence, l'empire NSA s'est considérablement développé, comme en témoigne le budget 2013 des services de renseignement américains dévoilé le 29 août 2013 par le *Washington Post* grâce aux « fichiers Snowden » [9]. Ces 178 pages ultrasecrètes détaillent l'activité et les objectifs des seize agences de renseignement qui se partagent 52,6 milliards de dollars et emploient 107 035 personnes. Depuis 2001, les États-Unis leur ont consacré 500 milliards de dollars pour éviter un nouveau 11 Septembre. Ce document révèle nombre des secrets de la NSA, dont son effectif (33 000 personnes) et son budget global pour 2013 : 10,8 milliards de dollars (en augmentation de 54 % par rapport à 2004), dont 5,2 milliards consacrés à la logistique et 1,5 à l'analyse de données — un budget du même ordre est consacré à des opérations communes avec la CIA, afin d'effectuer des interceptions dans des pays hostiles.

Selon des commentaires accompagnant ce budget, la NSA est considérée comme « la meilleure et parfois la seule source pour s'informer sur une cible particulièrement difficile [10] ». C'est également la NSA qui donnerait les meilleures informations sur la manière dont la Russie traite le problème du terrorisme, comme sur la hiérarchie du pouvoir en Syrie ou en Corée du Nord et sur les programmes d'armement de ces pays. Ironie du sort, la NSA a consacré en 2013 d'importants efforts pour surveiller son personnel et celui de ses 500 entreprises sous-traitantes, avec 4 000 enquêtes internes programmées [11]...

Des stations d'interception à travers le monde

Dans les locaux de la NSA, les immenses bases de données sont alimentées par deux sources principales : « Humint » pour les interactions humaines et « Sigint » pour les communications électromagnétiques. Il existe deux types principaux de signaux Sigint : « Comint » (*Communications Intelligence*, interception des communications radio) et « Elint » (*Electronics Intelligence*, interception des signaux émis par des appareils comme les radars), incluant les signaux « Fisint » (*Foreign Instrumentation Signals Intelligence*, données télémétriques). D'après les documents révélés par Edward Snowden, la NSA utilise deux systèmes principaux pour intercepter ces signaux : Prism, qui lui permet d'extraire des données à partir de Google, Facebook et autres géants de l'Internet [12] ; et Upstream, qui les prélève depuis les câbles sous-marins et les infrastructures d'Internet [13]. C'est là qu'interviennent les Sigad (*Sigint Activity Designator*), des stations d'interception fixes ou mobiles.

Une présentation de la NSA datée de mars 2013 recense cinq cent quatre Sigad, dont une cinquantaine seulement ont une activité significative. Pour les différencier, chacune possède une immatriculation spécifique, dont les deux premières lettres renvoient aux cinq pays alliés impliqués, dits *five eyes*, à savoir US pour États-Unis, UK pour Royaume-Uni, CA pour Canada, AU pour Australie et NZ pour Nouvelle-Zélande. Vient ensuite une lettre indiquant l'origine de l'équipe gérant la station : M pour l'armée de terre, N la marine, A l'armée de l'air, J un commandement mixte à majorité militaire, F un commandement mixte à majorité civile. Par exemple, USM-83 renvoie à une station américaine dirigée par l'armée de terre. L'existence de ces stations étant tenue secrète, plusieurs n'ont été connues qu'à la suite d'incidents, comme la base de Ramasun en Thaïlande (USM-7), la station mobile du navire *Pueblo* capturé par la Corée du Nord (USN-467Y) ou celle du navire *Liberty* attaqué en 1967 par l'armée israélienne (USN-855).

Le nom d'un programme peut suivre l'immatriculation d'une station, ce qui signifie qu'elle est alors gérée avec des partenaires privés. Celles interceptant les données des réseaux de fibres optiques *via* le programme Upstream sont ainsi immatriculées US-983 Stormbrew, US-984 Blarney, US-990 Fairview, US-3206 Monkey Rocket. La NSA a également accès à des opérateurs étrangers, en Europe et au Moyen-Orient. L'Italie, l'Espagne, l'Autriche et l'Allemagne coopèrent et assurent des accès à leur trafic Internet et téléphonique. La station US-987LA correspond au site de Bad Aibling en Allemagne, géré par les services secrets allemands avec l'aide de la NSA. US-987S est une implantation en Espagne, US-987F en Norvège. Pour la France, peu de documents ont été rendus publics et on attend des informations précises sur US-985, les relations entre la DGSE, le GCHQ et les grands opérateurs français [14].

La NSA est aussi friande des signaux radio et radar, dont les immatriculations répondent à une autre nomenclature (comme AFP-472 Acaquade, AFP-720 Rhyolite ou AFP-827XN Canyon), en fonction de la gamme de satellites qui les interceptent. En 2013, c'est la gamme Orion qui déploie dans l'espace des antennes de près de cent mètres de diamètre. La gestion de cet ensemble est assurée par un organisme de la NSA très particulier, le Overhead Collection Management Center (OCMC), qui pilote les satellites en fonction des missions qui lui sont assignées. Pour ce qui concerne le réseau Echelon découvert par Duncan Campbell, c'est-à-dire les stations d'écoute terrestres des télécommunications satellitaires, leur nom officiel est Fornsat. Duncan Campbell m'en a communiqué une liste inédite, complétée pour 2013 (voir tableau).

Les stations d'écoute du réseau Echelon en 2013

Lieu	Pays	Nom de code
Yakima	États-Unis	Jacknife
Sugar Grove	États-Unis	Timberline
Sabana Seca	Porto Rico	Coraline
Harrogate (Menwith Hill)	Royaume-Uni	Moonpenny
Misawa	Japon	Ladylove
Bad Aibling	Allemagne	Garlick

Upstream : le programme d'interception de la NSA des flux Internet sur les câbles sous-marins

Dans une diapositive (issue des documents Snowden) publiée en juillet 2013 par le *Washington Post* [15], on apprend que les agents de la NSA collectent depuis 2012 une partie significative de leurs informations *via* le programme Upstream, constitué lui-même de quatre mécanismes : Fairview, Stormbrew, Blarney et Oakstar. Si on n'en connaît pas encore tous les détails, les renseignements transmis par Snowden attestent que Fairview concerne surtout les interceptions des conversations téléphoniques *via* les grands opérateurs américains. Les dispositifs de surveillance pilotés par ces programmes sont installés dans des locaux discrets et sécurisés, aux points d'arrivée des câbles sous-marins ou à proximité, là où liaisons Internet et téléphonie sont gérées par des « nœuds de réseau ». Parmi ces programmes, Cybersweep, de la firme américaine Glimmerglass, permet de décomposer le trafic d'une fibre optique, afin d'extraire les différents types de données qu'elle achemine. La présentation des services de Glimmerglass ne laisse pas de doutes sur la finalité de Cybersweep, une activité dissimulée sous le vague terme juridique d'« interceptions légalement autorisées [16] ».

La structure même d'Internet explique l'importance de ces câbles sous-marins, objets des convoitises de la NSA. Essentiels pour l'échange de données électroniques, ils sont parcourus par un flux de données bien plus soutenu qu'on ne peut l'imaginer, obligeant les opérateurs à veiller constamment à leur sécurité. Quand l'un d'entre eux connaît un dysfonctionnement, le trafic est considérablement ralenti, comme lorsque le câble SeaMeWe-4 reliant l'Europe au Moyen-Orient a été coupé en mars 2013 par des nageurs non identifiés au large d'Alexandrie (Égypte) [17].

Le continent américain, lui, est moins vulnérable aux accidents pouvant affecter ces câbles : pour assurer le trafic Internet et téléphonique entre les États-Unis, l'Amérique latine et les Caraïbes, huit câbles sous-marins relient les zones concernées et arrivent ensuite sur huit points de la côte de Floride, aux États-Unis, puis sont réunis dans un unique nœud d'échanges à Orlando. 80 % du trafic mondial d'Internet provenant des États-Unis, la NSA en a un contrôle quasi absolu. En effet, tous les câbles sous-marins en fibre optique existant autour de la planète sont connectés aux trente-deux câbles transitant par les États-Unis — vingt d'entre eux arrivent sur la côte Ouest, douze sur la côte Est [18]. Pour qu'aucun câble n'échappe à sa vigilance, la NSA bénéficie aussi de l'aide du GCHQ anglais, en raison de la proximité historique des deux pays, mais aussi parce que nombre des câbles sous-marins qui relient l'Europe à l'Amérique passent par le Royaume-Uni (voir chapitre suivant).

Le trafic *via* les États-Unis est d'autant plus dense que les transmissions téléphoniques et Internet, pour des raisons de coût, ne passent pas par la voie la plus courte, mais par la moins encombrée. C'est la raison pour laquelle une bonne partie des liaisons Europe-Europe transite par les États-Unis, empruntant un câble sous-marin pour faire un aller-retour : l'Europe bénéficie en effet du suréquipement en infrastructure de l'Amérique, d'autant plus qu'en raison du décalage horaire, les réseaux américains sont au repos quand l'Europe travaille. Ainsi, un courriel envoyé de Paris à 10 heures du matin pour Téhéran ne passe pas par le nœud de réseau d'Amsterdam, encombré à cette heure-là, mais va être reroute sur New York, traversant l'Atlantique deux fois avant d'atteindre l'Iran. Une aubaine pour la NSA, toujours potentiellement intéressée par les courriels destinés à ce pays. L'importance de ces câbles et leur constant développement — 50 000 km de fibres sont ajoutés chaque année, soit un investissement de 5 milliards de dollars — expliquent que des entreprises comme Google et Facebook investissent elles-mêmes ce domaine hautement stratégique [19].

Pour maîtriser au mieux ces câbles, les États-Unis disposent d'une structure particulière redoutable, qui prépare toute la logistique et l'aspect administratif des interceptions. Au sein de ce groupe, appelé Team Telecom [20], sont réunis des membres du FBI, de la Défense, de la Justice et de la Sécurité intérieure. Bien sûr, la structure travaille sous couverture : elle a officiellement pour mission de veiller à la sécurité des réseaux américains de télécommunication, qui risquent d'être écoutés par des gouvernements hostiles. Mais, derrière cette mission officielle, Team Telecom assure également les conditions d'une interception permanente, discrète et efficace desdits réseaux par la NSA. C'est eux qui ont demandé à l'entreprise Global Crossing, dont le réseau de fibres optiques connecte vingt-sept pays sur quatre continents, de mettre au point un « centre réseau des opérations » sur le territoire américain pour pouvoir obtenir des licences pour ses câbles [21]. Global Crossing a dû accepter que les autorités américaines puissent vérifier à tout moment ce centre, avec un délai de trente minutes avant intervention [22]. Autre contrainte : ce centre doit être géré par du personnel de nationalité américaine, habilité au secret par le gouvernement américain, avec une obligation de ne pas rendre compte aux dirigeants de l'entreprise qui les emploie de ce que ce dernier leur demande.

Accablée par une lourde dette, due à des investissements trop importants, Global Crossing fait faillite en 2003 [23]. Deux entreprises se proposent alors de reprendre l'activité, l'une hongkongaise, l'autre singapourienne. Washington refuse immédiatement l'investissement de Hong Kong, par peur de voir la Chine accéder au réseau Global Crossing. Plus modéré vis-à-vis de Singapour, il lui impose néanmoins les mêmes contraintes. Finalement, les Américains continuent de garder la main sur la société, puisque c'est une entreprise du Colorado, Level 3 Communications, qui rachète l'entreprise, fin 2011.

Dès 2009, les révélations de Mark Klein sur l'interception des câbles d'AT&T par la NSA

Pour intercepter les données transitant par ces câbles, la NSA a non seulement besoin d'avoir la main sur une partie des entreprises gérant ces immenses réseaux de télécommunication, mais elle doit aussi installer des dispositifs spéciaux en leur cœur. C'est grâce à la pugnacité d'un ingénieur d'AT&T, le géant de la téléphonie mobile, que nous savons aujourd'hui comment fonctionnent ces dispositifs d'écoute. Mark Klein a fait sa carrière comme spécialiste de la fibre optique chez AT&T. Compétent, il n'a pas progressé dans la hiérarchie, en raison de son activité syndicale, un engagement qui lui restait de ses années d'opposition à la guerre du Viêt-Nam. En décembre 2005, il saute de sa chaise lorsqu'il lit dans le *New York Times* le récit du programme secret monté par l'administration Bush concernant l'écoute des téléphones et des courriels aux États-Unis [24]. Pour lui, c'est la révélation : tous les doutes qu'il avait eus en observant le trafic transitant en 1982 par son lieu de travail lui reviennent alors [25].

Il faut dire que Mark Klein était employé à l'un des endroits les plus stratégiques des télécommunications, l'un des vingt centres aux États-Unis où s'interconnectent les réseaux téléphoniques nationaux et internationaux et les réseaux Internet. L'énorme bâtiment gris du 611 Folson Street, à San Francisco, est d'autant plus impressionnant qu'il ne dispose d'aucune fenêtre. Les réseaux de fibres optiques arrivent au huitième étage, sont dispatchés au septième puis reliés, grâce à des routeurs, au réseau AT&T. Mais ce qui a toujours intrigué Klein, c'est l'existence d'une salle secrète où le personnel d'AT&T n'avait pas accès. Que se passait-il derrière les portes du 641A et pourquoi cet espace était-il occupé par des personnes inconnues de tous ? En bon investigateur, Mark Klein réussit à se procurer les plans de câblage du sixième étage. Grâce à ces schémas, il ne lui faut pas longtemps pour comprendre qu'est installé là un système de transfert de l'intégralité des communications d'AT&T, renvoyées par fibre optique vers une destination inconnue. Des serveurs, des routeurs et des appareils très spécifiques de surveillance en temps réel du trafic conçus par la firme Naurus, spécialisée dans le contrôle des réseaux, remplissent la salle 641A.

Certain de tenir là une preuve concrète du programme illégal monté par George W. Bush, Mark Klein prend contact dès 2005 avec plusieurs journaux et associations de défense de la vie privée. Le *Los Angeles Times*, convaincu par Klein et par ses documents techniques, se livre à une longue enquête et, au vu de la sensibilité du sujet, prend contact avec les agences de renseignement avant de publier son article. Finalement, en avril de la même année, le journal abandonne toute publication concernant cette affaire. Après avoir essuyé d'autres refus, l'ingénieur essaie de convaincre certains de ses collègues de témoigner avec lui. Tous refusent, terrorisés. La situation devient plus qu'inconfortable pour Mark Klein : le gouvernement est maintenant au courant des informations qu'il détient et des démarches qu'il a faites pour les rendre publiques. Se sentant surveillé, il va chez son avocat où il enregistre un témoignage vidéo, « au cas où [26] »...

C'est à ce moment-là qu'il rencontre Kevin Bankston, de l'Electronic Frontier Foundation (EFF). Ensemble, l'ingénieur et l'avocat spécialiste des libertés numériques préparent un recours en justice pour obtenir la fin de ce programme illégal d'écoutes. Ces révélations sont aussitôt propulsées en une des journaux, faisant prendre conscience à l'opinion publique que la salle secrète de San Francisco n'est qu'un des éléments d'un vaste réseau d'espionnage, constitué d'au moins une vingtaine de points d'accès où des milliards de données convergent en temps réel vers la NSA. Pourtant, les représentants du Congrès refusent d'entendre Mark Klein, notamment la sénatrice démocrate Dianne Feinstein — laquelle fera preuve de la même surdité au moment des révélations d'Edward Snowden.

L'Electronic Frontier Foundation ne baisse pas les bras. Disposant d'un témoin privilégié, Mark Klein, ses très efficaces avocats assignent le gouvernement en justice. En 2009, l'administration Obama essaye d'échapper à ses responsabilités en invoquant une clause très particulière, destinée à bloquer la marche de la justice au cas où la raison d'État serait en cause ; le « privilège de secret d'État » est accordé. Mais un rebondissement relance l'affaire : en juillet 2013, le recours à cette clause est rejeté par un juge fédéral de San Francisco, qui estime que l'institution judiciaire a toute latitude pour juger de la légalité du dispositif de surveillance gouvernementale. À l'été 2013, la procédure a donc été rouverte, prenant bien sûr une dimension nouvelle avec les révélations d'Edward Snowden sur les programmes de la NSA : à l'évidence, la salle 641A n'est qu'une pièce parmi beaucoup d'autres d'un gigantesque réseau d'écoutes.

Que risqueraient les patrons d'AT&T s'ils refusaient de collaborer avec la NSA ? Ou ceux de Verizon et Sprint, les deux autres grandes entreprises américaines de télécommunication avec lesquelles la NSA a passé des accords secrets ? Un exemple concret permet de répondre à cette question [27]. Le 27 février 2001, le président et le vice-président de la société QWest sont convoqués au siège de la NSA, à Fort Meade, pour rencontrer plusieurs dirigeants de l'agence. Ces derniers leur expliquent que la NSA développe son activité d'interception et qu'elle doit, dans le cadre du projet de refonte nommé Groundbreaker, sous-traiter une partie de son activité non stratégique à des firmes privées. Deux contrats peuvent être passés avec QWest, sans appel d'offres vu la nature de l'activité, et pour un montant de plusieurs centaines de millions de dollars. Après avoir fait cette offre alléchante, les agents de la NSA font une requête qui va beaucoup surprendre le patron de l'entreprise, Joseph Nacchio : ils lui expliquent qu'il doit ouvrir son activité à la surveillance de la NSA. La demande est d'autant plus surprenante que QWest n'est pas une grosse société, puisqu'elle ne dessert que 15 millions de clients américains dans quatorze États de l'ouest du pays et qu'elle n'assure pas de liaisons internationales.

Joseph Nacchio interroge les agents sur le fondement légal de cette demande, mais ces derniers restent dans le vague [28]. Or l'homme est aussi président du comité pour la sécurité des télécommunications nationales.

Très choqué, il ne tarde pas à refuser fermement la proposition de la NSA, qu'il considère comme totalement illégale. Peu de temps après avoir quitté Fort Meade, il apprend que la NSA n'entend plus qu'il participe à la sous-traitance invoquée, contrairement à ses concurrents AT&T et Verizon, désormais acteurs du programme secret d'écoutes nationales de George W. Bush. Pour QWest, les affaires tournent mal : en juin 2002, l'entreprise connaît des difficultés financières et judiciaires, la justice s'intéressant à des ventes d'actions réalisées par son P-DG avant que son cours ne baisse. Le début du cauchemar pour Joseph Nacchio.

Après enquête, le patron est accusé de s'être enrichi grâce aux informations qu'il détenait. Or le délit d'initié est lourdement condamné aux États-Unis. Nacchio assure au juge être victime de l'acharnement de la NSA mais, bien entendu, ce dernier refuse que cet aspect de l'affaire soit évoqué. En avril 2007, l'entrepreneur est condamné à six ans de prison, une amende de 19 millions de dollars et le remboursement de la plus-value de 52 millions de dollars qu'il aurait réalisée [29]. Après quatre ans et cinq mois dans un pénitencier de Pennsylvanie, Joseph Nacchio a été relâché le 21 septembre 2013 avec interdiction de parler à la presse [30].

Prism, ou la surveillance généralisée de l'activité électronique

Entre décembre 2007 et octobre 2012, comme l'a révélé Snowden en juin 2013 [31], le programme Prism, immatriculé US-984XN et utilisé conjointement avec les systèmes Upstream, a permis à la NSA de disposer d'un accès privilégié aux serveurs et aux données de neuf géants de l'Internet : Microsoft, Yahoo !, Google, Facebook, Paltalk (un service de discussion vidéo), YouTube, Skype, AOL et Apple. Courriels, conversations *chat*, photos, données stockées, dossiers transférés ou encore identifiants et mots de passe : toutes les informations concernant des clients ciblés par l'agence pouvaient être téléchargées par la NSA.

Sous la responsabilité d'une unité d'élite, le service Special Source Operations de la NSA (SSO), Prism est le système de surveillance des communications électroniques le plus utilisé par la NSA : en 2012, 24 005 rapports de l'agence le citaient comme source principale. C'est d'ailleurs son logo qui orne les présentations révélées par Edward Snowden. Il faut dire que les entreprises complices ont des centaines de millions de clients internautes à travers le monde : « La NSA estime ainsi qu'en 2007, explique *Le Monde*, plus de 80 % des comptes courriels terroristes connus utilisaient Yahoo ! ou Hotmail [32]. » C'est donc en toute logique que le SSO, le service spécial de la NSA qui assure le lien avec les entreprises privées, est qualifié de « joyau de la couronne de la NSA » par Edward Snowden.

Malgré leur caractère privé, l'obtention par la NSA des données convoitées se faisait par simple demande du gouvernement, émanant du tribunal secret de la FISA. Elle pouvait concerner, par exemple, tous les comptes Facebook de la ville de Karachi au Pakistan, ou les e-mails échangés depuis un cybercafé d'Aden au Yémen. Facebook et Google créaient alors des comptes miroirs de ces activités, que la NSA suivait en temps réel [33]. Ces entreprises, qui ont démenti les révélations du *Guardian*, ne se contentaient d'ailleurs pas de répondre aux injonctions : elles ont obtenu de la NSA des millions de dollars pour le service effectué, selon un document Snowden publié par le quotidien [34]. Et, s'agissant des communications échangées aux États-Unis mêmes, c'est le FBI qui se chargeait de les demander aux entreprises, afin de rester dans le cadre de la loi interdisant à la NSA d'exercer son activité sur le territoire américain. Un département spécial du FBI a même été créé pour jouer le rôle d'intermédiaire actif, le Data Intercept Technology Unit (DITU). Une nouvelle fois, le renseignement américain est parvenu à détourner les cadres trop flous de la loi pour parvenir à ses fins.

Comme l'indique son nom, Prism agit alors comme un prisme qui diffracte un rayon de lumière en éléments de couleur. Ce qui le rend effrayant, c'est son incroyable efficacité, ce système étant en grande partie automatisé et offrant une navigation relativement simple. Une fois l'autorisation du FISA obtenue, la demande est gérée par une unité spéciale de la NSA (S343). Elle est alors distribuée par un logiciel nommé Pintaura qui automatise les flux de trafic. Les données sont ensuite renommées : P1 pour Microsoft, P2 pour Yahoo !, P3 pour Google, P4 pour Facebook, P5 pour Paltalk, P6 pour YouTube, P7 pour Skype, P8 pour AOL et PA pour Apple. Le code générique de cet ensemble est 984. Celui de Microsoft est donc 984P1, etc. [35].

Relié aux immenses banques de données des grandes sociétés américaines de l'Internet, le logiciel d'interrogation Unified Targeting Tool (UTT) permet ensuite aux agents de la NSA accrédités d'y naviguer très simplement : les agents tapent un « sélecteur », un mot-clé lié à la personne ciblée, un nom, un sujet ou bien une adresse e-mail. Au 5 avril 2013, 117 675 noms de personnes liées à une activité terroriste étaient référencés par Prism. Les données sont également interprétées par Content Preparation Environment, un logiciel d'aide à la rédaction de rapports mis à la disposition des agents. Pour une meilleure lisibilité, les données Prism peuvent être mises en forme et interprétées à l'aide d'outils de visualisation : ces graphiques permettent, par exemple, de dessiner les ramifications au sein d'un groupe d'activistes, entre leaders, coursiers, coordinateurs... L'un de ces logiciels graphiques se nomme Treasuremap. Toutes ces données restent « à disposition des analystes bien après leur collecte, dans des délais qui varient en fonction de la nature et de la sensibilité de la communication », explique *Le Monde* [36].

Tout aussi effrayante est l'habileté de la NSA à adapter ses règles et à interpréter la loi pour étendre son champ de recherches tout en verrouillant le plus possible l'accès à ses données. Comme la NSA l'a expliqué dans un communiqué le 31 juillet 2013, l'utilisation du système Prism est réservée à un nombre très limité d'analystes, intensément formés, suivis par leur hiérarchie avec pour chacun des capacités limitées à leur fonction [37]. Mais l'existence de restrictions à l'accès aux informations classifiées, évidemment logique, n'est en aucune façon une garantie qu'elles ont été obtenues sans violer la loi...

La loi ne permet pas d'éviter des abus de la NSA

D'autant que, depuis le 11 Septembre et avec l'inflation des instances gouvernementales en charge de la sécurité, le nombre de personnes habilitées aux États-Unis à consulter des documents secrets a littéralement explosé : plus de 5 millions en 2013 selon le directeur du renseignement national (DNI) [38]. Deux tiers des personnes habilitées sont des fonctionnaires, contre un tiers de consultants extérieurs. Sur le total des habilités, 1,4 million de personnes peuvent accéder aux documents les plus secrets [39].

Nombre de prestataires de la NSA disposent donc d'une accréditation « Top Secret ». Jusqu'en 2001, cette accréditation s'obtenait après avoir rempli un questionnaire de 127 pages, subi un entretien de trois heures avec un enquêteur et un test au détecteur de mensonges. Cette lourde procédure a été considérablement allégée depuis, pour permettre à des milliers de prestataires d'obtenir l'accréditation. Une fois celle-ci obtenue, les initiés peuvent accéder aux documents qu'ils ont besoin de connaître et à eux seuls.

Les nombreuses restrictions internes donnent lieu à autant d'abréviations, à des codes couleurs qu'on voit apparaître dans les documents qu'Edward Snowden a fait publier. Comme l'a rapporté le journaliste James Bramford, spécialiste de la NSA, nombre de ces codes remontent aux années de guerre froide [40] — et certains sont d'ailleurs tombés en désuétude. Le premier élément est le niveau de classification qui apparaît en gras, en haut et en bas d'un document : « Confidentiel » (liseré bleu),

« Secret » (liseré rouge), « Top Secret » (liseré orange), « Classifié SCI » (liseré jaune) (abréviation d'« information spéciale compartimentée » : il s'agit des informations les plus secrètes, accompagnées du nom de code spécifique du programme traitant cette information). Quand un document concerne des interceptions de communication, il est titré « Gamma », avec un nom de programme, comme par exemple Gupy, qui concernait les communications radiotéléphoniques des dirigeants du Kremlin. Talent Keybole (TK) signale des interceptions par satellite ou par avion de reconnaissance ; « Comint » les interceptions terrestres et « Umbra » les interceptions décodées.

Second élément : la protection spécifique de documents très sensibles traités par des procédures de secret renforcées, intitulées Special Access Programs (SAP). Pour y avoir accès, il faut être agréé sur la base du « besoin de savoir » (*need to know*) avec l'intitulé Special Access Required (SAR) suivi du programme concerné, des intitulés aussi mystérieux qu'incompréhensibles : nom d'un objet, d'un personnage mythologique, d'une nourriture comme « Butter », « Pop corn », « Soda », etc. Le dernier élément de marquage des documents secrets concerne les limites de sa diffusion : « Noforn » (ne doit pas être communiqué à des étrangers), « Nocontract » (ne doit pas être communiqué à des prestataires), « Orcon » (diffusion contrôlée par l'auteur avec numérotation des exemplaires), « Eyes only » (informations de la NSA) [41].

Par souci d'efficacité mais aussi par prudence, les autorisations présidentielles se référant à l'interception de communications de citoyens américains ne sont accessibles qu'au patron de la NSA, à ses trois avocats OGC (Office General Council) et aux responsables de programmes. Le Special Source Operations (SSO) coordonne ensuite les relations avec les sociétés de téléphonie et d'Internet. Entre 2001 et 2006, cent quarante-sept lettres de demandes d'écoute ont été envoyées aux entreprises privées. Cette organisation, ainsi épurée, est redoutable, d'autant plus que, pour laisser plus de marges de manœuvre aux agents, la loi a été assouplie, comme on l'a vu, avec l'adoption du *FISA Amendment Act* (FAA) en 2008 : depuis lors, le procureur général et le directeur national du renseignement peuvent accorder à la NSA une autorisation de collecte globale renouvelable tous les ans, soumise à l'approbation de la FISC, cette cour de justice très secrète. Les agents n'ont plus à justifier leur surveillance directement devant la justice, ce qui permet une interception plus massive.

Comme l'a écrit en mars 2012 le professeur Edward Felten, spécialiste de sécurité informatique à l'université de Princeton, la loi ne permet pas d'éviter des abus de la NSA [42]. Ce qu'un responsable anonyme de l'agence avait d'ailleurs volontiers reconnu en 2008 : « Nous sommes une administration gérée par des hommes qui opèrent dans un environnement complexe géré par des cadres juridiques différents. C'est pourquoi il nous arrive parfois de nous trouver du mauvais côté de la ligne jaune [43]. » Comme cette fois où, en 2008, l'agence avait programmé l'écoute de l'indicatif téléphonique 202 (Washington) au lieu de 20 (Égypte) et enregistré des citoyens américains. Ou encore en 2011-2012, où 2 776 « incidents » ont été constatés — le record étant l'écoute illégale de 3 000 citoyens américains. Cette discrimination entre ces derniers, dont les droits sont très encadrés, et les étrangers, qui peuvent être légalement écoutés, pose des problèmes techniques insolubles et les erreurs sont légion.

En pratique, l'application de la loi est aussi très obscure. En effet, les cours de justice secrètes chargées de « contrôler » l'activité de la NSA partent du principe que n'importe quel numéro de téléphone, n'importe quelle adresse e-mail peuvent être utiles pour une enquête terroriste. Le fonctionnement même de la recherche sur les bases de données concernant les métadonnées téléphoniques est la cause de nombreux abus. En effet, pour y accéder, un programmateur leur attribue un code spécifique. Avec ce code, comme l'a expliqué notamment le *New York Times* [44], les seules recherches autorisées sont celles que la loi appelle recherches faites à partir d'une « suspicion raisonnable et documentée » (RAS, pour *reasonable, articulable suspicion*). Or les utilisateurs peuvent aussi accéder à la base *via* un autre moyen, la « liste de détection d'activité », laquelle ne prend pas en compte ces restrictions légales, d'où la multiplication des erreurs. Résultat constaté par le tribunal FISA : en 2012, la base de données a été interrogée sans discernement puisqu'il n'y a eu que 1 935 interceptions légales (RAS), contre 15 900 illégales. Dans ce cas précis, le juge Reggie Walton a rédigé une note se plaignant que la NSA violait son propre règlement et qu'elle était, en plus, incapable de coordonner ses logiciels pour faire cesser ce dysfonctionnement [45].

Indépendamment du fait que la NSA, en alimentant Prism, mélange communications nationales et communications internationales, les usagers ont surtout retenu des révélations d'Edgard Snowden la servilité d'opérateurs télécom et Internet en qui ils avaient jusque-là confiance. Dire que leurs patrons n'ont guère apprécié d'être mis au pilori aux côtés de la NSA par l'opinion publique est un euphémisme : ils sont entrés dans une rage folle, arguant que la presse avait exagéré en présentant la NSA comme étant « branchée » en permanence sur leurs activités. Mais le plus frustrant pour eux a été que la loi leur interdise de se défendre en donnant des informations factuelles et des chiffres sur le nombre de requêtes du gouvernement. C'est pourquoi ils ont saisi la justice pour que cette interdiction soit levée et, sans attendre, ils ont engagé une campagne de communication musclée où une partie de leur frustration n'a pas tardé à se révéler.

Il leur fallait d'abord se justifier. La séduisante Marissa Mayer, présidente de Yahoo !, interpellée lors de la conférence Techcrunch de San Francisco sur son silence face aux initiatives de la NSA, n'a pas hésité à dramatiser : « Révéler des informations secrètes est considéré comme une trahison et vous êtes mis en prison [46]. » Quant à Mark Zuckerberg, le charismatique patron de Facebook, il a estimé que le gouvernement américain s'était trompé en privilégiant les impératifs de sécurité par rapport au respect de la vie privée. Il a ajouté, rageur : « La réponse du gouvernement a été : "Ne vous inquiétez pas, nous n'espionnons pas les Américains." C'est merveilleux, cela va sûrement aider les entreprises qui essaient de vendre leurs services dans le monde, cela va sûrement susciter la confiance envers les entreprises américaines de l'Internet [47]... » Sans même attendre d'autorisation, Yahoo ! a publié quelques chiffres donnant un ordre d'idée de l'ampleur des demandes de la NSA. Ainsi, pour la France, en 2012, Yahoo ! France a dû communiquer sur 2 373 comptes et a rejeté 324 réquisitions. Certains ont félicité Yahoo ! de cet effort de transparence, d'autres rappelé que l'entreprise avait toujours refusé d'installer un cryptage par défaut de ses e-mails qui soit robuste.

Finalement, déjà traumatisés par la révélation que la NSA les oblige avec Prism à communiquer les données de clients qu'elle considère comme suspects, les dirigeants de Google et de Yahoo ! vont découvrir à la lecture de nouveaux documents publiés par le *Washington Post* [48] du 30 octobre 2013 que l'agence a également monté un ambitieux programme d'interception directe de leurs données par le piratage de leurs réseaux privés de fibre optique. Dans un rapport Top Secret du 9 janvier 2013, la NSA se félicite d'avoir, en trente jours, intercepté 181 280 466 échanges sur les serveurs de Yahoo ! et de Google. Le nom de ce programme : Muscular. David Drummond, directeur juridique de Google, se dit « indigné », affirmant en substance que son entreprise serait plus aujourd'hui une victime du gouvernement américain qu'un complice de ses activités douteuses.

Reste maintenant aux groupes américains de l'Internet à faire front commun pour obtenir que Barack Obama fasse cesser ces piratages qui leur portent un immense préjudice commercial puisqu'ils perdent la confiance de leurs utilisateurs. Début novembre 2013, Google, Apple, Microsoft, Facebook, Yahoo ! et AOL ont ainsi écrit une lettre commune à des responsables des commissions de la justice de la Chambre et du Sénat pour leur demander un meilleur contrôle sur la NSA [49].

Des « métadonnées » très précieuses pour la NSA

Le stock d'informations capturé par Upstream et Prism est tel qu'il est évidemment impossible aux agents de la NSA d'analyser tous les contenus des échanges. En revanche, l'observation de leurs contenants, ou « métadonnées », constitue une ressource très précieuse pour la NSA. Leur analyse permet non seulement d'opérer un premier tri, mais aussi d'obtenir des informations qu'il ne serait pas possible de récupérer en ne s'intéressant qu'au contenu. En septembre 2013, Edward Felten, éminent professeur d'informatique de l'université de Princeton que nous avons déjà cité, en a donné un brillant témoignage devant le tribunal de New York en soutien de la plainte déposée par l'American Civil Liberties Union (ACLU) contre les activités de la NSA [50].

Supposons, a expliqué Felten, qu'une jeune femme appelle son gynécologue, puis immédiatement après sa mère, puis un homme que, dans les derniers mois, elle a appelé plusieurs fois tard le soir, et enfin un centre de planning familial qui propose des avortements : par l'interprétation rapide des métadonnées de ces appels, le drame qu'elle vit est immédiatement connu. Sur un plan plus politique, l'analyse des métadonnées d'une association de défense des libertés comme l'ACLU permet de comprendre qui y fait quoi, ses contacts dans les médias et au gouvernement. Et si un membre du gouvernement commence à contacter des journaux, une association comme l'ACLU ou un avocat, les autorités peuvent repérer immédiatement un futur lanceur d'alerte, avec les conséquences qu'on imagine...

Pour les espions, les métadonnées présentent l'extraordinaire avantage d'être directement exploitables informatiquement, puisqu'elles sont conçues par les opérateurs pour l'émission automatisée de factures recensant tout appel téléphonique ou envoi de message. Quel qu'en soit l'objet (communication téléphonique, SMS, courriel, *chat*, requête Internet, géolocalisation...), elles peuvent dès lors être fusionnées, permettant aux agents de schématiser, diagrammes à l'appui, les réseaux entre individus, d'identifier qui communique avec qui, d'enrichir le profilage des personnes surveillées et de cibler de nouveaux suspects.

Et le nombre de ces métadonnées collectées est impressionnant : Edward Felten a ainsi rappelé que les documents fournis par Edward Snowden prouvent que, depuis 2006, la NSA récolte auprès de trois grands opérateurs américains, AT&T, Verizon et Sprint, toutes les métadonnées des appels téléphoniques entrant, sortant ou passant par les États-Unis. Comme on y compte quelque 3 milliards d'appels chaque jour et que chacun d'eux produit en moyenne près de 50 octets de données,

14 gigaoctets intègrent quotidiennement la base de données de la NSA et 50 téraoctets chaque année, soit l'équivalent de… 25 milliards de pages de texte. Aujourd'hui, la capacité de stockage et d'analyse de ces immenses silos de données ne pose plus de problèmes techniques, et c'est pourquoi, expliquait Felten, la force de frappe de la NSA est devenue si dangereuse pour la vie privée des simples citoyens, aux États-Unis comme dans le reste du monde.

Pour mieux cibler les individus qui pourraient l'intéresser, l'agence dispose de listes de personnes à surveiller indexées par un niveau d'importance lié à leur activité supposée [51]. Ces listes, établies par la communauté du renseignement, peuvent être alimentées par des sources humaines, des interceptions ou par la surveillance de sites hostiles. Les résultats des interceptions sensibles les concernant sont ensuite classés en plusieurs catégories : contre-prolifération (nucléaire), contre-terrorisme, diplomatie, économie, militaire, vie politique et intentions des pays. Autre domaine suivi de très près par la NSA : les activités commerciales associées aux technologies dites « duales », pouvant avoir un rôle à la fois civil et militaire — une surveillance évidemment redoublée quand cette activité concerne un pays hostile aux États-Unis. Certains produits chimiques, les superordinateurs, l'informatique de transmission ou la télémétrie sont ainsi dans le collimateur, tout comme les technologies liées à la prolifération nucléaire ou aux missiles [52]. Grâce à Edward Snowden, on dispose d'une cartographie très intéressante de ces activités d'interception de la NSA dans le monde en mars 2013 : il en ressort que l'Iran est le pays le plus surveillé avec… 14 milliards de documents récoltés ce mois-là, suivi du Pakistan, de la Jordanie, de l'Égypte et de l'Inde (6,3 milliards de documents) [53].

Et on a appris également que la collecte frénétique de données individuelles par la NSA peut lui servir aussi à des opérations d'« action psychologique ». En témoigne par exemple le mémo ultrasecret de la NSA d'octobre 2012 fuité par Edward Snowden et révélé en novembre 2013 par le *Huffington Post*, faisant état de la surveillance de l'activité Internet de six personnalités musulmanes radicales vivant hors des États-Unis [54]. Le but : rechercher notamment si ces personnes consulteraient des sites pornographiques, information qui pourrait être utilisée pour les déconsidérer aux yeux de leur communauté. Ce type d'informations compromettantes est également utilisé pour exercer un chantage ou favoriser le recrutement d'un collaborateur. Où l'on voit que la NSA se situe là dans la triste tradition du KGB et du FBI — lequel a espionné pendant des années la vie sexuelle des militants anti-apartheid, comme Martin Luther King…

XKeyscore, un gigantesque programme de recherche sur le Web

Parmi les outils de surveillance de la NSA, le programme secret XKeyscore semble bien être l'un des plus efficaces. Révélé en juillet 2013 par Glenn Greenwald dans le *Guardian*[55], il surveille en temps réel dans le monde entier les courriels, l'utilisation des réseaux sociaux ou toute autre action effectuée sur Internet, afin de pouvoir ensuite remonter vers tel ou tel internaute ciblé. Pas besoin de « sélecteur » pour s'y retrouver : XKeyscore permet à l'agent de la NSA qui l'utilise de naviguer dans ce flux d'informations de façon aussi simple que le fait un internaute sur un moteur de recherche, lui permettant d'accéder par exemple aux échanges de courriels d'une cible sur une période donnée. Le nombre de réponses pouvant être extrêmement important, la NSA demande à ses analystes d'effectuer les recherches les plus fines possible, en s'appuyant par exemple sur une liste de suspects à surveiller.

Plus étonnant : XKeyscore est capable de trouver des criminels ou des terroristes jusque-là inconnus des services de renseignement, en décelant dans le trafic Internet ce que les analystes nomment des « anomalies », par exemple lorsqu'une recherche est effectuée dans une langue donnée dans un pays où elle est peu utilisée. Mais ce qui a le plus révolté les défenseurs des libertés sur le Web, c'est que XKeyscore peut livrer la liste des personnes utilisant des logiciels d'encryptage des données, qui sont aux yeux des agents de potentiels suspects d'activités illégales. En 2008, selon le document interne de la NSA révélé par le *Guardian*, ce programme aurait permis d'arrêter trois cents terroristes[56]. Ces derniers ont, pour certains, été identifiés par un logiciel spécifique nommé Wealthycluster[57]. Il existe d'autres logiciels d'interprétation par type d'interception : Lopers pour la téléphonie fixe, Juggernaut pour la téléphonie mobile tout comme Drtbox, qui renvoie à un récepteur spécialisé réalisé par la firme américaine DRT, filiale de Boeing.

Sous le nom générique de Boundless Informant sont rassemblées toutes les métadonnées recueillies par la division Global Access Operations de la NSA, grâce à des stations d'interception de données Internet situées aux États-Unis comme DS-300 (nom de code Incenser). La majeure partie des interceptions de câbles sous-marins est opérée en Grande-Bretagne par le GCHQ (station DS-200B, nom de code Muscular[58]) — nous y reviendrons au chapitre suivant. Ces données sont analysées par un logiciel spécifique nommé Turmoil. Quand l'opérateur dispose d'informations précises sur sa cible (nom, adresse e-mail ou numéro de téléphone), il peut utiliser un autre outil de recherche, nommé Trafficthief[59]. La NSA dispose également d'une application nommée Treasure Map, qui lui permet d'obtenir la géolocalisation instantanée de n'importe quel dispositif relié à Internet, partout dans le monde. Par ailleurs, des serveurs de données sans indication de leurs vrais utilisateurs sont utilisés aux quatre coins de la planète, sous le nom de code Packaged Goods [60].

Reposant sur un réseau de quelque cinq cents serveurs disséminés dans le monde — y compris en Russie, en Chine ou au Vénézuela —, XKeyscore est alimenté par trois sources principales : le Special Collection Service (SCS, cette unité commune à la NSA et à la CIA déjà évoquée au chapitre précédent), Fornsat (Foreign Satellite Collection, qui intercepte les informations satellites des autres pays) et Special Source Operations (SSO, la branche de la NSA qui s'occupe des autres données, notamment celles captées par Prism). Une fois les données collectées, les renseignements non prioritaires sont envoyés aux centres de XKeyscore pour une durée de trois ou trente jours *via* un réseau ultrasécurisé, le Joint Worldwide Intelligence Communication System (JWICS), tandis que les interceptions urgentes sont envoyées au siège de la NSA, dont l'Intranet est lui aussi très sécurisé. La plupart de ces données sont à un niveau de classification plus élevé que Top Secret : elles disposent alors d'une indication supplémentaire de limitation de diffusion (SCI, pour Sensitive Compartmented Information, ou SAP, pour Special Access Program) et ne sont accessibles que sur le réseau crypté des cent cinquante sites internes de la NSA [61].

Toujours grâce au *Guardian* et aux « documents Snowden », on sait aussi que les métadonnées collectées par la NSA sont stockées dans deux bases de données principales : Marina et Mainway. La première conserve tout le trafic Internet des « cibles » écoutées par l'agence, de l'historique de leurs consultations à leurs courriels en passant par leur activité sur les réseaux sociaux, et peut établir un récapitulatif de leur activité sur une durée d'un an [62]. Quant à Mainway, un mémo interne de la NSA indiquait que, en 2011, elle intégrait chaque jour 700 millions de communications téléphoniques, quantité augmentée à partir d'août 2011 de 1,1 milliard d'enregistrements quotidiens supplémentaires par l'intermédiaire d'un opérateur téléphonique, sans doute ATT [63].

Selon le *Washington Post* [64], un autre programme, appelé Nucleon, permet d'intercepter des appels téléphoniques en effectuant un filtrage par mots-clés prononcés, ce qui jette un nouvel éclairage sur les capacités de la NSA et la façon dont le Département de la Justice américain a « interprété les lois fédérales de surveillance pour permettre à des milliers d'analystes de base d'écouter les appels téléphoniques [65] ». Parmi bien d'autres, les citoyens français ont été victimes de ces interceptions téléphoniques, comme l'a révélé Glenn Greenwald dans *Le Monde* en octobre 2013 [66].

Nous reviendrons dans le chapitre 11 sur les conséquences techniques, géopolitiques et économiques de cette invraisemblable boulimie d'espionnage qui a saisi depuis la guerre froide et — surtout — depuis le 11 Septembre les chefs et les agents de la NSA américaine. On comprendra mieux, dans la troisième partie de ce livre, à quel point, dès l'origine, ils ont « pourri » de l'intérieur les fondements libertaires du Web et de l'Internet (y compris dans sa dimension marchande). Mais, auparavant, on ne peut conclure cette partie consacrée à la construction secrète par la NSA, depuis les années 1950, d'un nouvel « empire du secret » à l'échelle mondiale sans préciser le rôle majeur joué dans cette entreprise — parfois chaotique — par l'allié historique des États-Unis, le Royaume-Uni.

10

Le GCHQ, fidèle allié anglais de Washington

« Ce n'est pas seulement un problème américain : le Royaume-Uni joue également un rôle considérable dans cette affaire. Ils [les hommes du GCHQ] sont pires que les Américains », a déclaré Edward Snowden au *Guardian* lors de ses premières révélations [1]. Ainsi, le 1er août 2013, un article du quotidien britannique révélait que, depuis 2009, la NSA avait subventionné le GCHQ (Government Communications Headquarters, Quartier général des communications du gouvernement) à hauteur d'au moins 100 millions de livres (119 millions d'euros) [2]. Si l'importance de ce montant laisse songeur, les relations privilégiées en matière de renseignement entre le Royaume-Uni et les États-Unis ne sont guère surprenantes, car elles sont fort anciennes.

Le *secret treaty* UKUSA de 1947

Pour comprendre l'importance actuelle du GCHQ dans le dispositif planétaire d'interceptions des télécommunications de la NSA, il faut revenir un siècle en arrière, lorsque l'agence de renseignement britannique voit le jour, au lendemain de la Première Guerre mondiale. En 1919, Lord Curzon, directeur de cabinet de la commission des services secrets britanniques, tire les conséquences de la Première Guerre mondiale [3]. Deux agences distinctes sont alors en charge de l'acquisition, l'analyse et l'interprétation des renseignements d'origine électromagnétique (Sigint), soit principalement à cette époque les communications par radio, radar et télémétrie. Le Ml1b est rattaché à l'armée, tandis que le NID25 rend des comptes à la marine. Dans le souci de rationaliser et de rendre leurs travaux plus cohérents, Lord Curzon charge Hugh Sinclair, le directeur du renseignement naval de l'époque, de fonder une agence unique. L'ancêtre du GCHQ, la GC&SC (Governement Code and Cypher School, l'école de cryptographie britannique) est née ; elle est alors animée par une petite trentaine d'officiers de renseignement.

Durant la Seconde Guerre mondiale, l'agence va sensiblement élargir ses effectifs, jusqu'à accueillir 10 000 personnes dans ses locaux, sis depuis 1939 à Bletchey Park (Buckinghamshire). Dès 1941, Anglais et Américains entament une collaboration étroite en matière d'écoutes et de renseignement d'origine électromagnétique. La GC&CS aura une influence décisive dans la victoire des Alliés : en déchiffrant le code Enigma — nom donné à l'outil d'encryptage des messages nazis —, elle évitera aux bâtiments américains et britanniques bien des déconvenues face aux sous-marins allemands dans l'Atlantique Nord. Elle leur permettra également de suivre à distance le déploiement des troupes allemandes en Europe et de prévoir les raids aériens de la Luftwaffe sur les villes anglaises.

Forte de ces hauts faits d'armes cryptographiques, l'agence britannique — qui, pour tromper l'Axe, s'était rebaptisée GCHQ aux premières heures de la guerre — s'attachera ensuite à inventer de nouveaux moyens d'assurer le secret des télécommunications et partagera les fruits de son expertise et de ses interceptions avec divers services de l'État (armée, justice...). Dans le même temps, ses liens se renforcent avec ses homologues américaines, formalisés en 1947 par la signature du *secret treaty* (traité secret) UKUSA (pour Royaume-Uni/États-Unis), visant à améliorer l'efficacité de leurs échanges pour l'interception des communications au sein du bloc soviétique — un acronyme qui passait toutefois sous silence les trois autres États impliqués dans cette alliance technico-politique (Canada, Australie et Nouvelle-Zélande), constituant avec les deux premiers les « *five eyes* » (cinq yeux). Pendant près de trente ans, l'existence même du GCHQ et de l'accord UKUSA demeurera, sinon réellement secrète, du moins relativement confidentielle, étant largement ignorée des médias et des spécialistes jusqu'au jour de 1976 où un jeune journaliste écossais, tout juste sorti de l'université, les rendra publiques.

1976 : les premières révélations de Duncan Campbell, un jeune universitaire britannique très curieux

En 1976, Duncan Campbell a vingt-trois ans. Jeune scientifique surdoué, cet enfant de la guerre froide est déjà titulaire d'un doctorat en physique de l'université d'Oxford [4]. Moins attiré par le confinement des laboratoires de recherche que par l'investigation journalistique, ce fils de cryptographe — sa mère a passé l'essentiel de la Seconde Guerre mondiale à « casser des codes » nazis à Bletchey Park — décide de se lancer dans une carrière de journaliste indépendant. Pendant son doctorat, il s'étonne de la présence croissante d'antennes radio et de stations satellitaires dans la campagne anglaise. Sitôt son diplôme en poche, il travaille pour le quotidien *Evening Standard* et enquête sur ces fameuses stations radio qui l'ont tant intrigué, de concert avec Mark Hosenball, vingt-cinq ans, fils d'un avocat américain exerçant à Washington.

Après un mois d'enquête, les deux jeunes journalistes publient en mai 1976 dans le magazine londonien *Time Out* un article retentissant, « The Eavesdroppers » (littéralement : « ceux qui écoutent aux portes ») [5]. Exposant par le menu les activités secrètes d'écoute et d'espionnage menées conjointement en Grande-Bretagne, depuis 1947, par la NSA et le GCHQ, ce reportage commence ainsi : « La plus vaste organisation d'espionnage britannique n'est pas le MI5 ou le MI6, mais un réseau de renseignement électronique géré [...] en partenariat avec l'énorme NSA américaine pour intercepter et décrypter les communications dans le monde entier. »

Ce scoop « gauchiste » — selon les mots de l'époque — sera évidemment fort mal perçu par les hommes de l'ombre du GCHQ et provoquera un bouleversement durable des méthodes du renseignement anglo-saxon, alors même qu'il procédait d'un travail d'investigation très classique. En effet, les deux lanceurs d'alerte se sont contentés d'éplucher des « documents publics, livres, textes officiels, informations parues dans *Wired*, le magazine de la Royal Signal Association, et des interviews de personnalités telles Winslow Peck, un ancien agent de la NSA [6] ». Tous les documents consultés avaient donc fait l'objet de publications officielles ou de conférences publiques. Néanmoins, en croisant ces informations, Mark Hosenball et Duncan Campbell étaient parvenus à mettre au jour le fonctionnement interne des services de renseignement anglo-américains dédiés au renseignement électromagnétique.

Trois services distincts se partagent alors le travail : l'Elint, en charge de l'interception des messages destinés aux satellites et aux missiles ; le Radint, de l'interception des signaux radar ; et le Comint (de loin le plus important), de l'interception de tous les messages radio, militaires comme civils. Révélation plus sensible encore, l'article de *Time Out* rend compte des nouvelles techniques de contre-terrorisme des services secrets britanniques en Ulster (Irlande du Nord). En effet, en 1976, la branche armée de l'IRA (Irish Republican Army, l'Armée républicaine irlandaise, divisée depuis 1969 en une branche « Official », politique et relativement inactive, et une branche « Provisional », milicienne et armée) avait commencé à utiliser des bombes à mise à feu télécommandée. « Avant de placer une bombe, le signal radio doit être testé et si les services d'écoute peuvent capter le signal, ils peuvent, en le piratant, faire exploser la bombe prématurément [7]. » Autant dire que cette révélation n'a pas été du goût de tout le monde au MI5, les services secrets britanniques chargés de la sécurité intérieure.

Mark Hosenball en fera d'ailleurs les frais peu de temps après. Au terme d'un procès équivoque — dont les charges retenues *in fine* contre lui demeureront à jamais secrètes —, le jeune Américain accusé d'atteinte à la sécurité de l'État est expulsé de Grande-Bretagne par le ministre de l'Intérieur. Duncan Campbell, qui n'a pas ménagé ses efforts pour éviter l'expulsion de son ami, échappe pour sa part à toute inculpation, car l'accusation échoue à démontrer qu'il a utilisé d'autres sources que des informations accessibles à tous. Mais Campbell reste dans le collimateur des services secrets. Et, quelques mois plus tard, lorsqu'il tentera de recueillir de nouvelles informations auprès d'un ancien officier du renseignement anglais, il sera immédiatement interpellé.

En février 1977, Crispin Aubrey, un journaliste écologiste de *Time Out*, convie Duncan Campbell à un rendez-vous qui aurait dû rester secret avec John Berry, ancien caporal du Sigint britannique en poste dans une station d'écoute à Chypre et qui a quitté l'armée depuis sept ans. Il vient d'adresser au comité de soutien de Mark Hosenball une lettre où il se décrit comme un ancien membre « d'une organisation qui dépense de grosses sommes d'argent en l'absence totale de contrôle public [8] ». La lettre arrive entre les mains d'Aubrey, qui invite Campbell à venir vérifier les dires de ce mystérieux caporal à la retraite : « Je veux que tu me dises si c'est un menteur », explique-t-il par téléphone à son collègue.

Le 18 février, les trois hommes — A, B et C, comme les surnommeront les services secrets : Crispin Aubrey, John Berry, Duncan Campbell — se retrouvent dans l'appartement de John Berry. Ce dernier décrit le quotidien d'un officier du renseignement électromagnétique, consistant à tendre une oreille indiscrète dans des conversations radio privées, des révélations qui n'ont rien de particulièrement sensible. Berry confirme aussi que sa station d'écoute interceptait les communications d'autres pays membres de l'OTAN, autre secret de Polichinelle. Après trois heures d'entretien, les deux journalistes, un peu déçus, s'apprêtent à repartir, lorsque treize soldats des forces spéciales (Special Branch) pénètrent dans l'appartement et arrêtent les trois hommes pour violation de l'*Official Secrets Act* (loi de 1911 sur les secrets officiels). En effet, Duncan Campbell avait été mis sur écoute par le MI5 peu de temps après la parution de son article sur Echelon.

Après quarante-deux heures de détention, les trois hommes sont écroués et inculpés pour violation de la section 2 de l'*Official Secrets Act* — qui punit toute personne divulguant des informations à caractère « officiel », qu'elles soient ou non secrètes [9]. Durant cette détention, la police perquisitionne le domicile de Campbell et découvre neuf cents pages de documents considérés d'emblée par les enquêteurs comme « directement ou indirectement » utilisables par un ennemi potentiel [10]. Cette découverte permet à la justice britannique d'inculper Duncan Campbell au titre d'un autre chef d'accusation, la violation de la section 1 de l'*Official Secrets Act*, interdisant de collecter des informations sur le système de communication de la défense nationale. La justice, au demeurant, ne se souciera jamais du fait que ces documents avaient tous fait l'objet de publications antérieures. Au terme de leur procès, reconnus coupables, Duncan Campbell et Crispin Aubrey seront condamnés puis remis en liberté conditionnelle, tandis que John Berry écopera d'une suspension de solde de six mois pour avoir enfreint son « devoir de réserve ».

À travers ce procès, c'est l'essence même du journalisme d'investigation qui fut alors remise en cause par le gouvernement et la justice britanniques. Pourtant, l'exposition médiatique de cette affaire eut le mérite de révéler le caractère profondément liberticide de l'*Official Secrets Act*. Comme l'expliqua en 1978 Dennis McShane (du NUJ, le syndicat britannique des journalistes) au journaliste de *Libération* Jean-Pierre Gené, « s'il avait existé aux États-Unis un *Official Secrets Act*, Richard Nixon serait [resté] Président et les journalistes du *Washington Post* [auraient été mis] en prison [11] ».

Echelon, la découverte d'un système de surveillance mondial

Duncan Campbell aurait sans doute pu s'en tenir là, prendre acte des risques qu'il encourait à révéler publiquement les petits secrets des services de renseignement de Sa Majesté et s'engager dans un labeur moins polémique et anxiogène. C'était sans compter sur sa ténacité et son goût de l'investigation. En juin 1980, il publie un article intitulé « Thatcher bugged by her "closest ally" » dans le *New Statesman* — journal pour lequel il travaillera de 1978 à 1991 — et dévoile l'existence du Project Wideband Extraction, un projet d'interception sur ondes longues dirigé par la NSA, aux frais, notamment, du gouvernement britannique. Trois ans après ses révélations sur le système d'écoute mondial UKUSA et l'omnipotence britannique en matière de renseignement électromagnétique, c'est l'inverse qu'il dénonce : non plus la puissance du gouvernement, mais ses faiblesses, son incurie même. Le Royaume-Uni, révèle-t-il, espionne certes le reste du monde, mais il est lui-même espionné. Et par son plus proche allié : les États-Unis.

On apprend ainsi que la NSA dispose d'une station d'écoute à Menwith Hill dans le Yorkshire, où elle surveille les communications de son propriétaire, à savoir... le gouvernement britannique lui-même. L'information figurait dans un rapport secret américain de 1975, le rapport Fink, remis au House Committee on Government Operations and Individual Rights et dont Duncan Campbell révèle une partie : « La NSA surveille le trafic de certains pays, dont la Grande-Bretagne, notre plus proche allié. La surveillance des communications du gouvernement a été confirmée par un ancien employé de la station de Vint Hill Farms. La station disposait d'un ensemble d'équipements et d'une équipe dont l'unique objet consistait à collecter et analyser les communications britanniques interceptées [12]. »

Vint Hill Farms est une base militaire de l'US Army Security Agency (agence de l'armée américaine en charge de la sécurité) située aux États-Unis, dans les environs de Warrington (Virginie). Depuis juillet 1969, elle collecte des renseignements en provenance du monde entier, en particulier d'Europe. Ils lui sont envoyés soit par satellite, soit par bandes magnétiques acheminées par avion. En sus de sa station de Menwith Hill, la NSA dispose de stations d'interception des appels téléphoniques, télex et télégrammes en Allemagne, en Italie, au Maroc et en Espagne. De sa station de Baumholder à Berlin et de celle de Gablingen près d'Augsburg, elle surveille les communications de la RFA (République fédérale d'Allemagne). De Trévise et de Brindisi, elle espionne le gouvernement italien et ceux de plusieurs pays du pourtour méditerranéen — aux communications desquels elle a accès en écoutant les câbles sous-marins. Enfin, de Sidi Yahia près de Rabat, elle espionnait la France, jusqu'à ce que la station déménage à Rota en Espagne.

Une fois encore, Duncan Campbell a eu accès à toutes ces informations par un biais on ne peut plus légal. Le rapport Fink avait en effet été publié anonymement en 1978 lors d'auditions sur le nouveau projet de loi concernant la surveillance du renseignement extérieur (*Foreign Intelligence Surveillance Act*). Ces nouvelles révélations ne feront l'objet d'aucune dénégation (ni d'aucune confirmation, cela va sans dire) de part et d'autre de l'Atlantique. Et Duncan Campbell n'en restera pas là. En 1988, il se rappelle au bon souvenir des services de renseignement britanniques avec un nouvel article retentissant publié dans le *New Statesman*. Intitulé « Somebody's listening [13] » (Quelqu'un écoute), qui s'ouvre sur une assertion percutante, donnant d'emblée le ton polémique de l'article : « Somebody's listening and they don't give a damn about personal privacy » (Quelqu'un écoute et ils se moquent éperdument de la protection des données personnelles). Le journaliste décrit alors le fonctionnement d'un nouveau système de surveillance des communications mondiales, nommé Echelon. Ce système s'inscrit dans le cadre du programme P415, qui améliore grandement les capacités d'espionnage des *five eyes*, que ce soit en amont, dans l'interception proprement dite des messages, télégrammes et appels téléphoniques ou, en aval, avec le traitement et l'analyse de ces données. Echelon constitue ainsi l'ultime avatar technologique de l'alliance UKUSA contractée en 1947 par les États-Unis, le Royaume-Uni, le Canada, l'Australie et la Nouvelle-Zélande. Duncan Campbell reconnaît à ses protagonistes le privilège d'avoir su « anticiper que la surveillance électronique des communications continuerait d'être la forme la plus importante du renseignement dans la période d'après guerre, comme elle l'avait été durant la Seconde Guerre mondiale [14] ».

Pour couvrir le monde entier, les cinq membres historiques du réseau se sont vu attribuer des zones d'espionnage. Au Canada, le Communications Security Establishment (CSE) supervise l'interception des télécommunications du nord de l'URSS et d'une partie de l'Europe. En Australie, le Defence Security Directorate (DSD) couvre la partie orientale de l'océan Indien, l'Asie du Sud-Est et une bonne partie du Pacifique Sud, grâce à ses stations de Geraldton et de Pine Gap — une base située en plein désert où le personnel américain envoyé par la NSA noie son ennui dans la bière. La Nouvelle-Zélande s'occupe des régions asiatiques et pacifiques laissées vacantes par son voisin australien. À cet effet, le General Communications Security Bureau (GCSB) néozélandais a placé la base de Waihopai, d'où sont menées ses opérations d'interception, sous commandement du GCHQ britannique. La NSA et le GCHQ se partagent enfin le reste du monde. Le GCHQ, qui compte alors près de 15 000 opérateurs et reçoit 500 millions de dollars par an — le journaliste estime qu'il constitue « de loin la plus forte composante du renseignement britannique » —, espionne l'Europe, l'Afrique et l'Union soviétique jusqu'à l'Oural ; la NSA, le reste de l'URSS et l'essentiel du continent américain. On apprend par ailleurs que d'autres États ont rallié l'alliance à titre de « membres tiers » : l'Allemagne, le Japon et même… la République populaire de Chine, qui espionne son voisin russe à travers deux stations sino-américaines secrètes situées dans la province ouighour du Xinjiang. D'autres pays se joindront à l'alliance dans les années 1990, comme la Norvège, le Danemark, la Suède, la Corée du Sud et la Turquie.

Par-delà l'espionnage extérieur mondialisé permis par le système Echelon, on découvre également que les États-Unis et le Royaume-Uni, les deux principaux instigateurs du programme P415, s'espionnent mutuellement. Dans son article précité de 1980, « Thatcher bugged by her "closest ally" », Duncan Campbell avait bien montré que les écoutes de l'un, les États-Unis, pouvaient s'opérer au détriment de l'autre, l'Angleterre. Mais ce n'était pas toujours le cas : la NSA a également sollicité à de nombreuses reprises les capacités d'écoute du GCHQ britannique pour espionner ses propres citoyens, comme cela avait notamment été le cas, on l'a vu, à l'encontre les opposants à la guerre du Viêt-Nam (voir *supra*, chapitre 7). Ces pratiques d'acquisition de renseignements « par la porte de derrière » (*back door intelligence*) avaient pourtant été interdites à la fin des années 1970 par le président Jimmy Carter et étaient donc devenues totalement illégales au regard du droit américain.

En 1988, l'article de Duncan Campbell pointait à nouveau du doigt la station britannique de Menwith Hill, dirigée par des officiers de la NSA, comme un maillon essentiel du système d'espionnage intérieur américain : 1 200 personnes, dont deux tiers d'Américains, y espionnaient en toute impunité la population des États-Unis, à travers des programmes dispendieux comme Silkworth (surveillance radio), Moonpenny et Steeplebush (surveillances satellitaires).

La reconversion du GCHQ dans les années 1990 : maîtriser Internet !

Vingt ans plus tard, force est de constater que les révélations de Campbell n'ont pas empêché l'extension impressionnante du système d'espionnage clandestin du Royaume-Uni au service de son allié américain, qu'il avait dénoncé à l'époque. Depuis juillet 2008, le GCHQ est dirigé par Sir Iain Lobban. Diplômé en langues de l'université de Leeds, celui-ci a rejoint le service de renseignement en 1983. Il a occupé diverses fonctions dans l'agence avant d'intégrer son conseil d'administration en 2001, puis d'en devenir directeur en 2008. À ce titre, il doit rendre des comptes au Joint Intelligence Committee (Comité conjoint du renseignement), qui centralise les informations des différents services de renseignement britanniques (MI5, MI6, DIS — le service de renseignement de la Défense — et GCHQ) et produit une synthèse quotidienne à l'attention du Premier ministre. Par ailleurs, Iain Lobban siège aux London Signals Intelligence Board (LSIB) et

London Signals Intelligence Committee (LSIC), qui dirigent la politique en matière de renseignement électromagnétique.

En 1998, le conseil d'administration du GCHQ était constitué de six directeurs exécutifs et deux directeurs non exécutifs — répartition des rôles incertaine à l'heure actuelle. Ces derniers avaient pour mission d'administrer les quatre grandes branches de l'agence :

— « Sigint Missions » (missions de renseignement d'origine électromagnétique), qui comporte les sous-divisions maths et cryptanalyse, technologies de l'information et systèmes informatiques, linguistique et traduction, ainsi que l'unité d'analyse du renseignement ;

— « Enterprise », qui coiffe les sous-divisions de la recherche appliquée et des technologies émergentes, de la biométrie, de la gestion des connaissances et des systèmes d'information, ainsi que les relations avec les fournisseurs et sous-traitants commerciaux ;

— « Corporate management », qui comprend les ressources humaines, l'audit interne et l'équipe d'architecture SINEWS (Sigint New Systems) ;

— « Communications-Electronics Security Group » (CESG), chargé de la sécurité de l'information.

Selon le *Guardian*, les effectifs du GCHQ s'élevaient en 2013 à 6 100 personnes [15], dont 85 % travaillent sur le site de Cheltenham, un immense bâtiment circulaire évidé en son centre — et de ce fait surnommé le « Doughnut » (beignet) —, à l'architecture et aux équipements ultramodernes. Le GCHQ y a emménagé en 2003 ; c'était alors le plus grand bâtiment construit en Europe. Le reste du personnel est réparti entre les stations de Bude dans les Cornouailles (au sud-ouest de l'Angleterre) et Scarborough, dans le Yorkshire du Nord.

Le budget annuel du GCHQ est d'1 milliard de livres (1,2 milliard d'euros), sur une enveloppe totale de 1,9 milliard de livres (2,3 milliards d'euros) pour le renseignement ; sur les 650 millions de livres (772 millions d'euros) consacrés à la cyberdéfense, la moitié reviendrait au GCHQ [16]. Ce montant lui permet d'assurer la pérennité de ses missions de cyberdéfense, de lutte contre le terrorisme — véritable paravent, nous le verrons, d'activités autrement plus controversées — et de guerre économique. Les principaux destinataires des renseignements ainsi collectés sont le gouvernement lui-même, le service de la sécurité intérieure (MI5), le renseignement extérieur (MI6) et la Serious and Organised Crime Agency (SOCA, agence en charge du crime organisé [17]).

À l'aube du XXIe siècle, le GCHQ a dû se réinventer et s'adapter aux nouvelles technologies de l'information et de la communication, car la démocratisation massive d'Internet dans les années 1990 a bouleversé les pratiques d'échange d'informations. Pour communiquer, le grand public a accès à d'innombrables services (logiciels partagés, plates-formes collaboratives, réseaux sociaux, etc.), ce qui complique grandement la tâche des services de renseignement, lesquels ne disposent pas en principe des clés de chiffrement assurant la confidentialité de ces échanges. C'est bien pourquoi — nous y reviendrons — les États-Unis et le Royaume-Uni ont fait évoluer leurs législations respectives pour obliger secrètement les opérateurs de ces services à fournir des informations sur leurs clients et, parfois, à ménager des accès privilégiés à leurs réseaux et bases de données, afin d'en « siphonner » les contenus et métadonnées.

Il est désormais loin le temps où les États ne disposaient que de leurs « grandes oreilles » (paraboles, antennes radio...) pour intercepter les messages radio et les signaux satellites. L'heure est désormais aux « grandes pinces crocodile », comme l'écrit *Le Monde* : « L'écrasante majorité des télécommunications mondiales empruntent en effet les quelque deux cent cinquante câbles sous-marins qui sillonnent le globe de long en large [18]. » La vente, à la fin des années 1990, d'une impressionnante station d'écoute radio du GCHQ illustre bien le nouveau primat de la fibre optique sur les modes de communication traditionnels (ondes radio et réseaux satellitaires) : en 1999, Duncan Campbell révélait dans *The Independent* la cession par le gouvernement britannique d'une tour de huit étages — dite ETF (Electronic Test Facility, « installation d'essai électronique ») — située dans le Cheshire, sur la côte occidentale de l'Angleterre, face à l'Irlande [19]. Le GCHQ, expliquait-il, y avait espionné le gouvernement irlandais pendant près de dix ans.

Depuis, le GCHQ a donc mis en place d'ambitieux programmes de surveillance d'Internet et des communications par téléphones portables. Plus qu'une simple mise à jour de ses systèmes d'interception, le programme « maîtrise d'Internet » (MTI, pour Mastering the Internet) a tout d'une profession de foi pour l'agence, qui a investi plus d'un milliard de livres dans ce projet. Qu'ambitionne-t-elle de faire avec Internet ? Rien moins que d'intercepter, conserver et surveiller tout son contenu en temps presque réel. Quand on sait que le volume du trafic Internet mondial avoisinera les 80,5 exaoctets (milliards de milliards d'octets) d'informations échangées par mois en 2015 — soit quatre fois plus qu'en 2010 [20] —, on se demande si ce projet est vraiment réaliste. Pourtant, ses différentes composantes sont bien réelles, à commencer par le programme Tempora — le « plus grand programme de surveillance dans l'histoire de l'humanité », selon Edward Snowden [21] —, qui permet au GCHQ de recueillir chaque jour un volume faramineux de données — quelque vingt et un pétaoctets (soit 21 millions de milliards d'octets).

Tempora est une base de données et un programme de surveillance électronique testé en 2008 et mis en place en 2011 par le GCHQ au double profit de ses services et de la NSA. Il permet l'espionnage d'une grande partie des données et métadonnées qui transitent par le réseau mondial de câbles sous-marins à fibres optiques. Rappelons, à cet égard, que le Royaume-Uni est un *hub* (plate-forme de jonction de différents câbles et réseaux) hautement privilégié dans le réseau mondial ; le GCHQ est ainsi en mesure d'intercepter la quasi-totalité du trafic Europe-Amérique du Nord. En plus d'analyser les courriels, messages Facebook et historiques personnels d'un nombre toujours croissant d'utilisateurs d'Internet, Tempora autorise le stockage des conversations téléphoniques pendant trois jours et des métadonnées relatives à ces appels pendant trente jours.

Les chiffres avancés par les journalistes du *Guardian* à partir des « documents Snowden » laissent pantois quant aux capacités d'interception électronique du GCHQ. En mai 2012, trois cents analystes de l'agence britannique et deux cent cinquante analystes de la NSA se consacraient exclusivement à l'analyse des flux de données interceptées. Ils passaient au crible de leurs outils de reconnaissance vocale quelque 600 millions d'« événements téléphoniques » interceptés chaque jour sur plus de deux cents câbles à fibre optique. Ils seraient par ailleurs en mesure d'analyser le trafic de quarante-six de ces câbles en même temps [22]. Une note interne de 2012 rédigée par un officier supérieur du GCHQ relève que « sur les cinq dernières années, l'accès du GCHQ à la "lumière" [données, dans le jargon des services de renseignement] a augmenté de 7 000 % », et de 3 000 % en ce qui concerne l'analyse des données.

Les programmes Global Telecoms Exploitation et Mobile Project participent aussi de ce programme de surveillance généralisé. Constatant l'explosion du nombre de smartphones dans le monde, une note interne du GCHQ pour la période 2011-2012 préconisait un renforcement rapide des capacités de l'agence en la matière : dans la mesure où 90 % du trafic Internet viendra des téléphones portables en 2015, le GCHQ jugeait nécessaire et urgent de « rattraper son retard » et de pallier ses carences internes [23] — la note précisant qu'à l'heure actuelle « l'exploitation des téléphones mobiles est fragmentée et non coordonnée ».

GCHQ-NSA, une relation d'égal à égale ?

Le GCHQ collabore depuis plus de soixante ans avec la NSA. C'est un fait que ne nierait pas — du moins en privé — l'ancien ministre britannique de l'Environnement et des Transports, Chris Mullin. En effet, comme le stipule son agenda à la date du 6 août 1999, deux responsables du GCHQ sont alors venus lui communiquer des informations classées « Strap 2 (Top Secret) » et issus de cette collaboration. L'un d'entre eux lui a dit froidement : « Il y a des gens avec qui nous négocions qui ne sont pas très civilisés. » Avant d'ajouter : « Remarquez, nous traitons aussi avec des gens très civilisés et nous les espionnons aussi. Les seules personnes que nous n'espionnons pas, ce sont les Américains, les Néo-Zélandais, les Australiens et les Canadiens, avec qui nous formons un petit club et partageons les produits de nos écoutes, cambriolages et pots-de-vin [24]. »

L'entente cordiale entre la NSA et le GCHQ comporte un volet financier actant en quelque sorte une sous-traitance du second pour la première. Comme on l'a vu, en août 2013, le *Guardian* rapportait que l'agence américaine avait versé « au moins 100 millions de livres » à son homologue britannique entre 2009 et 2012 [25] : les informations financières recueillies dans les « portefeuilles d'investissements annuels » du GCHQ font état de transactions à hauteur de 22,9 millions de livres (27,2 millions d'euros) en 2009, 39,9 millions en 2010 — dont 4 millions de livres au titre de son soutien en Afghanistan et 17,2 millions de livres pour le projet Mastering the Internet — et 34,7 millions de livres (41,2 millions d'euros) pour la période 2011-2012. La NSA a également participé à hauteur de 15,5 millions de livres au redéploiement des activités d'interception des câbles sous-marins à Bude dans les Cornouailles et financé de longue date la moitié d'une station secrète du GCHQ située à Chypre, au cœur de la Méditerranée — sous le nom de code Sounder, cette station d'Ayios Nikolaos réalise des interceptions radio et satellites, et d'écoute de plusieurs câbles sous-marins qui transitent par l'île [26]. Le GCHQ dispose enfin de facilités d'interception à Seeb, Thumrait et Masirah en Oman — un pays largement investi par la diplomatie anglaise.

L'axe anglo-américain, renforcé au lendemain de la Seconde Guerre mondiale par l'accord secret UKUSA, connaît ainsi depuis les années 2000 un nouveau développement d'ampleur significative. Reste que les investissements américains exigent d'importantes contreparties opérationnelles, dont le GCHQ peine parfois à s'acquitter. Plusieurs des documents révélés par Edward Snowden illustrent les difficultés du GCHQ à « peser de tout son poids et à être perçu comme pesant de tout son poids [pour] satisfaire aux attentes minimales de la NSA [27] ». En 2011, le GCHQ a donc fourni, bon gré mal gré, 36 % de son renseignement à la NSA. Il se targue même de pouvoir lui faire suivre 100 % de ses informations grâce à l'interopérabilité de leurs systèmes respectifs. Un chiffre à mettre en parallèle avec les quelque 850 000 personnes — personnels de la NSA et sous-traitants — ayant potentiellement accès aux bases de données du GCHQ [28].

L'agence britannique doit donc s'assurer en permanence qu'elle contribue « à un niveau approprié » aux demandes de son partenaire américain, au risque que ce dernier ne réduise ses investissements. Une exigence d'autant plus pressante pour les renseignements britanniques que le gouvernement de Sa Majesté a réduit leur budget de 40 millions de livres entre 2010 à 2013 — de 1,92 à 1,88 milliard — et les a contraints à économiser 220 millions de livres sur des programmes existants. Sans compter une diminution des effectifs : entre 2009 et 2013, 353 personnes ont quitté le GCHQ et n'ont pas été remplacées. Les documents révèlent par ailleurs des difficultés de communication entre les différents services du GCHQ et avec les autres services de renseignement.

Pour autant, les États-Unis ne sauraient se passer si facilement de leur allié, car le Royaume-Uni jouit d'atouts géographiques, historiques, humains, technologiques et légaux qui constituent autant d'arguments clés (*selling points*) pour pérenniser leur partenariat.

Situation géographique. Quarante-neuf des deux cent soixante-cinq câbles sous-marins à fibre optique en service dans le monde transitent, rappelons-le, par l'Angleterre. Les soixante et onze stations britanniques d'atterrissage de ces câbles sont autant de points d'ancrage potentiels pour des activités d'espionnage à grande échelle, notamment en ce qui concerne le trafic entre l'Europe et les États-Unis (plus de 90 % des câbles reliant les deux continents passent par l'Angleterre).

Histoire. Le partenariat géostratégique anglo-américain, constamment renforcé depuis les années 1950, a permis la constitution d'un système complexe d'échange de renseignements qu'il serait totalement hasardeux pour les deux parties de limiter au moment où les pays émergents se dotent de systèmes de plus en plus efficaces et où une guerre informatique mondiale n'est plus à exclure. De surcroît, le Royaume-Uni demeure la clé de voûte du Commonwealth et joue, à intervalles réguliers, un rôle de référent symbolique ou de médiateur dans les relations parfois conflictuelles entre ses ex-dominions (Canada, Australie, Nouvelle-Zélande, Afrique du Sud, Inde, Bangladesh, Pakistan ou Sri Lanka) et les États-Unis.

Renseignements humain et technologique. Les services de renseignement britanniques sont traditionnellement réputés pour leur grande qualité. Si les rémunérations offertes à leurs différents acteurs ne sont pas aussi élevées que celles du secteur privé, ces services continuent d'attirer une part non négligeable de l'élite du pays, formée dans des universités qui comptent parmi les meilleures du monde. Et le pays peut s'appuyer sur un réseau dynamique d'entreprises privées d'armement et de technologies de défense.

Cadre légal. C'est vraisemblablement l'atout majeur de la Grande-Bretagne aux yeux des États-Unis ; ce qui fait du pays le « gros chien » de l'Oncle Sam, selon le bon mot d'Edward Snowden [29]. Adopté en 2000, le *Regulation of Investigatory Powers Act* (RIPA) institue en effet un cadre légal fort peu contraignant pour la surveillance électronique et humaine [a] : sur simple injonction ministérielle, un fournisseur d'accès à Internet est tenu de donner accès aux communications d'une personne ou de modifier ses équipements afin de faciliter la surveillance. C'est à ce titre que les entreprises de télécommunication British Telecom (surnommée « Remedy » par le GCHQ pour empêcher son identification), Vodafone Cable (« BT and Vodafone among telecoms companies passing details to GCHQ »), Verizon Business (« Dacron »), Global Crossing (« Pinnage »), Level 3 (« Little »), Viatel (« Vitreous ») et Interoute (« Streetcar ») ont été contraintes de donner secrètement accès à leurs réseaux et et à leurs infrastructures sous-marines [30]. Certaines de ces entreprises ont été récompensées pour leur « bienveillance » et équipées d'un logiciel du GCHQ qui leur permet désormais d'espionner leurs clients.

En revanche, les sociétés étrangères ne bénéficient pas de ces échanges de bons procédés et le GCHQ pénètre leurs réseaux sans les en informer. BCIS, une filiale des entreprises Belgacom (Belgique), Swisscom (Suisse) et MTN (Afrique du Sud), a par exemple été piratée en 2013 par les services d'espionnage anglais (voir *infra*, chapitre 12). En effet, parmi les documents secrets de la NSA dévoilés par Edward Snowden, une présentation Powerpoint (non datée) fait état d'une certaine « opération Socialist », visant à infiltrer les réseaux de l'opérateur téléphonique Belgacom. Le mode opératoire de cette opération résidait essentiellement dans l'implantation de logiciels espions pour permettre aux spécialistes de cyberguerre du GCHQ, réunis dans la cellule My Network Operation Center (Mynoc), de prendre le contrôle de certains terminaux de Belgacom [31]. La manœuvre a consisté pour le GCHQ — et derrière lui, la NSA — à « permettre une meilleure exploitation de Belgacom » (nul doute, dès lors, que cette amélioration faisait suite à des piratages antérieurs). À travers le réseau Belgacom, transitaient notamment les communications de la Commission, du Conseil et du Parlement européens [32]...

---

a Cette loi, qui régule les pouvoirs des institutions publiques effectuant de la surveillance, des enquêtes ou des écoutes électroniques, a été définitivement adoptée par le Parlement le 26 juillet 2000. Elle constitue en quelque sorte l'ultime avatar législatif de l'*Official Secrets Act* de 1911, tout en tenant compte des changements technologiques, tels que l'importance grandissante d'Internet et les nouvelles méthodes de chiffrage.

Une opération du même type a été menée contre l'Organisation des pays exportateurs de pétrole (OPEP) [33]. Autre exploit des pirates gouvernementaux de Mynoc, l'infiltration de réseaux de gestion d'applications pour mobiles ; sous le nom de Wylekey, un programme de surveillance d'entreprises suisses spécialisées dans les flux financiers internationaux (Comfone, Mach, Syniverse) a été mis en place. Cette fois, le mode opératoire fut des plus aisé : après avoir cerné le profil des ingénieurs de ces entreprises, notamment en épiant leur activité sur les réseaux sociaux (Facebook et LinkedIn), le GCHQ a mis en place une surveillance globale et permanente des sociétés visées. Son but ultime étant, comme le rappelle un des slogans de l'agence, de pouvoir pirater « n'importe quel portable, où qu'il soit, à n'importe quel moment [34] ».

La loi RIPA permet également au gouvernement de surveiller l'ensemble des communications transitant par le territoire britannique, ainsi que les activités Internet de toute personne — qui, si elle est interpellée, est par ailleurs tenue de fournir les clés de cryptage ayant servi à chiffrer ses informations. Enfin, RIPA prohibe la publication par les tribunaux de toutes les informations recueillies, ainsi que de tout document ayant permis de les recueillir [35]. Aussi, contrairement aux dénégations de certains ministres du gouvernement britannique [36], il semble que le territoire britannique soit devenu un havre législatif pour les basses œuvres (*dirty works*) de la NSA. On soupçonne d'ailleurs cette dernière de sous-traiter au GCHQ ses activités d'espionnage de citoyens américains, totalement illégales aux États-Unis.

Un service fragilisé par les révélations d'Edward Snowden

On comprend donc pourquoi les révélations d'Edward Snowden ont été pour le GCHQ une catastrophe, car nombre des documents secrets qu'il a rendus publics concernent directement son activité. Il faudra d'ailleurs attendre plus de quatre mois pour que le gouvernement britannique prenne la défense de l'agence et tente de justifier son action, grâce à l'intervention d'un maître espion, celle du patron de la sécurité intérieure britannique (MI5), Andrew Parker, un distingué entomologiste amateur ayant fait toute sa carrière dans le contre-espionnage.

Le 8 octobre 2013, il s'est livré à un vibrant plaidoyer public en faveur du GCHQ. Niant que l'agence s'intéressait aux communications de M. ou Mme Tout-le-monde, il a justifié son rôle en ces termes : « Nous devons faire face à une menace internationale et le GCHQ nous fournit nombre des renseignements dont nous dépendons pour cela. Rendre publics les succès et les limites des techniques de l'agence provoque beaucoup de dégâts. Des informations de ce type donnent un coup de main aux terroristes : c'est le cadeau dont ils ont besoin pour nous échapper et frapper quand ils veulent. Même si cela peut paraître démodé, c'est pour cette raison que nous devons garder secrets les services secrets [37]. » Et le directeur du MI5 d'argumenter sur le fait qu'il y aurait dans le pays plusieurs milliers d'extrémistes musulmans considérant les Anglais comme une cible légitime du djihad, une menace diffuse et difficile à prévenir.

Le rédacteur en chef du *Guardian*, Alan Rusbridger, lui a répondu du tac au tac qu'il n'avait pas le moindre élément pour prouver que les documents publiés avaient créé des problèmes de sécurité, après avoir indiqué : « De son point de vue, le discours d'Andrew Parker est évidemment parfaitement raisonnable et correspond à ce qu'on attend de lui : quand vous êtes du côté sécurité, vous voulez tout garder secret, vous ne voulez pas qu'il y ait de débat, que la presse ou qui que ce soit d'autre écrive sur le sujet. Mais le MI5 ne peut pas être la seule voix sur la question [38]. » Quant à l'avocat Clive Stafford Smith, il a estimé que la défense d'Andrew Parker prouvait à quel point un homme ayant passé les trente dernières années de sa vie dans les services secrets vivait dans un autre monde que celui du commun des mortels [39] : alors même que plusieurs hauts responsables du gouvernement reconnaissaient que les activités du GCHQ et du MI5 étaient trop peu encadrées et saluaient la publication des fuites par le *Guardian* [40], Andrew Parker a ainsi prétendu contre l'évidence, soulignait l'avocat, que son travail était contrôlé par des commissions parlementaires « rigoureuses »...

En la matière, l'onde de choc du « scandale Snowden » ne s'est évidemment pas cantonnée au Royaume-Uni. Car si les documents révélés par l'ancien consultant de la NSA et ses amis journalistes attestent que le GCHQ joue depuis des décennies un rôle de tête de pont de l'agence américaine en Europe [41], ils montrent également que les autres services de renseignement des États membres de l'OTAN et du « monde occidental », de l'Australie [42] à la Suisse [43], sont tous plus ou moins impliqués de longue date dans la fabrication de l'immense réseau de surveillance électronique mondiale conçu au fil des années à Washington et à Londres. Un programme vertigineux de « contrôle du monde » dont il importe de restituer l'emballement dans les années 2000, ainsi que les collaborations internationales dont il a bénéficié, mais aussi les nombreuses résistances qu'il a provoquées. Tel est l'objet des chapitres de la troisième partie de ce livre.

III

La folie de la surveillance électronique depuis le 11 septembre 2001

11

Les ambitions sans limite de la NSA des années 2000

Depuis les attentats du 11 Septembre, on l'a vu, tout a changé pour les chefs de la NSA : l'ambition démesurée qui les animait a alors obtenu les moyens financiers nécessaires pour étendre l'appareil de surveillance de l'agence, à l'image d'une pieuvre déployant de longs tentacules dans un environnement toujours plus large (voir *supra*, chapitre 8). En 2013, au siège de la NSA à Fort Meade, composé d'un ensemble de vingt-six immeubles et d'un parking de 18 000 places, surveillé par quatre cents policiers d'élite, les agents s'affairaient au quotidien à développer les activités de cyberguerre et de décryptage. De 2000 à 2013, la NSA a bénéficié de plus de 40 milliards de dollars d'investissement et a embauché près de 10 000 personnes [1]. Mais elle s'est aussi heurtée à un problème majeur : la nécessité d'accroître les capacités de stockage de ses serveurs informatiques pour conserver les océans de données numériques collectées quotidiennement par ses multiples programmes à travers le monde — dans ses justifications budgétaires pour 2013, la NSA a notamment annoncé la création d'une banque de données capable d'intégrer 20 milliards de communications par jour et de les mettre à disposition d'un analyste en une heure [2].

À Bluffdale (Utah), le projet fou de stockage de l'Internet mondial

À la fin 2012, un document interne de la NSA annonçait ainsi l'ouverture d'une nouvelle capacité d'interception du trafic Internet avec reroutage en temps réel vers ses centres serveurs. Appelé One-End Foreign Solution, cette activité permet de filtrer 75 % du trafic Internet, constituant une activité nommée EvilOlive [3]. Autre innovation, la création d'une banque de données composée de métadonnées téléphoniques et Internet nommée ShellTrumpet, qui permet de nouveaux services comme l'alerte en temps réel en cas d'envoi d'un courriel par un compte surveillé. Le document évoque également d'autres services mystérieux nommés MoonLightPad et Spinneret, ainsi que d'un programme permettant à la NSA de bénéficier des écoutes britanniques et répondant au doux nom de Transient Thurible [4].

L'effort le plus impressionnant de la NSA pour augmenter ses capacités de stockage a été engagé en 2011 à Bluffdale, au cœur de l'Utah, à proximité de Salt Lake City, la capitale des Mormons. Ces derniers plaisent bien aux patrons de la NSA, car ils ont entrepris (depuis 1894 !) de constituer une gigantesque banque de données de tous les humains nés depuis l'origine de l'humanité, afin d'identifier (pour faire simple) ceux méritant le salut éternel — et, pour assurer cette mission, ils forment des émissaires parlant une immense variété de langues. On comprend la synergie potentielle entre la secte des « saints des derniers jours » et l'agence de renseignement américaine, dont le rêve absurde — à peine plus modeste — est de mettre en fiches la totalité de la population mondiale contemporaine, afin d'identifier en temps réel les « aiguilles terroristes » dans cette « botte de foin ».

Cette mégalomanie partagée est très probablement à l'origine de la création de la station de Bluffdale, discrètement nommée Centre de données de l'Utah, laquelle dispose de 100 000 m^2 et a coûté 2 milliards de dollars [5]. Son rôle est aussi simple qu'ambitieux : stocker pendant des années la mémoire des communications Internet et téléphoniques du monde entier susceptibles d'intéresser la NSA [6]. Avantage supplémentaire : dans l'Utah, le mètre carré n'est pas cher et il y a abondance d'eau pour refroidir les serveurs. Ce centre de stockage de données est considéré comme le plus grand au monde et son alimentation en électricité équivaut à celle d'une ville de 20 000 habitants. Cet *hubris* technologique serait-il porteur de sa propre malédiction ? En octobre 2013, le *Wall Street Journal* s'est en tout cas fait l'écho de nombreux incidents électriques qui ont détruit des générateurs et retardé d'un an l'ouverture du site. Circuits défaillants, mini-explosions, structures en métal qui fondent : en treize mois seulement, d'après le quotidien, dix incidents majeurs ont causé des centaines de milliers de dollars de dégâts [7].

Mais, dans le même temps, bien d'autres stations de la NSA ont été modernisées : en 2012, le centre de la NSA sur l'île d'Oahu (Hawaii) — où a travaillé Edward Snowden avant sa défection — a été agrandi pour accueillir 2 700 agents, dont plusieurs centaines travaillaient sur la cyber-guerre (voir chapitre suivant), les autres étant chargés de l'interception des messages du continent asiatique — 358 millions de dollars y ont été investis [8]. On peut citer également la base de la NSA de Fort Gordon (Géorgie) — nom de code Sweet Tea —, qui surveille l'Europe, le Moyen-Orient et l'Afrique du Nord, grâce à 4 000 écouteurs et analystes [9]. Et, en 2007, la NSA a construit près de San Antonio (Texas) un énorme centre de gestion et de traitement de messages concernant l'Amérique du Sud, employant 2 000 personnes [10]. Sans que cela soit vraiment une surprise, Microsoft dispose à quelques kilomètres de là d'un centre serveur à peu près de la même taille [11].

Autre exemple : dans le Colorado, la base de la NSA de Buckley est un centre de télécommande et de gestion des satellites de la NSA en orbite au-dessus du globe : en 2013, 850 employés y traitaient les données des quatre satellites pouvant se concentrer sur une zone géographique et un type d'écoute particuliers. À cet ensemble impressionnant, s'ajoutent comme on l'a vu les centres d'écoute nationaux situés à proximité des nœuds Internet et des arrivées de câbles sous-marins, le plus important étant celui de Menwith Hill en Grande-Bretagne.

Booz Allen Hamilton et les autres : la privatisation par la NSA du business de l'espionnage d'État

Dans tous ces locaux de la NSA, les scientifiques s'affairent ainsi à mettre au point de nouvelles techniques d'interception, tandis que les autorités fixent régulièrement à leurs agents de nouveaux objectifs. Ce dynamisme intéresse grandement les entreprises privées, avides de lucratives opportunités de collaboration. L'ancien directeur de la NSA Michael Hayden a d'ailleurs activement œuvré à la privatisation des activités de l'agence par l'injection massive de sous-traitants à tous ses niveaux [12]. Parmi les prestataires privés les plus importants : SAIC, Palantir Technologies, Eagle Alliance et, bien sûr, Booz Allen Hamilton (BAH [13]), qui employait Edward Snowden.

Conséquence de ces rapprochements, la frontière entre ces deux univers est devenue fort poreuse : James R. Clapper, le patron du renseignement national depuis 2010, a été un des dirigeants de BAH de 1995 à 1998. Vice-président de la société depuis 2009, John Michael « Mike » McConnell a quant à lui été directeur de la NSA de 1992 à 1996. Dans la galaxie des personnages qui gravitent aux lisières de la NSA et de ses partenaires privés, ce dernier a joué un rôle essentiel : ami de longue date de Dick Cheney, le maître de la « force obscure » du temps de Bush père, Mike McConnell est devenu en 1996, après avoir dirigé la NSA, vice-président de Booz Allen Hamilton, où il a créé les premières unités de cyberguerre (voir chapitre suivant). Avec 24 500 employés et un chiffre d'affaires de 5,8 milliards de dollars en 2013, la firme est devenue le poids lourd des prestataires de l'appareil de sécurité américain, après une croissance remarquable depuis 2001 [14].

Sous l'impulsion de McConnell, BAH a largement investi dans l'activité d'identification et d'anticipation des comportements sociaux, dans tous les domaines offensifs et défensifs de l'informatique — son Strategic Innovation Group, créé en avril 2013, rassemble quelque 1 500 personnes dédiées à cette activité [15]. La même année, la firme a vu ses efforts récompensés par un contrat de la Defense Intelligence Agency (DIA), soucieuse d'exploiter ces nouveaux territoires. Son budget : 5,6 milliards de dollars sur cinq ans ! Le palmarès de ces entreprises n'est toutefois pas toujours glorieux : on cite ainsi souvent les 1,3 milliard de dollars dépensés au milieu des années 2000 pour le programme d'espionnage Trailblazer de la NSA, aussi mégalomane qu'inefficace et dispendieux, qui sera finalement abandonné dans des circonstances rocambolesques (voir *infra*, chapitre 14), sans que cela remette le moins du monde en cause l'*hubris* technologique de l'agence américaine [16].

À la tête de la NSA de 1999 à 2005 (puis de la CIA de 2006 à 2009), Michael Hayden avait alors donné une nouvelle mission à ses partenaires privés : maîtriser les technologies permettant d'identifier le trafic de données passant aux États-Unis et de l'intercepter — comme il l'expliquera tranquillement dans une interview assez étonnante donnée en juin 2013, en guise de réponse aux premières révélations d'Edward Snowden [17]. C'est cette perspective et les juteux contrats qui l'accompagnaient qui ont rassemblé, au côté de la NSA, les fleurons américains du secteur. En 2010, Max Kelly, le responsable de la sécurité de Facebook, a ainsi été recruté par la NSA, où il travaille depuis sur l'exploitation par l'agence de... Facebook et autres « réseaux sociaux » [18]. Ce dernier est le parfait symbole de cette inquiétante porosité entre les multinationales de l'Internet et la NSA. Un cas fort loin d'être isolé...

Complémentaires et concurrentes des géants de l'informatique, de nouvelles entreprises de la Silicon Valley ont su également devenir des interlocuteurs privilégiés de la NSA. Parmi ces nouvelles étoiles, Palantir Technologies (450 millions de dollars de chiffre d'affaires en 2013) est sans doute l'une des plus intéressantes. Fondée en 2004 par Peter Thiel, le milliardaire créateur de PayPal, l'entreprise affirme être capable de

« trouver des solutions à des situations difficiles ». Elle a d'abord été soutenue par quelques entrepreneurs privés et In-Q-Tel, un fonds d'investissement de la CIA dans les nouvelles technologies. Son brillant et atypique P-DG, Alex Karp, est un agrégé de philosophie fervent d'arts martiaux, dont l'entregent lui a permis de se forger une excellente réputation dans les cercles du pouvoir à Washington, qu'il s'agisse de pister les leaders d'Al-Qaida, de contrer les opérations des poseurs de bombes en Afghanistan ou d'évaluer l'efficacité des attaques de drones [19]...

Des entreprises résistantes

Mais d'autres entreprises américaines ont défendu farouchement leur indépendance vis-à-vis de la NSA. Comme celle qui a mis au point un service particulier nommé Lavabit, utilisé par Edward Snowden pour ses courriels privés [20]. Quand la NSA et le FBI commencent leur enquête sur le lanceur d'alerte à l'été 2013, ils découvrent en effet qu'il a utilisé ce service, créé deux ans plus tôt par Ladar Levison, un militant du droit à la vie privée sur Internet. Ce système complexe de messagerie cryptée sur logiciel libre, utilisant une bibliothèque de clés cryptographiques, permet des échanges très sécurisés. Début juillet, Ladar Levison reçoit donc la visite impromptue d'agents fédéraux, qui lui expliquent que leur démarche est soumise au secret absolu et qu'il n'aura en aucun cas le droit de divulguer ce qui lui sera demandé. Leur objectif : obtenir toutes les informations concernant le compte d'Edward Snowden, ainsi que la clé de chiffrement secrète que Lavabit utilise dans ses communications avec tous ses clients.

Or les concepteurs du service eux-mêmes ne peuvent pas accéder aux courriels de ses utilisateurs, puisqu'ils n'ont pas leur clé privée. Par ailleurs, Lavabit utilise une clé secrète pour communiquer avec ses utilisateurs. Ladar Levison sait que donner cette clé, c'est permettre au FBI et à la NSA de connaître tous ses clients. Malgré plusieurs heures de pression et de menace, il refuse de donner libre accès au FBI, qui repart sans oublier de le prévenir qu'il sera convoqué par la justice et que la divulgation de tout ou partie de leur entretien l'enverrait directement en prison. Il doit donc se rendre devant une cour de district, où il réitère son refus de donner les informations qu'il détient sur le compte d'Edward Snowden et refuse de donner sa clé secrète, « parce que cela mettrait en danger toutes les communications de [s]on service [21] ». Il ajoute que cette demande est contradictoire avec le quatrième amendement de la Constitution [a]. La cour de district refuse cet argument, enjoignant Levison de donner sa clé sous 24 heures, avec une amende de 5 000 dollars par jour de retard.

Le choix auquel il se retrouve alors confronté est sans ambigüité : « Devenir complice de crimes contre le peuple américain ou faire une croix sur dix ans de dur labeur en fermant Lavabit. » Acculé, il opte finalement pour la seconde option et donne sa clé au gouvernement après avoir fermé son service — qu'il ne pouvait plus faire fonctionner honnêtement dans la mesure où les communications de ses clients ne seraient plus sécurisées. Un changement qu'il doit tenir secret, le gouvernement lui ayant à nouveau formellement interdit de communiquer sur cette mesure, que ce soit avec ses clients, ses partenaires ou les autorités gérant la cryptographie.

Sur son site, les 10 000 clients et les 400 000 utilisateurs gratuits lisent alors un communiqué sibyllin dont on pouvait tout de même comprendre le sens général : « Très chers utilisateurs, après avoir bien réfléchi, j'ai décidé de suspendre les opérations [de Lavabit]. J'aimerais avoir le droit de discuter avec vous des événements qui m'ont amené à prendre cette décision, mais je ne le peux malheureusement pas. [...] Cette expérience m'a appris une bonne leçon : sans une action parlementaire ou sans un précédent juridique solide, je déconseillerais à quiconque de partager ses données avec une entreprise ayant des liens organiques avec les États-Unis [22]. » Le 4 octobre 2013, il expliquera ainsi sur son compte Facebook : « Les gens qui utilisent mon service me font confiance pour garder secrète leur identité et protéger leurs données. Je ne peux tout simplement pas trahir cette confiance. Si l'administration Obama se sent autorisée à continuer de violer le droit à la vie privée des citoyens, comme elle le fait déjà pour les personnes qu'elle surveille, nous changeons de modèle ; le gouvernement doit au moins demander au Congrès de faire des lois lui donnant cette autorité, plutôt que d'utiliser un tribunal pour obliger une entreprise à devenir secrètement la complice de crimes contre le peuple américain. »

Quelques heures plus tard, une autre entreprise fournissant le même service de courriels cryptés prend la même décision : sans attendre un mandat judiciaire, le P-DG de Silent Circle ferme son service et détruit tous

a « Le droit des citoyens d'être garantis dans leur personne, domicile, papiers et effets, contre les perquisitions et saisies non motivées ne sera pas violé, et aucun mandat ne sera délivré, si ce n'est sur présomption sérieuse, corroborée par serment ou affirmation, ni sans qu'il décrive particulièrement le lieu à fouiller et les personnes ou les choses à saisir. »

les courriels stockés sur son serveur. La société continue cependant à offrir un service de téléphonie et de messages cryptés. Son patron, Mike Janke, un ancien militaire des forces spéciales, a d'ailleurs vu affluer en un mois des milliers de nouveaux clients inquiets pour la sécurité de leurs communications [23].

Le 10 octobre, Ladar Levison a finalement porté plainte contre le gouvernement, arguant qu'aucune loi ne pouvait l'obliger à fournir secrètement au gouvernement sa clé de chiffrement et qu'il avait été victime d'un abus d'autorité l'ayant obligé à fermer son entreprise, alors qu'aucun crime ne pouvait lui être reproché. Fin octobre, Lavabit avait déjà récolté 140 000 dollars pour assurer la défense de son patron qui, pour avoir détruit son serveur de courriels, risquait une lourde peine. Mais l'entreprise comptait aussi mettre en place une solution pour éviter que la NSA puisse à nouveau casser les chiffrements des boîtes sécurisées. Début novembre, Lavabit et Silent Circle ont décidé de s'allier contre ce sabotage de la NSA en créant une union, la Dark Mail Alliance [24]. Cette nouvelle plate-forme de messagerie électronique aura pour mission de maintenir l'ensemble du code *open source* des technologies qui l'alimenteront. Ces deux entreprises étant loin d'être les seules révoltées, il est fort probable qu'elles soient rejointes dans leur mouvement par d'autres concurrents. Car, même en matière de commerce, l'union fait la force.

Quand la NSA sabote la sécurité d'Internet

Les entreprises de l'informatique et de l'Internet ont en effet de quoi se révolter. Après deux mois de révélations, le 5 septembre 2013, une véritable bombe à retardement est publiée simultanément par le *Guardian*, le *New York Times* et sur le site *ProPublica* [25]. L'exploitation des documents livrés par Edward Snowden permet de faire voler en éclats l'un des secrets les mieux gardés de la NSA : depuis des années, l'agence consent des efforts financiers et humains considérables pour se ménager un accès aux informations cryptées, parfois avec l'aide des entreprises censées vendre des logiciels de sécurisation, parfois dans leur dos. Précis et documenté, l'article stupéfie autant les non-initiés que les amateurs : personne n'avait jamais imaginé qu'une politique aussi agressive et aussi dangereuse pour les échanges des internautes du monde entier puisse être mise en place. Et ce, avec des résultats aussi remarquables !

Il a fallu deux mois de travail acharné à l'équipe de journalistes pour arriver à un dossier publiable. Jeff Larson, un journaliste d'investigation de *ProPublica*, bon connaisseur des techniques du domaine, a dévoilé les dessous de ce scoop auquel il a participé[26]. De fait, les documents Snowden se présentent comme un ensemble de dossiers, tous labellisés de noms de code différents, rédigés dans un jargon qui renvoie à des termes dont il faut trouver la signification. Pendant six semaines, cinq personnes ont travaillé d'arrache-pied dans un bureau sans fenêtre du *New York Times*. Utilisant les glossaires de l'agence, elles ont fait un long travail d'interprétation avant d'accéder à une compréhension technique de ce qu'elles avaient entre les mains. Après cela, elles ont préparé un dossier lisible par tout un chacun. Ce travail nécessitait des recoupements avec des documents existants et la confrontation avec des experts indépendants. Or l'équipe de journalistes savait qu'elle constituait une cible prioritaire pour une NSA sur le qui-vive. Il fallait donc prendre les précautions les plus grandes lors de l'enquête, des échanges, de la rédaction, alors même que la communication se faisait entre plusieurs pays. Le *New York Times* a utilisé également un logiciel spécifique, capable d'aider à gérer une grande masse de données non structurées grâce à une console d'administration très particulière. Un savoir-faire précieux qui risque fort d'être mobilisé à l'avenir avec la multiplication des lanceurs d'alerte lestés de documents confidentiels. Tout ce travail s'est fait dans une ambiance à la fois concentrée et allègre, chacun étant conscient des enjeux d'une telle publication. Jeff Larson, seul bon connaisseur de l'informatique au sein de l'équipe de journalistes, a assuré l'interprétation technique des documents pour les trois publications ; un travail austère et difficile, mais le bilan qu'il en tire est positif : « Je crois que j'ai eu une chance incroyable de travailler sur cette histoire, c'est la chose la plus folle qui me soit jamais arrivée[27]. »

Avant publication, le dossier a été soumis aux autorités américaines par la directrice de la rédaction du *New York Times*, Jill Abramson, et deux responsables du journal. Les journalistes ont écouté les arguments des fonctionnaires de Washington, expliquant qu'une telle publication mettait gravement en cause la sécurité nationale et rendait le travail des agences de renseignement plus difficile ; mais ils ont décidé de ne pas s'autocensurer : « Publier de l'information au service du public, a conclu Jill Abramson, c'est notre mission dans notre démocratie. Il faut garder un équilibre entre la sécurité nationale et le droit de savoir du public. Et, dans ce cas-là, le droit de savoir a clairement prévalu[28]. » Les 1 100 salariés du *New York Times* et ses vingt-cinq bureaux à l'étranger ont bien sûr soutenu leur patronne dans sa défense du journalisme d'investigation.

Le 5 septembre 2013, le *New York Times* titre donc : « La NSA a réussi à déchiffrer la plupart des encryptages de sécurité sur Internet. » Et en écho le *Guardian* écrit : « Les agences américaines et anglaises d'espionnage ont mis à nu la confidentialité et la sécurité sur Internet. » Suit une description détaillée des documents de la NSA et du GCHQ, ainsi qu'une analyse prouvant que ces agences ont systématiquement cherché à écouter les communications cryptées sur Internet. Une révélation inquiétante pour bon nombre d'entreprises qui, soucieuses de rassurer leurs clients, les assuraient depuis des lustres que leurs transactions financières ou leurs données médicales étaient protégées par des chiffrements sûrs. Or la NSA a tout fait pour que ces protections soient illusoires. Disposant d'un budget de 254 millions de dollars pour l'année 2013, le programme Bullrun (du nom d'une des batailles les plus célèbres de la guerre civile américaine en 1861) permet ainsi à l'agence « d'insérer des vulnérabilités dans les systèmes de chiffrement commerciaux afin de les rendre exploitables si on connaît la modification. Pour l'utilisateur, la sécurité du système paraît intacte ». Lors de réunions secrètes, des espions américains et anglais se sont félicités d'avoir vaincu la sécurité et la confidentialité des réseaux, une « victoire » récente. Dans un mémo [29], un rédacteur de la NSA a rapporté avec satisfaction que la présentation de ces résultats avait laissé leurs collègues anglais « estomaqués ».

La pérennité d'un tel succès repose sur deux facteurs clés : une collaboration intense avec les instances de normalisation et les entreprises commerciales du secteur, ainsi qu'un secret absolu sur les méthodes utilisées et les résultats obtenus. C'est pourquoi la NSA a joué un rôle très actif dans la norme de cryptographie adoptée en 2006 par le National Institute of Standards and Technology (NIST). Grâce aux efforts de la CIA et de la diplomatie américaine, cette norme a ensuite été adoptée par les 163 pays membres de l'International Organisation for Standardisation (IOS). La faiblesse introduite volontairement par la NSA fut découverte et publiée en 2007 par deux ingénieurs de Microsoft [30], sans toutefois que l'ampleur de cette faille ne soit perçue. L'hebdomadaire allemand *Der Spiegel* a également publié des documents de la NSA attestant que celle-ci a monté des groupes de travail pour déverrouiller les sécurités des téléphones portables et cela avec succès, qu'il s'agisse d'iPhone ou de Blackberry, dont le système de compression des données lui a longtemps donné du fil à retordre [31]. Les différentes sortes de communications possibles par téléphone portable, la géolocalisation, la prise de photographies sont autant de données auxquelles la NSA a désormais accès — et dont elle se révèle très friande surtout lorsqu'elles concernent des *bad guys* qu'elle a dans son collimateur [32].

Avec les entreprises privées de sécurité, l'agence américaine poursuit une politique particulièrement délicate. Il lui faut obtenir une *back door*, une porte dérobée, à l'intérieur des systèmes qu'elle souhaite exploiter, soit l'équivalent d'une clé spéciale permettant de contourner les sécurités mises en place. Cela peut se faire sous forme d'une collaboration directe. Ainsi, dès que Microsoft a commencé à travailler sur le chiffrement des *chats* de son service Outlook, le Special Source Operations de la NSA et le FBI se sont empressés d'engager une collaboration avec le géant informatique. En cinq mois, un chiffrement facile — c'est-à-dire facile à décoder pour la NSA — a été mis au point, tant et si bien que l'ouverture du service en février 2013 n'a posé de problème à personne. Le FBI et la NSA ont également agi de concert pour disposer d'un accès libre et complet à SkyDrive, le service de *cloud* de Microsoft. Dans cette même veine pirate, le service de messagerie instantanée et de vidéoconférence Skype a été intégré en février 2011 au programme Prism, le système de gestion des écoutes de la NSA. Dès lors, 670 millions d'interlocuteurs pouvaient être suivis par l'agence américaine, qui en a fait aussitôt profiter les autres agences : « Nous pouvons permettre à nos partenaires de voir quels termes de recherche nous utilisons pour Prism ; le FBI et la CIA peuvent demander une copie de nos recherches, tout cela permet à Prism de représenter un travail d'équipe [33]. » Cisco, le fabricant de routeurs Internet — un appareillage qui constitue souvent le talon d'Achille d'un réseau — est une autre entreprise qui intéresse beaucoup la NSA : des failles de sécurité de l'équipementier ont déjà été découvertes en 2005 et 2008 ; et il est probable qu'elles aient été exploitées par l'agence [34].

La plupart des entreprises collaborent de bon cœur avec la NSA. Il faut dire qu'elle est un excellent client et un intermédiaire privilégié pour accéder à l'énorme marché public de la sécurité. Il arrive pourtant que l'agence rencontre des résistances. Elle utilise alors deux armes secrètes : un réseau de contacts à l'intérieur des entreprises, dont elle se sert comme sources, et sa capacité à mener une cyberoffensive pour aller prendre, directement sur les serveurs des entreprises, les données qu'on ne veut pas lui communiquer. Une fois obtenues les clés de déchiffrement, la NSA les garde dans une banque de données particulière, qui sert à initier un décryptage en ligne et en temps réel.

La NSA s'est logiquement beaucoup intéressée au service Tor (The Onion Router), qui permet d'assurer l'anonymat d'un utilisateur sur Internet. Bien que ce service ait été financé par des fonds publics, la sécurité qu'il apporte aux internautes n'est pas du tout du goût de la NSA. Elle a d'ailleurs consacré beaucoup de temps pour tenter de briser l'anonymat qu'il permet. On trouve une trace, synthétique, de ces tentatives dans une présentation PowerPoint révélée par Edward Snowden [35]. Parmi les stratégies utilisées, il y a la pénétration du navigateur Firefox de l'utilisateur pour prendre le contrôle de son ordinateur. D'autres techniques mesurent la durée des messages entrants et sortants pour retrouver l'identité de l'utilisateur. La NSA peut également saboter Tor pour le rendre inutilisable. La bonne nouvelle qui ressort toutefois de cette présentation est que ni la NSA ni le GCHQ n'ont réussi à percer à jour le protocole de Tor, ni à faire une analyse des contenus passant dans son réseau.

Les programmes ultrasecrets de décryptage de la NSA et du GCHQ, comme Bullrun, ont toujours été protégés par le plus haut niveau de secret qui soit. Un secret indispensable pour que les utilisateurs ne se doutent pas qu'ils ne sont en rien protégés par le chiffrement et pour que les entreprises ne comprennent pas qu'elles sont manipulées, voire cambriolées. Le GCHQ a un programme parallèle à Bullrun, Edgehill (nom de la première bataille de la guerre civile anglaise en 1642), dont le but est le décryptage en temps réel des communications commerciales protégées transitant par les câbles sous-marins. Pour assurer la confidentialité de ces programmes, un document interne met en demeure les employés de l'agence britannique de ne poser aucune question : « Ne demandez rien, n'envisagez rien de ce qui concerne les sources et les méthodes utilisées pour les programmes Bullrun et Edgehill » ; sources qui ne sont pas classifiées suivant le principe habituel des services de renseignement du « besoin de savoir ». Après s'être félicité d'avoir décrypté la clé SSL et le codage des réseaux privés virtuels (VPN), une note de Bullrun met en garde contre toute mention de ce type d'activités : « Les possibilités sont parmi les plus précieuses de notre communauté, la mention par inadvertance d'une seule "opération" pourrait alerter l'adversaire avec comme conséquence immédiate la perte de notre activité [36]. »

12

La cyberguerre, ou le plus grand secret de la NSA

L'activité la plus protégée de la NSA est certainement la cyberguerre : l'utilisation de l'informatique et d'Internet pour espionner ou détruire des « systèmes ennemis ». Cette activité a été lancée par son directeur de 1992 à 1996, John Michael « Mike » McConnell, qui l'a alors « vendue » au président Bush comme étant susceptible d'assurer aux États-Unis une domination informationnelle sur le monde [1] — c'est en Irak que les premières grandes opérations de cyberguerre ont perturbé les réseaux de communication des insurgés sunnites. Entrée à la NSA en 1984, la patronne de l'activité, Teresa H. Shea, a enregistré de tels succès dans ce domaine qu'elle dirige depuis 2010 toute l'activité d'interception (dite Sigint) de l'agence [2]. Les documents de la NSA révélés par Edward Snowden ont fourni de nombreux détails totalement ignorés jusque-là sur cette activité très contestable et ultrasecrète qu'est la cyberguerre [3].

L'Office of Tailored Access Operations (TAO), au cœur de la cyberguerre

Ces documents rappellent d'abord que le patron de la NSA est aussi celui de l'organisme chargé officiellement du déploiement de cette activité, le US Cyber Command, département du Pentagone créé en mai 2010. La NSA est donc activement engagée dans des opérations de cyberguerre, alors qu'on pensait auparavant qu'elle se contentait de surveiller les réseaux informatiques pour se protéger contre des offensives ennemies. Ainsi, théoriquement, les critères d'interception de la NSA couvrent les secteurs dits « stratégiques », c'est-à-dire les domaines liés aussi bien à la sécurité nationale qu'aux enjeux politiques internationaux ou à la défense des intérêts commerciaux du pays [4].

Comme l'a rapporté en juin 2013 dans un article remarquablement informé le journaliste Matthew Aid, spécialiste de l'histoire de la NSA, la principale unité de cyberguerre de l'agence est l'Office of Tailored Access Operations (TAO) [5]. Son état-major est installé au siège de la NSA dans un bâtiment à part, le Remote Operation Center (ROC), où il dispose d'un très impressionnant matériel informatique. « Le TAO, précise Matthew Aid, s'appuie également sur sa petite unité de collecte de renseignement, appelée Access Technologies Operations Branch, laquelle comporte des personnels de la CIA et du FBI qui mènent des opérations dites "off-net", un aimable euphémisme pour désigner l'implantation physique sur des ordinateurs ou des réseaux de matériels et logiciels de cyberguerre. » Ces dispositifs sont installés pour un usage immédiat ou pour se déclencher sur demande, « permettant aux hackers du TAO d'y accéder depuis Fort Meade », un peu comme un cambrioleur qui aurait la copie d'une clé et qui viendrait l'essayer une nuit, sachant ensuite qu'il peut revenir quand il le souhaite.

En octobre 2013, de nouveaux documents d'Edward Snowden publiés par le *Spiegel* ont permis d'en savoir un peu plus sur l'activité du TAO [6]. En juin 2009, ses agents ont intercepté les courriels du ministère de l'Intérieur mexicain, recueillant ainsi des informations très intéressantes sur le trafic de drogue et l'activité commerciale de sociétés mexicaines. Baptisé Whitetamale, ce programme a donné lieu à la rédaction de deux cent soixante rapports classifiés, aidant la diplomatie et les entreprises américaines dans leurs négociations avec leurs homologues mexicaines [7]. Ces activités d'espionnage industriel étaient menées à partir d'une station de la NSA située à San Antonio (Texas) et au sein même de l'ambassade américaine à Mexico — toutes les conversations téléphoniques interceptées ont été conservées dans une banque de données nommée Eveningeasel. En 2010, le TAO est allé encore plus loin, parvenant à intercepter les contenus de la messagerie publique du président mexicain Felipe Calderón. Cette « opération Flatliquid » — effectuée avec l'« approbation présidentielle » d'après un document de la NSA d'avril 2013 — a constitué pour l'agence ce qu'elle a appelé une « ressource de haute valeur », d'autant que plusieurs membres du cabinet du Président utilisaient cette boîte e-mail pour échanger des informations parfois très sensibles [8].

En mai 2012, la NSA a commencé à surveiller de près les appels et les courriels du candidat à l'élection présidentielle Enrique Peña Nieto.

Celui-ci faisait alors des déclarations contradictoires et l'administration Obama avait du mal à déterminer ses orientations politiques. Peña Nieto a été finalement élu Président le 1er décembre 2012. Ses collaborateurs et lui-même ont été mis sur écoute et leurs échanges figurés sous forme de diagrammes. Les conversations téléphoniques et les 85 489 textos recueillis ont été stockés dans une banque de données nommée Dishfire. Dans une note interne, la NSA se félicitait de ce succès éclatant et annonçait, confiante, sa volonté d'aller plus loin contre « cette cible importante [9] ».

Comme l'ont révélé les « documents Snowden » rendus publics par le *Washington Post* en août 2013, l'ensemble de l'activité de cyberguerre offensive de la NSA est dissimulé sous le nom de code GENIE [10]. Elle disposait en 2013 d'un budget de 625 millions de dollars et mobilisait 1 870 personnes, dont de nombreux *hackers* recrutés dans des universités ou sur des sites Internet spécialisés. Ce personnel d'élite était réuni dans le Bureau S321 à Georgia (Texas), dans le Colorado ainsi qu'à Hawaii. Dans ses activités offensives, la NSA est assistée par des entreprises de pointe — dont certaines françaises, on y reviendra —, qui l'aident à identifier les failles de sécurité des logiciels. Dans chaque cas, l'agence s'efforce de ne pas laisser de traces de ses attaques ou, en tout cas, d'indications sur leur origine. Car, dans ce domaine, il est essentiel que la victime ne puisse pas savoir par qui elle a été volée, ou mieux, elle ne doit même pas se rendre compte qu'elle l'a été. À cet égard, les opérations de la NSA sont loin d'être toujours des réussites. Ainsi, en octobre 2013, les services de sécurité iraniens ont-ils annoncé plusieurs inculpations d'ingénieurs accusés d'être membres d'un réseau de « saboteurs à la solde d'Israël et des États-Unis [11] ». S'agissant de la Chine, un haut responsable de cybersécurité de ce pays a affirmé début juin 2013 disposer d'« une "grande masse de données" montrant que les États-Unis sont engagés dans de vastes opérations de *hacking* pour voler des secrets du gouvernement chinois [12] ».

Le 2 novembre 2013, le *New York Times* a dressé un bilan détaillé des documents secrets révélés par Edward Snowden, donnant une bonne image de l'ampleur et de la diversité des opérations de la NSA [13]. Parmi bien d'autres : écoute des conversations préliminaires du secrétaire général de l'ONU, Ban Ki-Moon, avant sa rencontre avec Barack Obama en avril 2013 ; utilisation d'un logiciel nommé Polarbreeze pour intercepter les communications Internet faites par exemple dans un cybercafé ; ou d'un autre logiciel, Snacks, qui permet d'analyser en détail le trafic des réseaux sociaux comme Facebook... Le quotidien expliquait également que la NSA avait intercepté 478 courriels ayant permis de prévenir l'assassinat d'un dessinateur suédois par des extrémistes musulmans, fourni aux autorités douanières américaines des noms et des numéros de vol de migrants chinois de la région de Chengdu victimes d'un réseau de trafiquants, ou localisé pour le compte de l'armée colombienne de bases de militants de la guérilla FARC...

L'Iran est une cible privilégiée de la NSA. En mai 2009, par exemple, l'agence a appris que le principal dirigeant iranien, l'ayatollah Ali Khamenei, se rendait en visite au Kurdistan. Dans le cadre d'une opération de surveillance au long cours de ce dernier (appelée « Dreadnought »), la NSA en a profité pour réaliser une interception de grande ampleur de tous les moyens de communication utilisés lors de ce déplacement pour assurer la sécurité et le transport des personnes impliquées, comme le précisait le *New York Times* : « L'objectif était moins d'intercepter les échanges du leader iranien que de réunir des données pouvant servir à espionner des cibles en Iran en cas de crise. Cette "empreinte digitale électronique", comme l'appelle le document [de l'agence], est la clé de l'action de la NSA. Elle permet aux ordinateurs de l'agence de scanner le flux des communications internationales pour en extraire les messages relatifs au leader suprême. Lors d'une crise — par exemple une épreuve de force autour du programme nucléaire iranien —, la possibilité d'accéder aux communications entre dirigeants, militaires et scientifiques peut en effet être un atout décisif [14]. »

Avec l'Iran, la Chine, la Corée du Nord, l'Irak et la Russie, relevait le *New York Times*, le Vénézuela est depuis 2007 l'une des six « cibles permanentes » (*enduring targets*) des piratages et cyberattaques de la NSA. Le but : « Prévenir le Vénézuela d'arriver à avoir un rôle dirigeant dans la région et de poursuivre des actions qui affectent négativement les intérêts globaux des États-Unis », d'après une présentation Powerpoint secrète d'août 2010 [15]. La NSA suit ainsi avec attention les énormes crédits accordés par la Chine à Caracas pour acheter du matériel d'extraction pétrolière et un réseau radar, les prêts russes pour l'achat de Mig ou ceux de l'Iran pour la réalisation d'une usine de drones. Le ministre du Plan des finances vénézuélien est écouté chaque jour, tout comme les dix cadres importants de son ministère.

Mais l'activisme de l'agence n'a pas évité l'échec des opérations militaires américaines en Irak et en Afghanistan, où elle a été pourtant particulièrement investie, comme en témoigne par exemple un simple rapport quotidien de la station NSA de Kandahar (Afghanistan) de juin 2011, occupant quinze pages : on y lisait que l'agence avait pu suivre en direct les communications du commando auteur d'une récente attaque de l'Hôtel Intercontinental à Kaboul, écouter les officiels du ministère afghan des Affaires étrangères assurer que les relations avec les États-Unis ne mettraient pas en cause leurs liens privilégiés avec l'Iran, ce « pays frère », ou espionner un militant taliban en train d'organiser un attentat suicide [16]...

Exploiter les vulnérabilités d'Internet : des entreprises privées aux avant-postes de la cyberguerre

L'univers de la cyberguerre est régi par des programmeurs extrêmement doués et compétents. Parcourant les méandres d'Internet, ils établissent la cartographie des zones qui les intéressent et cherchent sans répit une vulnérabilité qui leur permettra d'accéder à un serveur. À partir de là, ils rédigent un élément de programme permettant d'exploiter une faille de sécurité informatique : c'est ce qu'on appelle en anglais un *exploit*, permettant une action offensive contre un serveur informatique pour l'infiltrer ou même prendre le contrôle des ordinateurs et des logiciels visés. Il y a autant d'*exploits* que de programmateurs, certains sont très simples, d'autres demandent des mois de recherches [17].

Plus un *exploit* est discret et performant, plus il s'applique à un logiciel connu et plus son prix est élevé. En juin 2013, Microsoft a annoncé publiquement qu'il paierait jusqu'à 150 000 dollars ceux qui identifieraient un problème de sécurité dans un de ses systèmes avec les moyens d'y remédier. Une annonce qui pourrait transformer de paisibles programmateurs en fabricants de virus et autres *exploits* vendables au premier venu. Un risque non négligeable, car le marché de la cyberguerre connaît une croissance exponentielle. Les titans américains de l'informatique s'y taillent la part du lion. Tous ont édifié, à proximité du siège de la NSA, des cybercentres futuristes à partir desquels ils recrutent par petites annonces des *hackers* expérimentés et sûrs [18]. Cela peut être des programmateurs curieux et actifs qui s'intéressent au domaine et qui, pour des raisons personnelles ou politiques, ont franchi le cap pour mener des actions offensives.

Certains *exploits* peuvent se négocier jusqu'à 500 000 dollars, comme par exemple la découverte d'une faille de sécurité dans le navigateur Internet Explorer. Pour Éric Filiol, ancien officier de renseignement et l'un des rares experts français dans ce domaine, trois critères sont pris en compte dans le prix d'un *exploit* : la difficulté de la programmation, qui se compte en journées/ingénieur, le nombre d'ordinateurs auxquels l'exploit donne accès, l'intérêt stratégique de ces ordinateurs [19]. Mais cette activité foisonnante met en péril la sécurité globale d'Internet. Sur un réseau ouvert, accessible à tous, se constitue en effet toute une série de vulnérabilités connues des services d'espionnage, lesquels se gardent bien de les signaler et *a fortiori* de les réparer, car leur but est de les exploiter secrètement avec l'aide d'entreprises spécialisées qui agissent dans l'ombre.

Tel est le cas par exemple de la société américaine Endgame Systems, qui a valu à plusieurs journalistes ayant voulu enquêter sur elle d'être inquiétés par le FBI. Parmi le peu d'informations dont on dispose à son sujet [20], on sait seulement que son président est un certain Nathaniel Fick, ancien lieutenant des Marines, et que la NSA est son principal client (de même que sa filiale IP Trust). Plusieurs produits sont présentés dans le catalogue confidentiel de la firme, comme Bonesaw, un logiciel de représentation graphique qui présente une carte d'Internet, de ses nœuds et interfaces de connexion, permettant de déterminer des zones d'opération et les outils à déployer pour intervenir ; une version plus avancée nommée Velocity permet un suivi en temps réel des équipements mis ou retirés du réseau. À partir de ces représentations complexes, Endgame Systems propose toute une série de produits aux noms exotiques (pour 2,5 millions de dollars, le logiciel MAUI permet de monter vingt-cinq *exploits* ; Cayman donne accès à sa base de données d'adresses Internet, le nom des organismes référents et les ordinateurs infectés par des virus). En 2009, l'entreprise a cartographié l'Internet russe.

Dans l'univers très américanisé de la cyberguerre, un acteur français est apparu en mars 2012 : Vupen Security, devenue alors mondialement célèbre pour avoir relevé le défi lancé publiquement aux *hackers* par Google de casser la sécurité de son navigateur Chrome [21]. Sans entrer dans la compétition, une équipe de *hackers* de Vupen Security a réussi à franchir toutes les sécurités, refusant ensuite les 60 000 dollars que Google leur offrait pour expliciter la procédure suivie : le patron de Vupen Security, Chaouki Bekrar, a déclaré fièrement qu'il n'était pas question pour lui de rentrer dans le jeu de Google, même pour un million de dollars, et qu'il préférait garder pour ses clients la recette de ce nouvel *exploit* (lesquels doivent payer un droit d'entrée de 100 000 dollars pour pouvoir ensuite disposer d'*exploits* sur catalogue ou réalisés sur mesure). Après une sérieuse altercation avec Google, Bekrar a lancé un tweet rageur : « Nous ne travaillons pas pour aider les multinationales milliardaires à corriger leurs failles de sécurité. Si nous faisons du bénévolat, ce sera pour les SDF [22]. »

Si Vupen Security a choisi d'être experte en technologies offensives, c'est que la bonne connaissance des méthodes d'une attaque informatique est la condition nécessaire pour élaborer une bonne défense [23]. Et c'est pourquoi ses principaux clients sont les services de renseignement français, la Direction générale de la sécurité extérieure (DGSE) et la Direction centrale du renseignement intérieur (DCRI). Ainsi que la NSA, d'où l'exaspération de certains Américains qui critiquent le « manque de déontologie » de l'entreprise. Mais, en pratique, conscients de la dangerosité des services qu'ils vendent, les dirigeants de Vupen Security s'assurent du pedigree de leurs clients, pour éviter les *bad guys*, comme on dit à la NSA, ingénieurs liés à des États ennemis des États-Unis ou à des groupes terroristes.

Reste que le développement de l'arsenal des armes de cyberguerre ne va pas sans inquiéter. D'autant que les révélations de Snowden ont prouvé que les États-Unis étaient, et de loin, l'acteur mondial le plus offensif en la matière, attestant que les accusations récurrentes de Washington contre les « cyberattaques » de Pékin et Moscou n'étaient qu'un rideau de fumée pour masquer l'ampleur de ses propres attaques, avec d'incroyables moyens depuis des années. Du coup, plusieurs parlementaires européens ont engagé une réflexion pour interdire la vente des *exploits* et autres produits de ce type — une mesure toutefois difficile à mettre en œuvre, tant l'*exploit* est ancré dans la pratique des petits génies de l'informatique. De son côté, dès juillet 2013, le secrétaire général de l'Union internationale des télécommunications, le Malien Hamadoun Touré, a affirmé en substance que l'affaire Snowden offrait enfin une très sérieuse opportunité d'établir une nouvelle règle du jeu afin d'en finir avec les « excès » de la cyberguerre [24]. Car, comme nombre d'experts du secteur, il n'ignorait pas que la fiabilité et la sécurité d'Internet se dégradent un peu plus chaque année avec les intrusions massives pratiquées par la NSA et le GCHQ, notamment avec la mise en circulation de virus informatiques redoutables, comme Stuxnet et Flame, à propos desquels on avait déjà beaucoup appris avant même les révélations de Snowden — ce que ce dernier confirmera.

Les virus informatiques Stuxnet et Flame, inventions monstrueuses de la NSA

Un matin de juin 2008, les ingénieurs du centre de production d'uranium de Natanz, en Iran, découvrent, stupéfaits, que leurs centrifugeuses à très haute vitesse destinées à raffiner l'uranium fonctionnent de manière aberrante. Certaines ralentissent sans raison, d'autres s'emballent au risque de s'autodétruire. Le plus étonnant est que tous les indicateurs du système de contrôle des machines sont stables, aucun dysfonctionnement n'apparaît sur les écrans. Certes, ces machines n'en étaient pas à leur premier problème. Achetées au père de la bombe nucléaire pakistanaise, A. Q. Khan, elles s'étaient toujours montrées capricieuses jusqu'à ce qu'un dispositif de régulation monté par les ingénieurs allemands de Siemens parvienne à les contrôler. Mais, cette fois-ci, les ingénieurs iraniens sont dans l'incapacité d'expliquer le phénomène. Ils découvrent un épisode entièrement nouveau de la guerre entre nations, l'utilisation d'une arme offensive de cyberguerre destinée à détruire des installations ennemies ; elle sera appelée Stuxnet.

Comme l'a relaté en 2012 le journaliste du *New York Times* David Sanger dans un livre remarquablement informé [25] — je reprends ici l'essentiel de son enquête —, tout commence en 2005, lorsque le président George W. Bush se fait expliquer par ses services de renseignement qu'il y a deux options concernant le programme nucléaire iranien : ne rien faire et laisser le pays fabriquer ses premières bombes atomiques, ou autoriser l'aviation israélienne à bombarder les centres nucléaires du pays, avec les risques d'escalade inhérents à ce genre d'opérations. « Tout cela ne va pas, trouvez-moi une troisième option », aurait répondu G. W. Bush, contrarié. Les services américains et israéliens mettent alors sur pied un programme de sabotage offensif impliquant la création par la NSA d'un *exploit* capable de saboter les activités nucléaires iraniennes et un plan d'assassinats ciblés d'ingénieurs iraniens du secteur — certains meurtres pourront être réalisés lors de leurs voyages à l'étranger, d'autres nécessiteront l'intervention de commandos agissant en Iran même. En 2006, Bush donne son feu vert à ce programme ultrasecret, dont le nom de code pour la partie cyberguerre sera « jeux Olympiques ». Toutes les précautions sont prises pour que, au sein même de la NSA, de la CIA et du Mossad israélien, le nombre de personnes informées soit limité au minimum sur la base du « besoin de savoir ».

Entre les « cyberguerriers » de la NSA et les agents israéliens de l'unité 8200 — l'équivalent de l'agence américaine au sein de l'armée israélienne —, les téléconférences sur réseau crypté permettent alors une avancée rapide du projet Stuxnet [26]. Sept ans après, il était encore difficile de connaître précisément le rôle de chacun. Les Israéliens ont évidemment amené leur connaissance des installations iraniennes et, sans doute, les agents susceptibles d'avoir accès à l'informatique de contrôle des centrifugeuses de Natanz. Dans son livre, actualisé en avril 2013, David Sanger explique aussi que les Américains ont bénéficié des centrifugeuses récupérées auprès de Kadhafi — d'origine pakistanaise comme celles d'Iran — après que ce dernier a accepté le démantèlement des installations nucléaires libyennes en 2003. Au même moment, satellites et antennes de la NSA et du Mossad recueillaient avec soin tout ce qui concernait l'industrie nucléaire iranienne, la vie professionnelle et privée de ses ingénieurs et techniciens, afin d'identifier tout ce qui pourrait être utile à la suite du programme.

Comme l'explique David Sanger, les programmeurs des services secrets israéliens et américains ont conçu le virus Stuxnet avec tellement de précision qu'il ne pouvait dérégler qu'un seul progiciel : celui gérant le système de contrôle Siemens S7-300, utilisé par les ingénieurs du programme nucléaire iranien. Reste que, si la NSA et l'unité 8200 israélienne avaient parfaitement réussi cette opération, les installations de Natanz auraient été sabotées sans même que les Iraniens ne se doutent que leurs malheurs venaient de l'introduction de Stuxnet. Mais le virus a été découvert et les experts du monde entier se sont fait un malin plaisir de le décortiquer, pour identifier ses fonctions et en tracer l'origine.

Une entreprise russe spécialisée dans la protection contre les virus informatiques, Kaspersky Lab, a ainsi été la première à comprendre en 2010 l'objectif de Stuxnet et à découvrir qu'il utilisait une faille de sécurité de Microsoft Windows. Le parc informatique de la centrale n'étant évidemment pas relié à Internet, les ingénieurs de Kaspersky en ont déduit que quelqu'un avait infecté le dispositif en introduisant une clé USB porteuse du virus dans un ou plusieurs ordinateurs [27]. L'infection pouvait ensuite se propager par le réseau local. L'originalité et la sophistication du virus étaient telles que Kaspersky a calculé qu'il représentait au moins un an de travail pour une équipe de vingt ingénieurs très compétents. Conclusion : seul un État pouvait être à l'origine d'un tel monstre et, étant donné la cible, les suspects se trouvaient nécessairement aux États-Unis ou en Israël, voire dans les deux pays [28]. Ce qu'Edward Snowden a confirmé lors d'un entretien par courriel avec le *Spiegel* en juillet 2013, où il a expliqué que Stuxnet avait été développé par la direction des affaires internationales (Foreign Affairs Directorate, FAD) de la NSA, aidée par les Israéliens [29].

Sans doute grisés par leur succès, les savants fous de la NSA et leurs prestataires ont mis en action en 2010 un autre *exploit*, encore plus pernicieux [30]. Flame, le nom qui lui a été donné, n'est pas destructeur, mais c'est sans doute le dispositif d'espionnage informatique le plus sophistiqué jamais réalisé jusqu'alors. Il utilise les mêmes failles de sécurité que Stuxnet, en disposant de fonctions très étudiées, comme celles de s'adapter pour échapper aux logiciels antivirus après les avoir identifiés. Pour couronner le tout, un faux certificat Microsoft accrédite le virus. Une fois installé, Flame peut rendre compte de l'ensemble de l'activité de l'ordinateur infecté, retransmettre les informations par Bluetooth ou des serveurs dédiés, répartis aux quatre coins de la planète. Flame suit avec une vigilance particulière tout ce qui est sous forme de PDF, textes ou diagrammes techniques.

Stuxnet, boîte de Pandore d'un nouvel Hiroshima ?

C'est peu dire que les révélations concernant Stuxnet et Flame ont fait sensation dans la communauté fermée des développeurs. Tous ses membres ont été à la fois effrayés et admiratifs face à des virus et des *exploits* aussi sophistiqués. Est venu ensuite le temps des craintes et des incertitudes : allait-on vers un monde où tous les ordinateurs risquaient d'être espionnés, voire détruits, par des virus (presque) indétectables ? Pour beaucoup, la NSA, en ouvrant résolument la boîte de Pandore de la subversion générale de l'informatique et des réseaux, a commis une erreur cardinale, dont les conséquences se feront sentir pendant longtemps. En février 2013, sans bien mesurer la portée de ses propos, le général Michael Hayden, ancien patron de la NSA, a d'ailleurs comparé l'activation de Stuxnet à la première explosion nucléaire d'Hiroshima [31]. Un parallèle qui illustre bien les dangers de cette dérive...

En mars 2012, dans un remarquable documentaire télévisé du journaliste Steve Kroft consacré à Stuxnet, diffusé dans l'émission *60 minutes* de CBS News [32], Sean McGurk, ancien responsable de la cybersécurité au Department of Homeland Security (ministère de la Sécurité intérieure), s'est inquiété du fait que le virus était désormais disponible en ligne et activable par n'importe quel ingénieur compétent. Ainsi, un groupe terroriste pourrait en créer une version capable de dérégler un centre de distribution électrique, un barrage ou une centrale nucléaire : « Ils ont ouvert la boîte. Ils ont démontré la capacité de ce type de virus, ce n'est pas quelque chose sur quoi on peut revenir. » Ce qui est frappant dans le documentaire de Steve Kroft, c'est l'unanimité des experts qu'il a interrogés sur l'ampleur des dangers pour l'économie mondiale et les libertés individuelles induits par la diffusion de ces virus militaires, dont certaines entreprises privées commercialisent déjà des dérivés [a]...

---

a En 2012, des chercheurs de l'université de Toronto ont par exemple découvert qu'un virus d'espionnage dérivé de Flame, appelé FinSpy, était vendu par l'entreprise britannique de sécurité Gamma Group (voir Nicole Perlroth, « BITS, surveillance software draws scrutiny », *The New York Times*, 18 mars 2013). Ce virus a notamment été utilisé, pour traquer leurs opposants, par les autorités du Viêt-Nam, du Bahreïn, du Turkménistan, d'Éthiopie et de Serbie. Ce qui a amené

Reste qu'en la matière, la NSA et son associé britannique, le GCHQ, sont toujours — et de loin — les principaux fauteurs de troubles, comme en témoigne par exemple l'incroyable mésaventure vécue par l'opérateur téléphonique Belgacom au cours de l'été 2013, déjà évoquée (voir *supra*, chapitre 10) [33]. Le 13 août, ses ingénieurs ont été mobilisés pour lutter en urgence contre un virus particulièrement dangereux qui s'était installé au cœur de leur réseau. C'est BICS, une filiale de Belgacom assurant des communications Internet dans le monde entier, qui était visée. Une équipe hautement spécialisée de la société hollandaise Fox-IT a alors engagé une opération d'envergure pour identifier et détruire les différents éléments du virus. Ses ingénieurs ont découvert avec stupéfaction que celui-ci mutait en permanence et remplissait simultanément de multiples fonctions : il recherchait et stockait des données, transférées ensuite vers des serveurs mystérieux basés aux États-Unis et en Grande-Bretagne. D'autres éléments du programme espion bloquaient l'action des logiciels antivirus. Un véritable cauchemar implanté sur des dizaines d'ordinateurs au cœur du réseau : « Ce que le patron du réseau de Belgacom avait le droit de faire, le virus pouvait également le faire. Il avait les clés, les mots de passe et le contrôle total. Nous sommes passés au bord de la catastrophe », racontera un dirigeant de l'entreprise [34]. L'intervention de Fox-IT durera plusieurs semaines, coûtant à Belgacom près de 5 millions d'euros pour sécuriser un réseau utilisé par le Parlement européen, l'OTAN et le réseau interbancaire Swift. Quelques semaines plus tard, les Belges ont appris grâce à Edward Snowden qu'ils avaient été victimes d'une opération anglo-américaine menée par le GCHQ. Le nom de code énigmatique de ce piratage en règle : « Operation Socialist » [35].

Cette opération a évidemment confirmé l'inquiétude des professionnels du secteur. Après les premières révélations de Snowden, celle-ci s'était notamment manifestée en juillet 2013 à Las Vegas, lors de la conférence Black Hat sur la « sécurité de l'information » réunissant annuellement aux États-Unis les spécialistes de la sécurité informatique, vendeurs d'antivirus et autres *hackers*. Malgré les efforts du général Keith Alexander, patron de la NSA, venu essayer de justifier dans cette rencontre son activité par les nécessités du combat contre les *bad guys*, de nombreux professionnels y ont exprimé pour la première fois très ouvertement leurs préoccupations. Comme l'expert en virus Shane McDougall : « Vous pouvez perdre le contrôle de votre bébé (les *exploits* que vous vendez). Un jour, votre technologie sera utilisée pour persécuter ceux que le

---

l'ONG britannique Privacy International à demander l'interdiction de la vente de produits de Gamma Group à des régimes autoritaires.

gouvernement décide de considérer comme des ennemis de l'État. » Et un autre expert, Alex Stramos, renchérissait : « Aujourd'hui, j'ai un problème moral si je vends un *exploit* au gouvernement américain : auparavant, je ne savais pas ce qu'il en faisait mais, avec les révélations de Snowden, je le sais [36]. »

En octobre 2013, dans un entretien accordé au *New York Times*, le général Alexander a reconnu explicitement l'activité offensive de cyberguerre menée par son agence [37]. D'un ton patelin, il a affirmé qu'il ne prévoyait ce type d'activités que dans des circonstances très particulières, comme « par exemple, lorsque vous défendez le pays quand il est en guerre, ou bien quand vous voulez réaliser quelque chose de vraiment important pour le bien de la nation ou de nos alliés ». Le propos, dans sa généralité même, indique bien que le général était prêt à conduire la cyberguerre quand lui l'estimait nécessaire, ce qui est tout sauf rassurant.

Du coup, un peu partout dans le monde, la défiance envers le matériel et les services proposés par les sociétés américaines s'est accentuée : gouvernements et entreprises privées rechignent désormais plus souvent à confier leurs données à des serveurs anglo-saxons. En septembre 2013, un rapport de l'association américaine Information Technology and Innovation Foundation estimait que ce secteur de l'industrie américaine pourrait perdre de ce fait entre 21 et 35 milliards de dollars sur trois ans [38]. Cela explique par exemple l'énervement de Matthew Prince, patron de la firme CloudFlare, qui offre ce type de services et dont la majorité des clients est à l'étranger : « Dans notre métier, la valeur fondamentale, c'est la confiance. [...] Et les activités de la NSA menacent cette confiance. Nous avons perdu des clients et continuerons à en perdre [39]. »

Il est vrai qu'en Europe, Thalès, Deutsche Telekom et d'autres entreprises ont profité de ces inquiétudes en offrant aux entreprises américaines des solutions d'hébergement sécurisé de leurs données informatiques. Et, à l'automne 2013, plusieurs députés européens ont réclamé un « *eurocloud* » qui échapperait à l'emprise américaine [40]. Parallèlement, on l'a vu, le Brésil a mis sur les rails un projet de loi interdisant aux entreprises américaines de garder hors de son territoire des données concernant ses citoyens. L'Inde, quant à elle, souhaite même interdire l'utilisation des services américains comme Yahoo ! et Gmail. Face à ces réactions, certains médias américains ont vivement réagi, invoquant le risque de « balkanisation d'Internet » avec un empilement d'intranets nationaux qui ne seraient espionnés que par les administrations de chaque pays. Habilement, un sénateur américain a proposé une parade : imposer aux autorités européennes que les lois de protection de la vie privée soient les mêmes pour les agences américaines que pour les agences européennes, et refuser que les entreprises privées américaines négocient et soient « prises en otage » par les instances réglementaires européennes [41].

Car, au-delà des échanges feutrés au sein des différentes instances de l'OTAN, il est certain que la « cyberguerre » n'est pas le seul fait de la NSA américaine au sein du « camp occidental ». Même si, faute de moyens, elle ne peut l'égaler, l'expérience française en la matière mérite à cet égard d'être relatée.

13

Existe-t-il une NSA française : « Frenchelon » ?

Depuis le XIIIe siècle, la France est un État fort qui a toujours trouvé utile d'espionner les correspondances de ses citoyens. Est-ce pour cela que l'affaire Snowden n'a pas semblé surprendre outre mesure à Paris ? Dès le 5 juillet 2013, le quotidien *Le Monde* écrivait en tout cas : « Il n'y a pas que l'État américain qui a développé un gigantesque appareil permettant d'espionner l'ensemble de ses ressortissants, et au-delà. Paris fait de même [1]. »

Assurant disposer de preuves, le journal révélait ainsi que « la Direction générale de la sécurité extérieure collecte systématiquement les signaux électromagnétiques émis par les ordinateurs ou les téléphones en France, tout comme les flux entre les Français et l'étranger ». Comme Prism, le réseau de surveillance français serait tentaculaire : « Courriers électroniques, relevés d'appels téléphoniques, accès Facebook, Twitter et autres sites Internet... Tout est conservé [2]. » D'ailleurs, le journal expliquait que c'est parce que « Paris était au courant » et « faisait la même chose » que la France n'a que « faiblement protesté aux révélations d'Edward Snowden », alors même qu'un « concert d'indignation » retentissait alors en Europe. La mollesse avec laquelle la France avait répondu aux accusations d'espionnage de ses propres citoyens et diplomates a d'ailleurs étonné plusieurs observateurs et personnalités politiques. En juillet 2013, dans un billet publié sur le site du *Huffington Post*, la députée européenne Éva Joly (EELV) s'est ainsi insurgée contre le rejet de la demande d'asile d'Edward Snowden, rappelant « quand même que nous venons de découvrir que la France faisait partie des pays espionnés par les États-Unis [3] ».

La surveillance des communications en France, une arme politique fort ancienne

Divulguant des informations secrètes et embarrassantes pour le gouvernement, l'article du *Monde* crée l'agitation parmi les autorités françaises. Le 18 juillet, le directeur général de la sécurité extérieure (DGSE), Bernard Bajolet, et le coordonnateur national du renseignement, Alain Zabulon, sont auditionnés par la délégation parlementaire au renseignement. Mais les deux hommes forts du renseignement français nient en bloc, assurant que les « allégations » du quotidien sont sans fondement [4]. Même s'ils mettent sérieusement en doute, comme d'autres anciens de la DGSE [5], les informations de cet article, celui-ci a en tout cas le mérite d'attirer l'attention sur les opérations d'écoute, bien réelles, des services secrets français.

Trois mois plus tard, la Commission nationale de l'informatique et des libertés (CNIL) finit par saisir le gouvernement d'une demande de précisions sur l'éventuelle existence d'un dispositif d'espionnage français équivalent au programme américain Prism, « qui serait ainsi réalisé en dehors du cadre juridique prévu par le législateur [6] ». Dans un communiqué, l'institution réitère ses inquiétudes et rappelle que, dans un État de droit, « aucune considération ne saurait justifier une surveillance généralisée et indifférenciée de la population, pas plus que la mécanisation de cette surveillance » ; la CNIL dit regretter ne pouvoir « contrôler, de manière générale, les fichiers de renseignement » et indique qu'elle a donc proposé au gouvernement « de renforcer son pouvoir de contrôle en la matière ».

Il faut dire que la faiblesse du contrôle démocratique des activités de renseignement a en France une très longue tradition. Comme les États-Unis aujourd'hui, son État a depuis fort longtemps surveillé diplomates et chefs d'État étrangers. L'espionnage extérieur, institutionnalisé au XVIIIe siècle, a d'abord eu une fonction essentiellement militaire : il permettait à Paris de se tenir au fait des stratégies de ses adversaires pour mieux les circonvenir. Au fil des crises géopolitiques, cet instrument s'est étendu à de nouveaux pays, mais aussi à de nouveaux moyens de communication, comme le télégraphe au XIXe siècle. Quant à l'espionnage intérieur, il était avant tout politique jusqu'à la fin du XIXe siècle : par son réseau d'espions et de mouchards, l'État surveillait les associations politiques et les mouvements sociaux pouvant porter atteinte à l'« ordre bourgeois ». Et, dès cette époque, des précurseurs des actuels lanceurs d'alerte s'insurgeaient contre les abus de la surveillance intérieure, défendant les libertés individuelles définies par la Déclaration des droits de l'homme et du citoyen. Comme par exemple le socialiste Jules Guesde, qui voyait en

1883 dans le secteur naissant de la « téléphonie privée » un... contre-feu possible aux dangers du contrôle par l'État du « service public » en matière de communications : « La téléphonie privée, expliquait-il, [qui] commence à faire une concurrence sérieuse à la télégraphie d'État, échappe à cet œil de la rue de Jérusalem [la préfecture de police] que l'État bourgeois, maître des télégraphes et des postes, met à volonté dans nos lettres et nos dépêches [7]. »

Sous le régime de Vichy (1940-1944), le gouvernement français a considérablement étendu son appareil de surveillance, sans se soucier de considérations éthiques, afin de traquer les « ennemis intérieurs » : juifs, francs-maçons, résistants et prisonniers évadés. Vichy a ainsi mis en place un vaste réseau de surveillance, n'hésitant pas à écouter les conversations téléphoniques ni à ouvrir et lire massivement les courriers de ses citoyens. Après avoir eu vent de fuites au sein de ses employés, le secrétaire d'État aux Communications leur rappelait ainsi le 31 août 1942 qu'« en aucun cas, les agents de l'administration ne doivent faire allusion auprès du public, de l'existence des services de contrôle et à leur intervention dans les services postaux, télégraphiques et téléphoniques [8] ».

Un encadrement toujours insuffisant

Lorsqu'il devient Premier ministre en avril 1962, Georges Pompidou affirme vouloir moraliser les services secrets et assure qu'« on ne dirige pas un pays en écoutant aux portes ». Pourtant, l'activité des services de renseignement continue de s'étendre, s'intéressant à de multiples secteurs de la vie économique et sociale du pays. Les hippodromes et les établissements de jeux, lieux où transite beaucoup d'argent, font l'objet d'une surveillance assidue. Peu de temps avant, en 1960, en pleine guerre d'Algérie, le Groupement interministériel de contrôle (GIC) est créé pour assurer « l'ensemble des écoutes et enregistrements téléphoniques et télégraphiques sur fils ainsi que des renvois sur réseau PTT des écoutes microphoniques, ordonnées par les autorités gouvernementales [9] ». Mai 68 sera, naturellement, un événement suivi de très près par les oreilles de l'État.

Les abus de la surveillance en France seront dénoncés dans les années 1970, notamment après le scandale de la fameuse « affaire des plombiers » : le soir du 3 décembre 1973, un journaliste du *Canard enchaîné* remarque de la lumière dans ses locaux et aperçoit deux agents de la DST, déguisés en plombiers, affairés à la pose de mouchards. Les médias crient au scandale, des politiques montent au créneau, un procès est ouvert. Et malgré les preuves, les juges concluront par un non-lieu. Ce scandale n'arrêtera d'ailleurs pas la surveillance de l'hebdomadaire satirique : en 1978, *Le Canard enchaîné* révèle les codes confidentiels utilisés par les PTT pour écouter quatre des lignes de la rédaction et publie plusieurs écoutes [10].

En octobre 1973, la commission de contrôle des services administratifs du Sénat déplore dans un rapport que « les écoutes téléphoniques fonctionnent illégalement dans la majorité des cas ». « Il ressort également des diverses informations recueillies par la commission, ajoute-t-elle, que les écoutes dites "sauvages", pratiquées par des personnes appointées ou non sur le budget de l'État, permettent des activités attentatoires — comme toutes les écoutes — à la dignité de la vie privée et, en outre, génératrices de manœuvres et de profits hautement condamnables. » La commission s'indigne également des entraves mises à son enquête par le gouvernement : « Il apparaît enfin que l'argument du secret de la Défense nationale, auquel nous sommes tous sensibles et attachés, ne peut servir, sans constituer un véritable abus de pouvoir, de prétexte pour paralyser le fonctionnement d'une commission de contrôle qui n'a jamais cherché à enfreindre ou violer ce secret. » Malgré cette belle indignation, rien ne changera et les écoutes continueront de plus belle. Ministre de l'Intérieur de 1974 à 1977, Michel Poniatowski avouera ainsi dans ses *Mémoires* que, sous son mandat, les écoutes s'exerçaient « sur des journalistes, des dirigeants syndicaux, des hommes politiques, des membres des cabinets ministériels et jusque sur des ministres [11] ».

Il faudra la condamnation de la France par la Cour européenne des droits de l'homme dans deux affaires d'écoute pour que sa législation soit mise en conformité avec le droit des autres pays européens, avec l'adoption de la loi du 10 juillet 1991 dont le premier article stipulait : « Le secret des correspondances émises par la voie des communications électroniques est garanti par la loi. Il ne peut être porté atteinte à ce secret que par l'autorité publique, dans les seuls cas de nécessité d'intérêt public prévus par la loi et dans les limites fixées par celle-ci. » L'administration ne peut ainsi écouter les conversations téléphoniques des particuliers qu'à titre exceptionnel, pour des affaires concernant la sécurité nationale ou la prévention du terrorisme, par exemple. *Idem* pour les écoutes judiciaires : un juge d'instruction ne peut aussi ordonner de faire pratiquer des écoutes téléphoniques que « lorsque les nécessités de l'affaire l'exigent ».

En principe mieux encadrée, disposant de mobiles légitimes, la surveillance n'a pourtant cessé de gagner de l'ampleur dans les années 2000, comme le soulignait le quotidien *La Croix* en juin 2013 : « Entre 2007 et 2010, la masse de ces réquisitions particulières a augmenté de 40 % pour atteindre quelque 600 000 actes, dont des dizaines de milliers d'écoutes et de géolocalisations commandées aux opérateurs de télécommunication [12]. » Et pour cause : les définitions restaient très floues, ce qui permettait aux autorités d'interpréter très largement la loi de juillet 1991. Et cela d'autant plus que son article 20 ouvrait la voie à toutes les dérives : « Les mesures prises par les pouvoirs publics pour assurer, aux seules fins de défense des intérêts nationaux, la surveillance et le contrôle des transmissions empruntant la voie hertzienne ne sont pas soumises aux dispositions des titres Ier et II de la présente loi. » La « défense des intérêts nationaux » avait en l'espèce bon dos, puisqu'elle permettra par exemple à la DGSE, au travers de la surveillance des transmissions par voie hertzienne, de capter une partie des échanges Internet sans le moindre contrôle démocratique. Ce que reconnaîtra implicitement le député PS Jean-Jacques Urvoas, premier vice-président de la délégation parlementaire au renseignement, cité en août 2013 par *Le Canard enchaîné* : « L'article 20, c'est la zone grise. On touche là à l'incapacité du gouvernement de contrôler les méthodes des services [13]. »

« Frenchelon », le réseau d'écoute de la DGSE en France et dans le monde

Peu connu du grand public, le réseau d'écoute de télécommunication de la France est actif dans le monde entier. En référence au programme américain Echelon, il a été surnommé « Frenchelon » par les Américains, une manière pour ces derniers, écrit Jean-Marc Manach — dont je reprends ici nombre des précieuses informations —, de « rappeler que la France disposait elle aussi de son système d'interception, sans que l'on sache si ce nom de code permettait aux Anglo-Saxons de railler les *frenchies*, ou *a contrario* aux services français de montrer qu'ils n'étaient pas en reste par rapport à leurs "alliés" mais néanmoins concurrents [14] ».

C'est en juillet 1995, rappelle Manach, que Jacques Isnard révèle dans *Le Monde* que « la France dispose d'une série de moyens techniques couvrant la gamme des renseignements Elint (*Electronic Intelligence*), Comint (*Communication Intelligence*) et Imint (*Image Intelligence*) à des fins militaires », mais aussi géopolitiques [15]. Comme l'expliquait un espion français au journaliste Jean Guisnel en 1998 : « C'est le jeu de la guerre secrète, à nous de faire comme les Américains et d'être aussi performants. C'est "Je te tiens, tu me tiens par la barbichette !" Il serait malvenu de s'en offusquer [16] ! » Monté par deux entités du ministère de la Défense — la Direction du renseignement militaire (DRM) et la DGSE —, ce réseau s'est développé avec l'aide de la NSA. En 2000, rappelle également Manach, *Le Monde du renseignement* révélait ainsi que la DGSE collaborait depuis des années avec la NSA : « Au cours des années 1970, le service d'espionnage des télécommunications américain avait en effet "transmis une partie de son expertise aux experts de l'ex-Groupement des contrôles radio-électriques — une entité dont les fonctions sont aujourd'hui assurées par la direction technique de la DGSE", facilitant la construction d'un réseau français d'interception des télécommunications entre 1985 et 1990. »

Les confidences de quelques agents secrets ont permis d'établir que ce réseau est constitué par de nombreuses stations en France (« presqu'île de Giens, Les Alluets-le-Roi, Feucherolles, Solenzara (Corse), Saint-Laurent-de-la-Salanque, Dieuze, Domme, Nice, Mutzig, Fort du Mont-Valérien, Hôtel des Invalides, plateau d'Albion, Cap d'Agde, Creil et Boullay-les-Troux [17] ») et dans certaines anciennes colonies : « La Tontouta (Nouvelle-Calédonie), Kourou (Guyane), Mayotte, l'île de la Réunion, Papeete (Polynésie française) ou encore Djibouti [18]. » Les autorités françaises ne nient pas l'existence de ce réseau, mais elles refusent de s'exprimer sur le sujet (et l'image du centre radio-électronique de Domme est floutée sur Google Maps). La France dispose également de stations mobiles d'interception embarquées sur des avions modifiés (des Transall appelés Gabriel) et un navire espion, le *Dupuy-de-Lôme*, un imposant bâtiment couvert d'antennes et de radomes, lancé en 2006.

Les travaux de quelques (rares) journalistes obstinés, comme Jean Guisnel, Vincent Jauvert et Jean-Marc Manach, ont permis de lever un peu le voile sur la question. En juillet 2013, Vincent Jauvert, du *Nouvel Observateur*, relatait par exemple que la base de Domme, en Dordogne, était l'« un des plus grands centres d'écoute du monde » : « Dans cette base secrète protégée par des miradors, des chiens policiers et des barbelés électrifiés, treize immenses antennes paraboliques espionnent, jour et nuit, toutes les communications internationales qui transitent par les satellites visés [19]. » Sur le blog du spécialiste américain de la NSA Matthew M. Aid [20], on apprend également que la station d'Alluets-le-Roi a au moins dix antennes d'interception satellite et une station souterraine de cent mètres de long (ce qui en fait un des plus grands sites français), que celle de Saint-Christol-d'Albion enregistre notamment des renseignements venant d'Afrique, ou que celles de Saint-Laurent-de-la-Salanque et d'Agde s'intéressent plus particulièrement à l'Europe du Nord. Et, en octobre 2010, Jean-Marc Manach rapportait que Bernard Barbier, le directeur technique de la DGSE, estimait que la France faisait désormais partie du « Top 5 » des pays en termes de « renseignement technique », aux côtés des États-Unis, du Royaume-Uni, d'Israël et de la Chine, parce qu'elle était présente sur les cinq continents [21].

L'ensemble de ce dispositif permet à la DGSE, même si ce n'est pas à l'échelle folle de celui de la NSA, de recueillir un ensemble considérable de données, utilisé sans contrôle démocratique par ses responsables (et ses « alliés techniques », NSA et GCHQ), comme le relevait *Le Monde* en juillet 2013 : « Si cette immense base de données n'était utilisée que par la DGSE, qui n'officie que hors des frontières françaises, l'affaire serait déjà illégale [22] », écrivait le quotidien, expliquant que « les six autres services de renseignement [français], dont la Direction centrale du renseignement intérieur (DCRI), les douanes ou Tracfin, le service de lutte contre le blanchiment, y puisent quotidiennement les données qui les intéressent. En toute discrétion, en marge de la légalité et hors de tout contrôle sérieux. Les politiques le savent parfaitement, mais le secret est la règle ».

Or les demandes de consultation de ces autres services sont loin de se limiter au seul terrorisme ou à la défense du patrimoine économique. « Le libellé très flou de la protection de la sécurité nationale, assurait *Le Monde*, permet notamment d'identifier les entourages de personnalités au plus haut niveau de l'État, quelles que soient leur qualité et la nature des liens espionnés. » Ce dispositif est parfaitement « a-légal », estimait d'ailleurs l'un des patrons d'une des agences de renseignement : si la loi définit certes strictement les interceptions de sécurité, autorisées par le Premier ministre sur avis de la Commission nationale consultative des interceptions de sécurité (CNCIS), elle n'a en rien prévu un stockage massif de données techniques (métadonnées) par les services secrets. « Voilà des années que nous sommes dans l'autorisation virtuelle et chaque agence se satisfait bien de cette liberté permise grâce au flou juridique qui existe autour de la métadonnée », a confié au *Monde* l'un des anciens patrons des services [23].

La DGSE : des moyens limités, mais une coopération suivie avec la NSA

Néanmoins, de nombreux experts minimisent la force de frappe des renseignements français, comme par exemple François Géré, président de l'Institut français d'analyse stratégique : « Fondamentalement, nous faisons la même chose que les Américains, et avec des techniques similaires. Toutefois, par manque de moyens, nous réduisons le périmètre aussi bien géographique (essentiellement en Europe et en Afrique) que sémantique (le nombre de mots-clés) [24]. » Car si la DGSE est à la deuxième place européenne en puissance de calcul, derrière son homologue britannique, plusieurs facteurs réduisent sa force d'impact : consommation énergétique excessive de ses supercalculateurs, effectifs limités comparés à ses concurrents (en 2010, 1 100 personnes travaillaient à la direction technique de la DGSE, contre 5 000 au GCHQ britannique et 40 000 à la NSA [25]).

Jean-Marc Manach, animateur du blog « Bug Brother » sur le site du *Monde*, n'a pas hésité à contester les accusations de ses confrères du quotidien. Certes, écrit-il, « il est techniquement possible d'espionner tout type de réseau de communication [26] ». Mais, assure-t-il, « le maillage décentralisé du réseau Internet, en France, fait qu'il est par contre improbable que la DGSE ait pu concrètement, financièrement et structurellement, placer l'intégralité de nos télécommunications sous surveillance afin de collecter et stocker nos métadonnées ». En France, explique Jean-Marc Manach, « l'historique du développement des télécommunications a débouché sur une infrastructure décentralisée ».

Quant au spécialiste Éric Filiol, cité par *Le Journal du dimanche*, il conteste lui aussi l'article du *Monde*, non sans une certaine ironie : « Je suis sidéré de cet article, qui utilise d'ailleurs beaucoup de conditionnels », commence-t-il, avant d'ajouter : « J'ai eu l'occasion de visiter les deux étages où seraient situés les équipements d'interception des communications selon *Le Monde*. Si vous parvenez à stocker sur seulement deux étages l'ensemble des interceptions françaises, alors la France a fait d'énormes progrès en stockage de données [27] ! » Pourtant, la DGSE rend parfois des services aux grandes entreprises publiques françaises en leur communiquant le résultat d'interception d'appels d'offres ou d'échanges commerciaux de concurrents. Les responsables des entreprises concernées les consultent dans une pièce de la DGSE appelée « salon de lecture [28] ».

Bien que les moyens du renseignement français soient limités et que les autorités, assurent-elles, suivent (presque) toujours la loi, ils savent comment la détourner pour arriver à leurs fins. Cette loi, on l'a vu, est celle de 1991, qui régit les interceptions, après décision du Premier ministre et avis de la Commission nationale consultative des interceptions de sécurité (CNCIS), qui a ensuite le pouvoir de les contrôler et de les vérifier. C'est ce que répondront les services de Matignon questionnés par des journalistes, relève Jean Guisnel dans *Le Point* [29] : les interceptions des « flux de données » sont obligatoirement « soumises à l'autorisation préalable de la CNCIS, selon des motifs clairement déterminés par la loi et la jurisprudence de cette commission ». Mais ce terme « flux de données » peut être interprété de différentes manières, son sens ayant évolué. Dans un premier temps, il renvoyait à l'écoute de « ligne », d'après l'article

L. 242-2 du Code de la sécurité intérieure. Mais, depuis 2011, ce terme a été remplacé par celui de « cibles », qui étend le nombre d'écoutes possible : « Par exemple, une même personne possédant deux ou trois téléphones portables, des lignes fixes à son domicile et/ou sur son lieu de travail, des adresses IP multiples, pourra être écoutée sur tous ces systèmes », note Jean Guisnel, qui précise qu'à l'été 2013, l'administration française et ses services étaient autorisés à écouter 1 840 « cibles ».

Par ailleurs, quelques jours après les déclarations outrées des officiels français, apparemment révoltés par l'espionnage de la NSA en France [30], le quotidien allemand *Süddeutsche Zeitung* affirme, documents Snowden à l'appui, que les services spéciaux français ne se contentent pas de garder les données récoltées pour leur usage : ils les transfèrent régulièrement aux États-Unis et au Royaume-Uni [31]. Selon le journal, cette coopération s'effectue dans le cadre d'un accord spécial baptisé Lustre, en vertu duquel les services spéciaux français coopèrent avec les membres du système *five eyes*, les pays du réseau Echelon du pacte UKUSA. C'est surtout avec les Anglais que la DGSE collabore, notamment sur l'interception des câbles sous-marins.

Et *Le Monde* de confirmer : « Selon nos informations, recueillies auprès d'un haut responsable de la communauté du renseignement en France, la direction des services extérieurs français, la DGSE, a, en effet, établi, à partir de la fin 2011 et début 2012, un protocole d'échange de données avec les États-Unis. [...] "C'est un troc qui s'est institué entre la direction de la NSA et celle de la DGSE, explique la même source. On donne des blocs entiers sur ces zones et ils nous donnent, en contrepartie, des parties du monde où nous sommes absents, mais la négociation ne s'est pas effectuée en une fois, le périmètre du partage s'élargit au fil des discussions qui se prolongent encore aujourd'hui" [32]. »

Le recours croissant des services de renseignement aux entreprises privées

Lyon, 8 juillet 2013, « Forum Technology against Crime » : « Pour protéger leurs populations, tous les États ont besoin d'accéder à certaines communications électroniques, aussi bien en matière de renseignement que de poursuites judiciaires », assène le ministre français de l'Intérieur Manuel Valls, au lendemain de l'article du *Monde* dévoilant l'existence du Big Brother français [33]. Pas un mot, aucun recul pour mettre en garde contre les risques de dérives sécuritaires. Le ministre est en parfaite harmonie avec ceux qui participent à ce « Davos de la sécurité » : une vingtaine de ses homologues, ainsi que les nombreux représentants de « petites entreprises venues proposer leurs armes numériques aux représentants d'une cinquantaine de pays », comme le raconte le journaliste de *L'Express* Emmanuel Paquette : « Hacking Team (équipe de piratage), Remote Control System (prise de contrôle à distance) ou Gamma Group et son produit phare, FinFisher (le pêcheur de précision). Tout un programme ! Ces camelots d'un nouveau genre vantaient les mérites de leurs outils de surveillance. Très sophistiqués, ceux-ci permettent de capter à distance les messages écrits, vidéo ou audio d'un internaute dès lors qu'il les saisit sur un PC, un smartphone ou une tablette [34]. »

Depuis quelques années, ces entreprises privées ont le vent en poupe. En effet, relève Emmanuel Paquette, la police et les gendarmes ont besoin de décrypter les communications interceptées, rendues illisibles pour quiconque ne possède pas l'indispensable clé de lecture. Mais les moyens techniques sont insuffisants, comme le lui a expliqué le juge d'instruction antiterroriste Marc Trévidic : « Pour déchiffrer des communications suspectes, nous devons faire appel au centre technique d'assistance du ministère de l'Intérieur, qui peut mettre jusqu'à trois semaines pour nous répondre. C'est trop long. Nous avons besoin de lire en temps réel les conversations dans le cadre d'affaires de terrorisme. Va-t-il falloir attendre un incident avant de réagir et de nous donner des moyens [35] ? » Et le journaliste de préciser : « Le magistrat milite de longue date pour une deuxième solution : l'utilisation de logiciels espions, capables de capter des informations à la source, avant même qu'elles soient chiffrées, en entrant dans les PC et téléphones. Pour parvenir à leurs fins, les agents installent directement ou à distance un mouchard sur les terminaux. »

Mais, entre les impératifs judiciaires de la lutte antiterroriste et l'indispensable respect des libertés individuelles, l'équilibre est difficile à trouver. Ce que les grandes « démocraties occidentales » ont abondamment prouvé depuis les attentats de septembre 2001, en adoptant régulièrement en la matière des lois liberticides, du *Patriot Act* américain de 2001 à l'article 13 de la loi de programmation militaire française de décembre 2013 « rendant possible une surveillance généralisée des informations et communications sur Internet [36] » — pour ne prendre que ces exemples, bien d'autres pouvant être cités. Ces lois ont souvent consisté à légaliser des pratiques illégales utilisées de longue date par l'État, comme l'expliquait dès 1992 le magazine *Science et Vie* : « Nos organismes officiels ont de plus en plus de mal à justifier la légitimité de ces méthodes : hypocritement, ils s'adressent à des réseaux parallèles clandestins, des officines privées, pour se décharger moralement des noires besognes. Des établissements d'État ne veulent plus tremper dans ces combines qui, une fois dévoilées, débouchent sur des scandales retentissants comme le Watergate [37]. »

D'où le recours croissant, depuis les années 1980 ayant marqué le triomphe de la mondialisation néolibérale, des services de renseignement français — comme leurs homologues américains et de l'OTAN — aux services des sociétés privées de surveillance. Fondée en 1979, Amesys, filiale du fleuron de l'informatique français Bull, fait partie des entreprises privées les plus performantes en la matière. Un de ses logiciels, Eagle, permet de voir en temps réel tout ce qui transite par les navigateurs Web et dans les messageries instantanées. Et la société ne jouit pas d'une belle réputation. Dans un rapport de mars 2013, Reporters sans frontières l'a même accusée de faire partie des « ennemis d'Internet », notamment parce qu'elle a vendu son système d'écoute globale Eagle à des gouvernements fâchés avec les droits de l'homme, dont la Libye de Kadhafi, l'Arabie saoudite, le Qatar et le Gabon [38]. En mars 2012, Bull, qui possède Amesys, a annoncé qu'elle renonçait à ses activités liées à Eagle. « Mais le logiciel ne s'en va pas loin, a indiqué Erwan Cario, journaliste à *Libération*. Il est en effet vendu à un des concepteurs d'Eagle et ex-directeur général d'Amesys, Stéphane Salies, qui exploite à présent une société basée aux Émirats arabes unis : Advanced Middle East Systems. Soit A.M.E.Sys [39]. » Une solution habile pour continuer à vendre, en toute impunité, des armes informatiques très efficaces quand une dictature veut identifier ses opposants et les neutraliser.

Autre signe du dynamisme de la production de ces logiciels espions : selon Emmanuel Paquette, la France se serait dotée d'un arsenal permettant de capter à distance les informations tapées par un internaute sur son ordinateur, avec le soutien de la société Ercom, spécialiste des tests et de la mesure de performance des réseaux de télécommunication. « L'Italie, l'Allemagne et la France autorisent déjà ce type d'opérations sous le contrôle d'un juge, explique le journaliste, mais l'homologation des outils techniques se fait attendre dans l'Hexagone depuis maintenant plus de deux ans [40]. » En cause : les craintes d'atteinte à la vie privée. D'ailleurs, « la Cour constitutionnelle fédérale allemande [...] a estimé que ces systèmes ne pouvaient être employés que s'il existe réellement des éléments présentant une menace concrète sur l'intégrité corporelle, la vie, la liberté des personnes, ou une atteinte aux intérêts fondamentaux de la nation. Une façon de rappeler que la frontière est bien mince entre la recherche de la sécurité et la violation de la vie privée [41] ».

Thalès est probablement le groupe français qui tire le mieux profit de ce dynamisme. Comme l'a détaillé Emmanuel Paquette, le groupe d'électronique, « en coopération avec la société de service Azur Integration, équipe depuis 2009 la plate-forme d'interception des réseaux mobiles 3G et 4G de la police nationale, baptisée Primatice », qui utilise le système de surveillance de l'Internet fixe et mobile Spyder [42]. Après l'obtention d'une commission rogatoire par un juge dans le cadre d'une enquête, les agents peuvent ainsi intercepter les flux Internet et mobiles du suspect et les analyser ; et « depuis 2011, les fournisseurs d'accès à Internet sont aussi connectés à une autre plate-forme, appelée Cariatide, qui fonctionne également avec Spyder [43] ». « Au total, expliquait Emmanuel Paquette en mai 2013, le nombre d'interceptions reste limité, pour l'heure, à une centaine par an, et ce, pour des raisons de coût. Le prix payé par la justice à ces entreprises varie de 60 euros par jour et par personne, sur les mobiles, à 80 euros pour l'Internet fixe. [...] Mais les jours de Primatice et Cariatide sont comptés. Demain, toutes les écoutes seront regroupées sur une seule plate-forme hébergée par Thalès. Une bonne façon de les décupler à moindre coût [44]. » Tel était en effet l'objectif de la « plate-forme nationale d'interceptions judiciaires » (PNIJ) qui devait être lancée à l'automne 2013 afin de « permettre de centraliser en un seul point plus de 5 millions de réquisitions judiciaires (liste des appels téléphoniques, identité d'un abonné derrière un numéro...) et près de 40 000 écoutes autorisées par les juges dans le cadre de leurs enquêtes [45] ». Un projet au demeurant coûteux (sans doute quelque 50 millions d'euros au lieu des 17 millions prévus initialement) et critiqué par de nombreux spécialistes pour les multiples risques qu'il induit [46].

Quoi qu'il en soit, l'espionnage semble avoir de beaux jours devant lui en France. Le flou de la loi, le progrès constant des technologies d'interception des données, le dynamisme des entreprises françaises du secteur, tout concourt à mettre en danger la vie privée des citoyens. Le pouvoir politique fait le dos rond, soucieux de bénéficier d'outils de contrôle performants et très peu de parlementaires se soucient du problème, par manque d'information et de compétence. Il revient donc aux citoyens de prendre en main la protection de leur vie privée. D'où l'importance d'écouter les « lanceurs d'alerte », dont la longue histoire mérite d'être racontée...

14

Les lanceurs d'alerte, traîtres ou héros ?

Dans son interview du 12 juin 2013 au *South China Morning Post* de Hong Kong, Edward Snowden a dénoncé la « culture du secret » de la Maison-Blanche [1]. Celle-ci, assurait-il, a bloqué toute forme de débat sur le nécessaire équilibre entre le droit de l'homme à l'intimité et à la vie privée, d'une part, et la capacité d'un gouvernement à enquêter, d'autre part. C'est pour relancer ce débat que l'informaticien, qui assurait n'être « ni un traître ni un héros », a fait ses révélations, expliquait-il aux journalistes. Mais de l'autre côté du Pacifique, les politiques américains, accablés par les demandes d'explications des journalistes, des pays espionnés et des associations de défense de la vie privée, ne voyaient pas ce débat d'un bon œil et remettaient en cause les intentions de celui qui avait volé des milliers de documents à son employeur, la NSA.

Les révélations de Snowden : un « acte de trahison » ?

Au Congrès, la violence des accusations pollue les débats. Bill Nelson, sénateur démocrate, craint que les informations divulguées ne mettent en péril la sécurité des États-Unis : « Nous ne pouvons garantir la sécurité nationale si les secrets sur nos méthodes de renseignement ne sont pas gardés. » Pour la sénatrice démocrate Dianne Feinstein, responsable du renseignement au Parlement, et John Boehner, président de la Chambre des représentants, l'informaticien est coupable d'un « acte de trahison ». Pete King, un des représentants républicains, qualifie Edward Snowden de « transfuge » qui risque entre « quinze et vingt ans de prison pour avoir révélé des informations classifiées ». Quant à Ralph Peters, analyste sur la chaîne Fox News, il réclame même contre lui la peine de mort.

La trahison est le seul crime nommé et décrit dans la Constitution, dans l'article 3 : « Le crime de trahison envers les États-Unis ne consistera que dans l'acte de faire la guerre contre eux, ou de se ranger du côté de leurs ennemis en leur donnant aide et secours. Nul ne sera convaincu de trahison, si ce n'est sur la déposition de deux témoins du même acte manifeste, ou sur son propre aveu en audience publique. » Pour les détracteurs du lanceur d'alerte, celui-ci peut donc être inculpé de trahison, « puisqu'il a révélé comment les services secrets s'attaquaient à des groupes comme Al-Qaida, contre lesquels ils sont en guerre », explique l'ancien officier de la CIA et directeur du Conseil pour l'intérêt national Philip Giraldi, qui montre l'inanité de cette mise en cause [2]. C'est pourtant le point de vue affirmé par le général Keith Alexander, directeur de la NSA : « Je pense que ces révélations vont nous faire du mal à nous et à nos amis [3]. » Même constat du côté d'Adam Raisman, analyste de l'entreprise SITE Intelligence Group : « Après la fuite, des djihadistes ont écrit des articles sur ce sujet, recommandant à leurs membres de redoubler de vigilance, de ne pas donner leur vrai numéro de téléphone ou d'autres informations lorsqu'ils s'inscrivent sur un site. Ils leur ont aussi donné des conseils très précis pour qu'ils puissent communiquer par courriels cryptés et utiliser des systèmes d'anonymisation comme Tor [4]. »

Les conséquences de ces révélations seraient donc gravissimes pour la sécurité nationale, affirment certains politiques et membres de la NSA, comme cet officiel anonyme : « Plus notre fonctionnement est exposé, plus nous perdons de marge de manœuvre [5]. » Selon les journalistes, « plusieurs terroristes anonymes à travers le monde ont déjà commencé à changer leurs moyens de communiquer, suite aux révélations faites dans les médias ». Et l'officiel d'ajouter : « Je suis frustré, parce que s'ils trouvent de nouveaux moyens de communication, nous serons dans le noir et passerons à côté de beaucoup d'informations [6]. » Pour un autre de ses collègues, lui aussi interrogé sous couvert d'anonymat, l'estimation des dégâts va prendre « plusieurs mois » : « Nous essayons de voir quelles informations ont été volées et d'évaluer le risque que cela peut faire peser sur la sécurité nationale [7]. »

Mais, pour nombre d'observateurs, ces révélations ne peuvent être considérées comme un acte de trahison : « Dire que Washington est en guerre contre Al-Qaida laisse songeur, objecte ainsi Philip Giraldi, puisque aucune déclaration de guerre n'a été votée par le Congrès comme le requiert l'article 1 de la Constitution. [...] Et même si le pays était en état de guerre, il est difficile d'affirmer qu'Edward Snowden a "aidé" Al-Qaida et les groupes ennemis associés. Il n'a pas été en contact avec eux et ne leur a donné aucune information classifiée, ni n'a parlé en leur nom, ni ne leur a donné de conseils pour attaquer les États-Unis. Quant à l'argument consistant à dire que ses révélations ont alerté les terroristes sur le fait que Washington peut lire leurs courriels et écouter leurs conversations téléphoniques, il ne tient pas non plus, puisqu'ils le savaient déjà depuis longtemps [8]. »

Autre accusation fréquemment portée à l'encontre du jeune homme : ses liens supposés avec le gouvernement chinois. Ainsi, une semaine après les révélations d'Edward Snowden, l'ancien vice-président des États-Unis, Dick Cheney, a déclaré dans l'émission *Fox News Sunday* que le jeune homme pourrait être un espion chinois : « Cette fuite d'informations classées, qui met en péril la sécurité nationale de notre État, est l'une des pires dont je me souvienne. [...] Je suis très suspicieux quant à son choix d'être allé en Chine : ce n'est pas le genre d'endroit où on va si on veut défendre la liberté. Cela soulève des questions sur les liens qu'entretient Snowden avec le pays. Je suis donc très inquiet de voir qu'il détient des informations qui pourraient intéresser la Chine. Ce pays l'accueillera à bras ouverts si Edward Snowden accepte de lui donner des informations [9]. » Mais, pour Giraldi, l'argument ne tient pas non plus : « Les États-Unis ont des relations diplomatiques amicales avec la Chine et la Russie. Tous deux sont des partenaires économiques. Il n'y a pas non plus de preuve qu'Edward Snowden ait donné ses informations à ces gouvernements ou à leurs services secrets [10]. »

Une dernière critique, plus personnelle, lui a été faite : il ne serait guidé que par son narcissisme. « Il veut être une star de la sécurité nationale. La trahison est devenue une sorte de mode », a dénoncé Ralph Peters, l'analyste de Fox News, tandis que Jeff Toobin du *New York Times* évoque « un immense narcissique guidé plus par son ego que par sa conscience ». Une telle accusation semble encore plus étrange lorsqu'elle émane d'un haut responsable de la NSA : « Je pense qu'Edward Snowden est un jeune homme très narcissique et très troublé qui a fait quelque chose de très, très mal », a ainsi affirmé Michael Hayden, ancien directeur de la NSA puis de la CIA [11]. À ces fonctions, on l'a vu (voir *supra*, chapitres 7 et 8), il a largement contribué au développement du système des écoutes illégales. En 2013, il travaille pour le groupe Chertoff, fondé par l'ancien secrétaire à la Sécurité intérieure Michael Chertoff, groupe qui bénéficie de juteux contrats avec le gouvernement américain en matière de cyberguerre et de cybersécurité. Comme le souligne Glenn Greenwald, « les conflits d'intérêts que cela crée dans les débats auxquels [Michael Hayden] participe ne sont presque jamais mentionnés [12] ». Ainsi, un internaute anonyme cité par Glenn Greenwald dira avec humour : « Inviter Hayden pour commenter la réglementation de la surveillance, c'est comme inviter Bernie Madoff à commenter la réglementation de Wall Street [13]. »

« Mais est-ce bien important ? », se demande David DiSalvo, chroniqueur de *Forbes* : « Alors que tout le monde se demande comment un homme a pu s'enfuir avec des informations secrètes, le vrai motif d'interrogation est de se demander si on se rend compte que, sans ces lanceurs d'alerte, on ne saurait pas évaluer la transparence que nos politiques disent appliquer [14]. » Même constat de la part de l'acteur John Cusack, membre de la Freedom of the Press Foundation : « Au cœur de la décision d'Edward Snowden se cache une certitude qui est la sienne : la croyance fondamentale au droit au savoir, à l'information des citoyens. Peu importe que sa révélation soit légale ou non, il a constaté que ce que faisait le gouvernement américain était un crime contre les citoyens et contre leurs droits. Voilà ce qu'on peut nommer le "principe de Snowden". Or, quand il est invoqué, c'est toujours pour éviter de regarder les révélations du lanceur d'alerte, en reprenant le discours du gouvernement, sans tenir compte des faits [15]. »

Le sénateur républicain libertarien Rand Paul va plus loin encore, en étant l'un des seuls hommes politiques à prendre immédiatement position en faveur d'Edward Snowden. Pour lui, ses révélations relèvent de la « désobéissance civile », allant même jusqu'à le comparer à Martin Luther King, ce qui lui vaut aussitôt les foudres de son propre camp. Un autre parlementaire, le représentant républicain du Michigan Justin Amash, très actif sur les réseaux sociaux, publie sur son compte Twitter le 24 juillet 2013, après qu'un de ses amendements visant à réduire le budget de la NSA en matière de collecte et de stockage des données téléphoniques a été rejeté de peu (par 217 voix contre 207) : « Les élites de Washington ont peur de la liberté. Elles ont peur de vous. » Pour Sylvie Kauffmann, éditorialiste au *Monde*, « les États-Unis sont pris au piège d'Internet, qu'ils ont eux-mêmes créé. Les avancées technologiques qui leur permettent d'écouter le monde entier se retournent contre eux. Et c'est au nom des valeurs qu'ils portent haut mais appliquent parfois sélectivement, la liberté et la transparence, que les lanceurs d'alerte les défient [16] ».

Le rôle controversé des lanceurs d'alerte, un vieux débat

Edward Snowden n'est pas le premier lanceur d'alerte à faire l'objet d'interrogations et de critiques féroces. La notion de « lanceur d'alerte » est encore récente en France, où elle tarde à avoir un statut juridique et une définition stable : certains parlent de héros prenant tous les risques, tandis que les partisans du *statu quo* essaient, en toute mauvaise foi, de les assimiler aux délateurs qui écrivaient à la Gestapo pendant les « heures noires de notre pays ». En revanche, dans la coutume et le droit anglo-saxons, le principe de *whistleblower* — littéralement « celui qui donne un coup de sifflet » — est bien établi depuis le XIIIe siècle : il qualifie les bons citoyens vivant à l'écart de la cour mais rapportant au souverain les abus dont ils sont victimes ou témoins.

Les États-Unis ont repris cette tradition dans leur droit. Elle a servi d'abord à protéger et à récompenser les citoyens témoins des abus commis par les fournisseurs aux armées pendant la guerre de Sécession : armes défectueuses, nourriture avariée, animaux malades, des marchands sans scrupule profitaient des événements pour s'enrichir rapidement aux dépens de l'armée ; en 1863, le *False Claims Act* récompense les dénonciateurs de ces abus en leur reversant jusqu'à 30 % des sommes récupérées par l'État [17]. Depuis cette époque, la loi a renforcé le statut des lanceurs d'alerte, jusqu'au vote, en 1989, du *Whistleblower Protection Act* (WPA), assurant des « protections juridiques pour les employés fédéraux qui révéleraient des activités gouvernementales illégales ou incorrectes ». Mais avec, toutefois, de sérieuses restrictions et exceptions, dont une de particulière importance : les salariés de la CIA, du FBI, de la NSA et d'UPS (l'entreprise postale américaine) ne peuvent bénéficier des protections garanties par le WPA.

C'est que, si les lanceurs d'alerte étaient à l'origine de fidèles serviteurs de l'État, ils en sont souvent venus ensuite à s'opposer au gouvernement. Ainsi, en 1971, Daniel Ellsberg, analyste consultant de la Rand Corporation travaillant pour le Pentagone, ébranle le monde par ses révélations au sujet de la guerre du Viêt-Nam : il rend public un rapport confidentiel de 7 000 pages, les *Pentagon Papers* détaillant les erreurs et les mensonges du gouvernement Eisenhower et des suivants pour légitimer une guerre qu'ils savaient perdue d'avance. Le président Richard Nixon étant également mis en cause par Daniel Ellsberg, ce dernier est recherché par toutes les polices des États-Unis puis poursuivi par le gouvernement — ce qui conduira au scandale du Watergate et à la démission de Nixon en 1974. Il est resté depuis le lanceur d'alerte de référence. En 2002, il publie un ouvrage retraçant ses désillusions. Citoyen voulant protéger son pays face aux mensonges du gouvernement, il est alors considéré comme un danger public : « L'incroyable impact des révélations concernant la mobilisation accrue de soldats que demandait l'armée pour continuer la guerre — l'un des secrets alors les mieux gardés de l'administration — m'a ouvert les yeux : j'ai compris que j'avais des responsabilités en tant que citoyen, moi qui n'avais jamais pensé avant à communiquer des informations secrètes au Congrès et encore moins au public en alertant la presse [18]. » Ce témoignage montre la dimension nouvelle du *whistleblowing* au tournant des années 1970. Si de tout temps ce souci de dénoncer les abus a existé, Daniel Ellsberg ainsi que les journalistes à l'origine de l'affaire du Watergate ont donné un retentissement international à leurs révélations.

Dignes descendants des pères fondateurs de la nation pour les uns, traîtres à emprisonner d'urgence pour les autres : aux États-Unis, les lanceurs d'alerte ont depuis deux visages. Le gouvernement américain, pris au dépourvu par ce nouveau type de révélations, profite des carences du cadre juridique censé les protéger. Certains ont subi des interrogatoires, des harcèlements et des intimidations de la part de leurs employeurs. Le chercheur à l'Institut de relations internationales et stratégiques (IRIS) Thomas Snégaroff fait une analyse intéressante de la figure du *whistleblower*, aujourd'hui honnie par le gouvernement américain : « Ces *whistleblowers* mettent en lumière la contradiction entre la défense des libertés et l'impératif de sécurité nationale. La plupart d'entre eux ne sont pas antisystème, bien au contraire, ils agissent au nom de la défense des valeurs américaines pour améliorer le système. Ils sont des poils à gratter de la démocratie américaine. Aux États-Unis, il est normal et valorisant de défier l'État [19]. » Pour beaucoup d'observateurs, les *whistleblowers* ne sont donc pas des dénonciateurs, mais des acteurs essentiels de la démocratie qui osent aller au-delà de leurs simples intérêts professionnels et privés pour servir l'intérêt général.

Une analyse toujours d'actualité en 2013, selon Glenn Greenwald : « Ce qui est intolérable, c'est ce règne du double standard. [...] Si vous faites fuiter une information qui révèle une corruption du gouvernement et que, par là même, vous mettez en cause les hommes politiques, alors vous êtes sévèrement puni (*whistleblowers*) ; mais quand les fuites que vous publiez glorifient le Président et ses conseillers, vous êtes alors protégé et même récompensé [20]. » De fait, depuis le début des années 2000, plusieurs affaires retentissantes ont montré le raidissement de l'administration américaine et de ses alliés face à ceux qui dénonçaient ses dérives.

2003 : l'affaire Katharine Gun, lanceuse d'alerte contre la guerre en Irak

En témoigne par exemple l'« affaire Katharine Gun », survenue peu avant le déclenchement de la guerre en Irak. Nous sommes le 31 janvier 2003. Katharine Gun, vingt-neuf ans, est depuis deux ans traductrice de mandarin au GCHQ, l'agence britannique de sécurité nationale, où elle traduit en anglais les conversations chinoises interceptées. Ce jour-là, Katharine reçoit un courriel marqué « Top Secret ». C'est un mémorandum de la NSA envoyé par un certain Frank Koza à elle et à ses collègues, annonçant que son agence vient de lancer une opération d'espionnage des bureaux et des communications de six représentants de l'ONU, indécis sur leur position quant à l'intervention militaire contre l'Irak proposée par le gouvernement américain à l'approbation de l'organisation internationale. Les pays concernés sont l'Angola, le Cameroun, le Chili, le Mexique, la Guinée et le Pakistan. L'objectif ? Rassembler un maximum d'informations pour manipuler ces délégués et les convaincre de voter en faveur de la résolution américano-britannique justifiant l'invasion de l'Irak.

Au même moment, des milliers de citoyens anglais manifestent dans la rue contre l'engagement de leur pays aux côtés des États-Unis en Irak. Katharine, farouchement opposée à la guerre qui s'annonce, décide de faire fuiter l'information qu'elle a reçue, car elle pense pouvoir ainsi arrêter un désastre : si les Anglais apprennent le rôle de leur pays dans la manipulation de pays neutres, espère-t-elle, le scandale sera tel que Londres ne pourra plus soutenir Washington, qui pourrait du coup renoncer à ce projet fou de guerre en Irak. Le 2 mars 2003, l'hebdomadaire britannique *The Observer* publie le mémo Top Secret, sous le titre : « Révélations : sales combines pour gagner des votes en faveur de l'invasion en Irak [21] ». De leur côté, les médias américains, largement favorables à l'intervention militaire en Irak, gardent le silence — plus tard, le *New York Times* prétextera pour justifier ce choix qu'il n'avait pu obtenir de confirmation du gouvernement sur l'authenticité du mémo de la NSA…

Katharine Gun est rapidement arrêtée « sur suspicion d'avoir violé la loi sur les secrets d'État » (*Official Secrets Act*, 1989). Mais elle est aussitôt libérée sans être inculpée, preuve de l'embarras du gouvernement britannique : le Premier ministre Tony Blair veut surtout éviter un procès public qui pourrait se transformer en procès contre son rôle dans l'invasion en Irak programmée deux semaines plus tard, le 20 mars 2003. Pendant huit mois, l'affaire Gun reste en suspens, tandis que l'armée britannique s'enlise dans le conflit irakien. Le 13 novembre 2003, Katharine Gun est finalement officiellement inculpée, son identité est révélée à la presse ainsi que la peine qui la menace : jusqu'à deux ans de prison pour « haute trahison ». Sa défense met en place une argumentation politique musclée, contestant la légalité de la guerre en Irak ainsi que les relations ambiguës entre la Grande-Bretagne et les États-Unis [22].

Face au gouvernement britannique, Katharine Gun affirme alors crânement : « Ce qui m'a choquée, ce n'est pas qu'ils écoutent des diplomates, c'est ce qu'ils allaient faire des informations collectées. Ce qui était en jeu, c'était une guerre, des vies humaines ; une manipulation de délégués de l'ONU pour s'assurer du déclenchement de la guerre [23]. » La jeune Anglaise devient une icône dans la presse britannique, alors que la guerre en Irak dégénère. Aux États-Unis, où les grands médias restent toujours étrangement muets sur l'affaire, elle est soutenue par des personnalités engagées comme l'acteur Sean Penn, Martin Sheen ou Daniel Ellsberg. Les poursuites contre Katharine Gun seront finalement abandonnées, mais la jeune femme aura du mal à retrouver un travail.

La naïveté de cette jeune femme lanceuse d'alerte et son inexpérience du monde du secret lui ont finalement permis de poser des questions simples et pourtant essentielles : pourquoi mentir et agir dans le secret afin de justifier l'injustifiable, une guerre ? Était-il acceptable d'exercer des activités d'espionnage et des pressions sur des pays amis pour les amener à approuver l'invasion de l'Irak ? On comprend donc que, quand Katharine Gun a appris l'initiative d'Edward Snowden, elle a réagi dans un entretien à la BBC pour le soutenir, s'interrogeant sur les mesures à prendre pour mieux contrôler l'action des agences de renseignement [24].

Thomas Drake, lanceur d'alerte et victime emblématique du gouvernement américain

Un autre cas exemplaire est celui de l'ex-haut fonctionnaire américain de la NSA Thomas Andrews Drake [25]. Son procès s'ouvre le 13 juin 2011 : ce moment, il l'attend depuis plus de trois ans. Après avoir été depuis 1979 un fonctionnaire modèle du secret, le voilà accusé d'être un traître à son pays. Il est inculpé pour « divulgation non autorisée », « obstruction à la justice » et « mensonge à agents fédéraux ». Le motif ? La révélation d'informations secrètes de la NSA au quotidien *The Baltimore Sun*.

Né en 1957, Thomas Drake s'engage pour son pays à vingt-deux ans et entre à l'US Air Force, comme son père. Passionné par l'Allemagne, sa langue et sa culture, il devient traducteur et intercepte les conversations en allemand pendant dix ans. Ambitieux, il se spécialise dans le chiffrement électronique. Pendant un temps, Drake est expert du renseignement électronique pour la CIA en Allemagne de l'Est. En 2001, après les attentats du 11 Septembre, il entre à la NSA comme analyste, au moment où l'agence a commencé à optimiser ses outils informatiques de collecte de renseignements, pour maîtriser la masse d'informations circulant sur Internet. Drake est alors chargé d'expertiser deux projets concurrents de progiciels permettant d'analyser ces données : Trailblazer et Thin Thread. Des projets divergents en termes d'éthique et de coût. Drake rejoint rapidement la minorité de spécialistes favorables au second, beaucoup moins cher et plus respectueux de la vie privée des citoyens que le premier. Selon lui — et cela se vérifiera dans les faits —, le projet Trailblazer est loin d'être transparent et ne prévoit rien concernant la vie privée des citoyens ; il enfreint ainsi le quatrième amendement de la Constitution américaine.

Le choix final de la NSA pour Trailblazer indigne Drake, qui évalue d'un œil critique ce progiciel de surveillance généralisée des télécommunications, à ses yeux mal conçu et liberticide. En 2003, moins de deux ans après sa mise en place, une étude financière constate les dégâts de Trailblazer : le projet est un gouffre financier qui a coûté plus d'un milliard de dollars et qui fonctionne mal [26]. Thomas Drake décide d'avertir les médias des dysfonctionnements dont il est le témoin indigné. En novembre 2005, il rencontre une journaliste du *Baltimore Sun*, Siobhan Gorman, laquelle dénoncera dans un article publié deux mois plus tard le gaspillage financier, les soupçons de corruption et de fraudes au sein de la NSA [27]. La NSA comprendra d'où vient la fuite et, en novembre 2007, une douzaine d'agents du FBI perquisitionnent la maison de Drake, les armes à la main, et saisissent ses ordinateurs... Il est accusé d'avoir violé l'*Espionage Act* de 1917, qui punit les « activités anti-américaines » et risque jusqu'à trente-cinq ans de prison.

Si l'« affaire Drake » a marqué les esprits, c'est parce qu'elle rappelle les graves dysfonctionnements des services secrets américains, qui avaient été incapables, on l'a vu, d'anticiper les attentats terroristes du 11 Septembre. Drake peut en parler, puisque c'est alors qu'il a pris son poste à la NSA : « J'ai su que quelque chose ne tournait pas rond dans les semaines qui ont suivi les attentats [28] » ; « les sept semaines après le 11 Septembre ont été cruciales [...] et c'est le fondement de ce qui fait que je suis sur le banc des accusés aujourd'hui [29] ». Mais le 11 Septembre marque également un tournant dans la protection des lanceurs d'alerte. Lorsque Thomas Drake décide de faire ses révélations sur les errements de la NSA, il pense légitimement être protégé par la loi. Grâce au *Whistleblower Protection Act*, ont pu être révélés des scandales comme ceux de Guantanamo et de la prison d'Abou Ghraib. Mais l'immunité devient problématique lorsqu'un lanceur d'alerte se retrouve en opposition frontale avec le gouvernement, au point d'être considéré comme un traître.

Pendant plus de trois ans, Drake vit un véritable harcèlement moral jusqu'à son procès de juin 2011, d'autant qu'après ses révélations au *Baltimore Sun*, il assume son action : il perd évidemment son travail en tant qu'agent de renseignement et son habilitation au secret, mais aussi son poste de professeur de sciences politiques à Strayer University (Maryland). La longueur de la procédure, la déclassification tardive de documents secrets et de nombreuses incohérences prouvent l'embarras de la NSA, qui craint de voir ses turpitudes exposées devant la justice, embarras partagé par le gouvernement.

Le 13 juin 2011, l'accusation capitule face à Thomas Drake, condamné pour la forme à un an de liberté conditionnelle et 240 heures de « service communautaire ». Ce jugement est clairement une défaite pour le gouvernement, qui voulait faire un exemple et l'envoyer en prison pour plusieurs années. Reste, souligne le journaliste de *Télérama* Olivier Tesquet, qu'« au moment de l'abandon des charges qui pesaient contre lui, Drake a ressenti des symptômes de stress post-traumatique, comme un soldat de retour du front. Il lui a fallu plus d'un an pour se remettre d'aplomb [30] ». Sans parler de sa bataille judiciaire qui lui a coûté près d'un million de dollars. En juillet 2011, il expliquait : « À la fin du procès, j'incarnais un Américain ayant fait le choix de se lever tel un fervent défenseur de la vérité, la justice et la Constitution. Maintenant, je cherche à retrouver ma vie d'avant, je peux vivre libre à nouveau en sachant que la liberté n'est jamais acquise, elle demande une vigilance permanente [31]. »

Deux ans après, quasiment jour pour jour, l'ancien employé de la NSA a affiché sa sympathie pour Edward Snowden dans un article du *Guardian* du 12 juin 2013 : « Ce qu'a fait Snowden est un formidable acte de désobéissance civile. Comme moi, il a été bouleversé par ce dans quoi il a été impliqué et qu'il a découvert : une surveillance systématique à échelle industrielle d'informations au niveau mondial, y compris aux États-Unis en violation du quatrième amendement de la Constitution américaine. Ce que Snowden a révélé sur les programmes de la NSA n'est d'ailleurs pas nouveau : ceux-ci remontent aux jours et aux semaines postérieurs au 11 Septembre. J'ai été directement impliqué dans de tels programmes, comme StellarWind en 2001. Au cours de la première semaine d'octobre, j'ai eu une conversation extraordinaire avec un avocat de la NSA. Comme je le harcelais au sujet de l'illégalité de StellarWind, il m'a dit : "La Maison-Blanche a approuvé ce programme, il est donc entièrement légal. La NSA en est le simple exécutant." Il était ainsi clair pour moi que les intentions du gouvernement étaient d'avoir accès à toutes les informations possibles, sans égard pour la protection que la Constitution offre à la vie privée de ses citoyens. [...] Je me sens proche de Snowden, il est au fond mon équivalent. Il a observé la surveillance d'État depuis l'intérieur et il a vu à quel point elle pouvait aller loin. [...] Pour ce que j'ai fait, j'ai payé le prix. Et Edward Snowden le paiera aussi. Mais j'ai ma liberté et quel est le prix de la liberté ? Quel futur voulons-nous avoir [32] ? »

Barack Obama à l'offensive contre les libertés démocratiques

L'administration Obama n'est certainement pas la première à considérer les lanceurs d'alerte comme des criminels : tel fut le cas de toutes les administrations américaines depuis la Seconde Guerre mondiale. Mais celle de Barack Obama se sera finalement distinguée comme un ennemi particulièrement farouche de ces défenseurs obstinés des valeurs fondatrices de la démocratie américaine. Sur ce point, sa position a spectaculairement changé depuis son élection en 2008. Avant d'être élu, il prônait la transparence gouvernementale et admirait leur action : dans sa promesse de campagne « Protection des lanceurs d'alerte », il affirmait qu'ils étaient « souvent la meilleure source d'informations concernant les gaspillages, les fraudes et abus du gouvernement. [...] De tels actes de courage et de patriotisme, susceptibles parfois de sauver des vies et de l'argent du contribuable devraient être encouragés plutôt que réprimés ». Mais, une fois à la Maison-Blanche, Obama ne tiendra pas sa promesse de légiférer en faveur des lanceurs d'alerte... Pire encore, il aura été l'un de leurs plus redoutables adversaires.

De 2010 à 2012, il a ainsi recouru six fois à l'*Espionage Act* (contre trois fois seulement en neuf ans sous les deux administrations précédentes de George W. Bush). Jesselyn Radack, directrice de la sécurité nationale et des droits de l'homme au sein du Government Accountability Project (GPA), une ONG qui entend notamment protéger les lanceurs d'alerte, affirme : « L'administration Obama a été franchement hypocrite dans ses promesses d'ouverture, de transparence et de responsabilité. Tous les présidents détestent les fuites, mais poursuivre en justice des *whistleblowers* comme des espions est excessivement sévère et de surcroît illégal [33]. » Obama s'appuie sur un texte de loi qui stipule que quiconque, légalement en possession d'informations classées confidentielles par le gouvernement, les révèle à une personne qui n'est pas en droit de les posséder, commet un crime. De plus, n'importe quelle personne « conspirant » avec la source de ces informations est passible du même crime. Et là, ce sont les journalistes qui sont visés.

Edward Snowden vient s'ajouter à la liste des six lanceurs d'alerte poursuivis sous le mandat d'Obama. Outre Thomas Drake, elle inclut Jeffrey Sterling, un ex-analyste de la CIA inculpé pour avoir donné des informations au journaliste du *New York Times* James Risen qui, dans son livre *State of War*, a révélé une opération secrète de la CIA contre l'Iran — Risen lui-même, refusant de révéler ses sources, est également menacé de prison. L'avocat et traducteur au FBI Shamai Leibowitz a quant à lui plaidé coupable pour avoir révélé des conversations secrètes au sein de l'ambassade d'Iran au blog Tikum Olan, dans l'espoir d'empêcher une agression israélienne envers l'Iran [34]. Le quatrième, Stephen Jin-Woo Kim, expert en armements au Département d'État, a été poursuivi pour avoir révélé un rapport concernant le développement de l'arme nucléaire nord-coréenne à la chaîne de télévision américaine Fox News.

John Kiriakou, ancien agent de la CIA, a été condamné en janvier 2013, sur la base de l'*Espionage Act*, à trente mois de prison pour avoir évoqué sur la chaîne ABC les tortures subies par un membre d'Al-Qaida qu'il avait arrêté au Pakistan. Malgré une carrière où il a fait preuve plus d'une fois d'un grand courage, Kiriakou a été poursuivi avec un acharnement particulier par l'administration Obama. Le prix Joe A. Callaway pour le courage civique lui a été attribué en mars 2013. De sa prison, Kiriakou a écrit en juin 2013 une lettre à Edward Snowden dans laquelle il le remercie de s'être élevé contre les actions illégales de la NSA et dit comprendre la charge qui pèse maintenant sur ses épaules. Il lui donne également quelques conseils tirés de sa propre expérience : « D'abord, trouvez-vous le meilleur avocat qui soit — je remercie le ciel d'avoir été défendu par des ténors du barreau et la peine limitée qui m'a été infligée est un témoignage de leur compétence. Ensuite, créez un site pour que ceux qui vous défendent puissent avoir votre version de l'histoire et n'hésitez pas à demander des donations pour financer votre défense. Recherchez également le soutien de politiciens éclairés, d'associations civiques. Enfin — et c'est le conseil le plus important que je peux vous donner —, ne coopérez *jamais*, en aucune circonstance, avec le FBI. Les agents du FBI vous mentent, vous manipulent, vous intoxiquent. Ils vont détourner vos déclarations, jouer de votre patriotisme pour vous piéger. Ils vont essayer de se faire passer pour vos amis pour vous faire parler et utiliser vos déclarations en dehors du contexte pour vous faire plonger. Le FBI c'est l'ennemi, c'est en partie le problème, sûrement pas la solution. Je vous souhaite une très bonne chance, en espérant que vous pourrez rejoindre l'Islande en sécurité rapidement. Vous trouverez là des gens et un gouvernement qui se préoccupent des libertés que l'Amérique a toujours chéries et pour lesquelles nos anciens se sont battus et sont morts [35]. »

Le soldat Bradley Manning est le sixième lanceur d'alerte sévèrement puni : pour avoir alimenté le site WikiLeaks de documents secrets, il a été condamné à vingt-cinq ans de prison le 21 août 2013. Autant de virulence chez Barack Obama, chaque fois qu'il est confronté à un lanceur d'alerte, ne pas va sans susciter des questions.

Les « fuites contrôlées » de l'administration Obama

Steven Aftergood, chercheur à la Federation of American Scientists et spécialiste du secret d'État, commentait ainsi en juin 2013 l'attitude du président américain, dans un entretien avec le journaliste de *Télérama* Olivier Tesquet : « Obama n'est pas si différent de ses prédécesseurs. Déjà, en 2000, nous avons failli adopter une législation draconienne vis-à-vis des *whistleblowers*, et il a fallu le veto *in extremis* de Clinton pour que le texte ne passe pas. Cependant, il y a trois facteurs à prendre en compte. *Primo*, les moyens technologiques permettent de faire fuiter des informations plus facilement, mais aussi d'identifier les *whistleblowers* de façon beaucoup plus rapide. *Secundo*, il y a eu un traumatisme de WikiLeaks, et l'administration veut faire un exemple. *Tertio*, nous sommes dans une année électorale, et tous les politiques rivalisent d'ingéniosité pour serrer la vis [36]. »

Pendant le scandale du Watergate, les journalistes du *Washington Post*, pour échapper à la surveillance de la NSA commanditée par Nixon, parlaient avec leur source du FBI dans un parking souterrain. Quarante ans plus tard, en octobre 2013, le *Washington Post* a dressé un état des lieux préoccupant des conséquences de la guerre lancée par l'administration Obama contre les fuites et les lanceurs d'alerte [37]. Les journaux installent désormais des bureaux sécurisés et forment leurs journalistes à la pratique de la cryptographie. Certains n'osent même plus téléphoner à un contact gouvernemental de peur de le compromettre. Un technicien du FBI a par exemple été inculpé pour avoir communiqué à un journaliste d'Associated Press des informations sur un attentat manqué au Yémen. Pour arriver à ce résultat, vingt lignes téléphoniques de quatre bureaux d'AP ont été systématiquement écoutées. Plusieurs journalistes du *New York Times* ont eu droit au même type de surveillance, ainsi que des journalistes de Fox News, dont le gouvernement a identifié les contacts au Département d'État et à la CIA.

En octobre 2013, David Sanger, du *New York Times*, raconte la réaction de la plupart de ses correspondants : « David, je t'aime bien, mais, s'il te plaît, ne m'envoie plus de courriels [38]. » Un nouveau métier apparaît alors, celui d'intermédiaire, quelqu'un qui n'est pas journaliste et va discuter avec une source. Si cette dernière est interrogée par la justice et soumise à un détecteur de mensonges, elle pourra affirmer sans mentir qu'elle n'a pas rencontré de journaliste. Bob Schieffer, le patron du bureau de CBS à Washington peut dire : « Quand on me demande quel est le gouvernement le plus secret et le plus manipulateur que j'aie couvert, je réponds toujours que c'est celui qui est en place aujourd'hui. Chaque gouvernement apprend du précédent, ils deviennent plus secrets, contrôlent mieux l'information. Celui d'aujourd'hui exerce plus de contrôle que George W. Bush et ses prédécesseurs [39]. »

Afin de mobiliser l'ensemble de l'administration américaine contre tout risque de fuite interne, Barack Obama a lancé le 7 octobre 2011 l'assez terrifiant Insider Threat Program (programme menace intérieure), demandant à chaque fonctionnaire la plus grande vigilance face à un risque d'indiscrétion ou de fuite [40]. Ainsi, expliquait en juin 2013 le site d'information américain *McClatchy*, « certaines agences fédérales (hormis celles de renseignement) invitent désormais leurs employés à surveiller chez leurs collègues des "indicateurs" comme le stress, le divorce ou des problèmes financiers [41] » Chaque fonctionnaire est invité à connaître le profil psychologique de ses collègues et à réagir en cas de doute : comment agissent-ils avec leurs supérieurs, quel type de presse lisent-ils, quelles réflexions personnelles et politiques font-ils en public ?

Si l'administration Obama peine pourtant dans sa lutte constante contre les fuites publiées dans la presse, c'est qu'elle organise elle-même, à son bénéfice, des fuites « contrôlées » pour se présenter sous le meilleur jour. Notamment en recourant à des journalistes renommés, comme par exemple Jo Becker du *New York Times*. C'est ainsi qu'en mai 2012, excédé par les révélations concernant le programme ultrasecret de « drones tueurs » de l'armée américaine, Barack Obama a organisé pour son journal une présentation *off the records* de ce programme. Le but : justifier cette initiative, montrer que la Maison-Blanche en assure la fiabilité et faire taire les critiques. Les lecteurs du journal ont appris alors que le Président s'impliquait personnellement dans chaque décision de tir. Afin de limiter le nombre de victimes civiles, on a appris aussi que, dans les zones surveillées, tout homme adulte était considéré comme « combattant » — c'est ce qu'on appelle à la CIA « coupables par association ». Et que, chaque semaine, le Pentagone organisait une téléconférence d'une centaine de personnes pour mettre au point la dernière *kill list* à présenter au

Président. L'article du *New York Times* vantait les précautions extraordinaires prises par Barack Obama, « lecteur de saint Augustin et de Thomas d'Aquin » et par son conseiller à la sécurité John Brennan, une « personne d'une grande rectitude morale [42] ».

Une autre affaire de « fuites contrôlées » a été révélée par l'ancien procureur du ministère de la Justice américaine, Larry Klayman. Ce dernier, fervent républicain, a consacré toute son énergie à prouver qu'Obama et Hillary Clinton ont utilisé le *New York Times* et son journaliste David Sanger pour faire fuiter des informations ultrasecrètes sur le programme Stuxnet concernant l'agression informatique contre l'Iran. Le but de ces fuites initiées par le gouvernement : démontrer à la veille de l'élection de 2012 qu'Obama, loin d'agir avec mollesse contre l'Iran, lui a livré une guerre impitoyable. Et Larry Klayman explique : « Les fonctionnaires de Washington aimeraient voir Manning et Snowden brûler sur un bûcher, équivalent moderne du procès des sorcières de Salem, afin de détourner l'attention de leur propre penchant à divulguer des informations encore plus vitales sur la sécurité nationale, et ce à des fins politiques [43]. »

Dans un autre registre, quand la réalisatrice américaine Kathryn Bigelow a manifesté son souhait de réaliser un grand film hollywoodien sur la traque et l'exécution de Ben Laden, elle a bénéficié, à l'échelon le plus haut de l'appareil d'État américain, d'une multitude d'informations exclusives et de conseils [44]. Le film *Zero Dark Thirty* est ainsi devenu une démonstration de la volonté de Barack Obama qui, face au terrorisme, n'hésitait pas à utiliser tous les moyens nécessaires. Et la démonstration tombait bien, alors qu'il se représentait aux élections en 2012. Furieux, les républicains ont alors déclenché une commission d'enquête qui a révélé l'ampleur de l'aide apportée à l'équipe du film ; on apprit ainsi que Léon Panetta, directeur de la CIA, souhaitait qu'Al Pacino joue son rôle. Mieux encore, quand le même Panetta a organisé, en juin 2011, une cérémonie privée et secrète en l'honneur de l'équipe de militaires qui avaient tué Ben Laden, il a donné le nom des chefs d'équipe, une information Top Secret. Or, parmi les invités, il y avait Mark Boal, l'auteur du film, en pleine préparation du tournage [45]... Quand le film est sorti, il a eu un réel succès grâce à une réalisation spectaculaire et un réalisme qui tenait beaucoup à l'aide dont il avait bénéficié. Juste retour des choses, le film constitue un brillant hommage à l'action de la CIA et des forces spéciales, triomphant de l'insaisissable Ben Laden...

Les journalistes dans le collimateur

Partenaires idéals des lanceurs d'alerte, les journalistes se retrouvent aujourd'hui sur la sellette. C'est avant les révélations d'Edward Snowden que s'est approfondi le schisme entre « vrais » journalistes et investigateurs « engagés » à l'origine des « fuites » de documents gouvernementaux confidentiels. Une division en grande partie provoquée par les manœuvres des gouvernements américain et anglais, qui ont multiplié les critiques de la déontologie de journalistes jugés trop engagés. Pour semer le doute sur leurs motivations, ils ont souvent reçu le soutien intéressé de grands médias qui méprisent ces nouveaux entrants, considérés comme autant de trublions mettant en cause leurs privilèges : ces blogueurs qui sortent des scoops, ces investigateurs qui publient des documents volés, doivent-ils vraiment bénéficier des protections accordées aux journalistes ? Ils ne le pensent pas, le gouvernement non plus. Lors du procès du soldat Manning, le procureur a expliqué que WikiLeaks n'était pas une « entreprise journalistique », mais un « mouvement militant pour la transparence », comme si les deux statuts étaient diamétralement opposés ! Une position originale, également défendue par certains journalistes « établis » rêvant de mettre hors-la-loi ces « activistes » de l'information qui bouleversent les règles du jeu.

L'immense impact des révélations de WikiLeaks, conjugué à l'arrogance et à la violence de certains propos de Julian Assange, a fait de ce dernier l'ennemi public de l'administration américaine. Plusieurs journalistes, de leur propre initiative ou sur recommandation, se sont mis en première ligne d'un sport nouveau : « flinguer » Assange et ce maudit WikiLeaks. Exemple parmi d'autres, l'une des plumes de l'hebdomadaire *Time*, le journaliste Michael Grunwald. Cet ancien d'Harvard, qui a longtemps travaillé au *Washington Post*, a toujours manifesté son soutien aux initiatives les plus musclées de l'administration Obama. Mais ceux qui le suivent sur Twitter ont eu un choc, en août 2013, à la lecture d'un *tweet* qui allait faire scandale : « Je ne peux pas attendre pour défendre par écrit le principe d'une attaque de drone qui supprimerait Julian Assange. » Devant le tollé suscité par ce message, Grunwald l'a rapidement effacé, le qualifiant de « stupide ». Un peu plus tard, il est revenu sur ce texte, estimant que la seule chose qu'il regrettait vraiment était d'avoir fait de la publicité à Assange [46].

Il est certain que celui-ci, comme beaucoup de journalistes d'investigation, a une personnalité dérangeante. Mais que soit lancé publiquement un débat sur l'opportunité de faire d'Assange la cible d'un assassinat par drone démontre l'ampleur de la confusion qui a gagné certains journalistes conservateurs. Amy Davidson, journaliste au *New Yorker*, a ainsi écrit : « Le tweet de Grunwald résonne, peut-être malheureusement pour lui, à un moment critique et avec une concision qui le rend particulièrement déplaisant ; et cela au moment où la situation est critique pour Snowden. La défense de la politique d'assassinat ciblée par drone a certes déjà été faite par écrit, mais uniquement dans des rapports gouvernementaux secrets [47] ! »

Les excès reprochés à WikiLeaks et les critiques contre l'attitude d'Assange ont déjà ouvert une brèche entre journalistes « pro » et « anti » WikiLeaks. La dynamique est dans le camp des journalistes résolument engagés, appuyés sur un réseau d'activistes, de blogueurs et d'associations. Maîtrisant parfaitement leur communication, ils deviennent leur propre rédaction, tout en s'appuyant sur des médias existants. Ainsi Bill Keller, rédacteur en chef du *New York Times*, s'est plus d'une fois opposé à Julian Assange, mais il a toujours soutenu qu'il devait être protégé comme un autre journaliste [48]. Avec Internet, les relations entre les sources, les médias en compétition et les associations citoyennes sont entièrement transformées ; les rôles évoluent, les monopoles sont atomisés. De nouveaux acteurs apparaissent et ce sont eux qui occupent le devant de la scène : Julian Assange a été le premier avec le torrent de révélations de WikiLeaks. Glenn Greenwald a pris la suite en publiant les documents secrets de Snowden, ce qui va faire du journaliste une cible prioritaire.

15

Le journalisme criminalisé : Glenn Greenwald dans l'œil du cyclone

D'une ampleur inédite, les conséquences des révélations d'Edward Snowden sont telles que la population et les médias américains s'interrogent : fallait-il les publier ? C'est alors, on l'a vu, qu'un homme s'est placé au centre de tous les questionnements au côté du lanceur d'alerte : le journaliste américain Glenn Greenwald, véritable chef d'orchestre du scandale provoqué par les révélations de Snowden. C'est à lui (ainsi qu'à Laura Poitras) que le lanceur d'alerte a communiqué des dizaines de milliers de documents confidentiels, qu'il a commencé à publier après les avoir étudiés et mis en perspective. Avant l'« affaire », Greenwald avait déjà de fervents admirateurs, des lecteurs fidèles qui ne rataient aucun des articles qu'il écrivait presque chaque jour pour le quotidien britannique *The Guardian*. Et son activisme lui valait aussi la haine tenace des services secrets américains, d'une partie de la classe politique et de journalistes conformistes. Des commentateurs de NBC et du *Washington Post* se sont ainsi interrogés sur le travail d'un homme qu'ils ont accusé d'avoir glissé du journalisme à l'activisme — comme si c'était une nouveauté de la presse indépendante. Andrew Ross, chroniqueur au *New York Times*, est même allé jusqu'à demander son arrestation au lendemain des premières révélations. Mais d'où vient ce journaliste pas comme les autres qui déchaîne les passions ?

Glenn Greenwald, avocat puis journaliste farouchement indépendant

À quarante-six ans en 2013, Glenn Greenwald, toujours prêt à défendre les libertés fondamentales, a déjà derrière lui une carrière de contestataire virulent. Lors de sa jeunesse à Lauderdale Lakes (Floride), il a été marqué par son grand-père qui, excédé par la corruption des élites de la ville, avait décidé de faire campagne pour se faire élire maire en 1975. Il échoua, mais son petit-fils, à l'âge de dix-sept ans, essaiera également de se faire élire au conseil municipal. À la New York University, où il étudie le droit, il est rapidement remarqué pour ses talents d'orateur et ses engagements. Ses amis de l'époque étaient impressionnés par sa capacité à travailler sur un dossier parfois jusqu'à l'épuisement. Et tous se souviennent de lui comme un défenseur acharné des droits des minorités, sans qu'il soit pour autant un militant. « Je pense que votre orientation politique est conditionnée par votre personnalité, a-t-il affirmé, votre relation à l'autorité, la manière dont vous vous situez dans la vie. Quand vous grandissez homosexuel, vous ne faites pas partie du système, et cela vous oblige à poser la question : "Est-ce moi ou le système qui est mauvais ?" [1]. »

Son talent, Glenn Greenwald va l'exercer pendant plusieurs années dans un grand cabinet d'avocats de New York, où il connaît quelques succès. En 2005, il abandonne pourtant le métier pour entamer une carrière de journaliste blogueur. Son blog iconoclaste *Unclamed Territory* (Territoire non réclamé) connaît un remarquable succès avant de s'intégrer, en 2007, au magazine en ligne *Salon*. Il consacre parallèlement trois livres aux excès de l'administration Bush [2] ; et, en 2011, il publie un essai sur les inégalités et les injustices produites par le système judiciaire américain [3]. Grâce à ce parcours talentueux, en août 2012, il devient l'une des stars de la rédaction du quotidien britannique *The Guardian*.

Marqué par ses années d'avocat d'affaires, Glenn Greenwald dit aborder son métier de journaliste avec la mentalité d'un enquêteur : « Les gens vous disent des choses, vous pensez qu'ils vous mentent et vous cherchez des documents pour le prouver [4]. » Ses articles offrent ainsi une subtile combinaison de faits, d'argumentations, de références et de liens hypertexte. Ses collègues confirment que, dans une discussion avec lui, il est difficile d'avoir le dernier mot. Farouchement indépendant, Greenwald a obtenu, du magazine *Salon* puis du *Guardian*, que ses articles soient directement mis en ligne sans contrôle préalable de l'éditeur.

En 2004, Greenwald tombe amoureux à Rio de Janeiro d'un jeune Brésilien, David Miranda, dix-neuf ans, élevé dans un orphelinat. Tous deux s'installent dans le quartier isolé de Gava, avec dix chiens adoptés.

Miranda apprend l'anglais et Greenwald le portugais, ce qui lui permet d'intervenir dans les médias brésiliens. La journaliste brésilienne Mónica Bergamo, qui les a rencontrés à Rio en août 2013, a raconté leur vie studieuse et joyeuse à la fois : « Levé à 5 heures […], Greenwald travaille sur son ordinateur jusqu'à 11 heures ; il fait ensuite un tennis, revient à 14 heures et travaille jusqu'à 20 heures », en écoutant du rap [5]. Miranda, étudiant en marketing, est très impliqué dans le travail de son compagnon, on y reviendra.

Glenn Greenwald manie volontiers l'humour grinçant. Ainsi, pour critiquer l'attitude des médias américains sur la guerre en Irak, il écrivait : « Comme il est difficile de cerner une culture aussi bizarre et primitive que celle des musulmans ! Aussi étrange que cela puisse paraître, ils semblent ne pas apprécier le fait que des soldats étrangers bombardent et envahissent leurs pays, tuant des centaines de milliers d'enfants musulmans [6]. » Pour Greenwald, la politique d'Obama est un désastre, qui a contribué à donner une couleur « libérale » aux pratiques autoritaires inaugurées par Bush, qu'il s'agisse des assassinats par drones ou des écoutes généralisées.

Au sein du *Guardian*, Glenn Greenwald suit avec passion et sympathie les révélations de WikiLeaks, les tribulations de Julian Assange et l'inculpation du soldat Manning, auteur des fuites publiées en 2010 par WikiLeaks. C'est à ce titre que, on l'a vu, il est contacté en décembre 2012 par un mystérieux correspondant qui veut échanger avec lui, par courriels cryptés, afin de lui communiquer des informations ultraconfidentielles (voir *supra*, chapitre 2). Greenwald est alors loin de se douter que ce contact va le précipiter dans la plus incroyable aventure de sa carrière, tous les médias du monde le sollicitant.

« Le courage est contagieux » : Greenwald s'engage pour l'« incroyable sacrifice d'Edward Snowden »

Dans un discours prononcé le 27 juin 2013 à Chicago devant la Socialism Conference, Greenwald a apporté un très remarquable témoignage sur sa récente rencontre avec Snowden à Hong Kong, dont plusieurs passages méritent d'être, en substance, cités [7] : « Ce fut un échange incroyablement riche et qui m'a énormément marqué : en face de moi, ce jeune homme m'expliquait, avec une grande simplicité et une conviction inouïe, qu'il y avait des choses plus importantes dans la vie que le confort matériel, la stabilité d'un emploi ou une vieillesse paisible. Quand je lui ai demandé comment il en était arrivé à prendre cette décision risquée, il m'a dit qu'il avait longtemps attendu qu'un leader politique débarque et règle enfin le grave problème qu'il avait identifié. Mais qu'il avait réalisé que cela ne servait à rien d'attendre, qu'il devait lui-même s'engager et montrer l'exemple. Il refusait de vivre dans un monde où le gouvernement américain détruit la vie privée de tout un chacun ; il se sentait incapable de rester à regarder cela, la conscience tranquille, alors qu'il savait avoir les moyens de contribuer à la chute de ce système. [...]

« Cela m'a énormément inspiré d'être à côté de quelqu'un qui avait atteint un tel degré de tranquillité, qui se sentait en paix parce qu'il était convaincu que ce qu'il avait fait était juste. J'ai été tellement bouleversé par ce courage et cette passion que je me suis juré de rendre justice à l'incroyable sacrifice [*incredible act of self-sacrifice*] d'Edward Snowden. Tout le monde au *Guardian* était aussi touché. Je ne suis pas du genre à dire du bien d'un média pour lequel je travaille, bien au contraire, mais j'ai vu en quatre semaines les rédacteurs en chef se lancer dans un journalisme intrépide et courageux, ignorant les menaces quotidiennes du gouvernement américain et nous poussant à publier toute information jugée utile pour le bien commun.

« Si vous demandez à Edward Snowden ce qui l'a inspiré, comme je l'ai fait, il va vous parler d'autres individus courageux comme Bradley Manning ou ce Tunisien qui s'est immolé par le feu, déclenchant une des plus grandes révolutions démocratiques des derniers siècles. Cela m'a fait prendre conscience de deux choses. D'abord que le courage est contagieux [*courage is contagious*] : si vous posez un acte courageux, vous changez le monde, parce que vous allez influencer les gens de votre entourage immédiat qui ensuite influenceront d'autres personnes, et ainsi de suite. Ne doutez donc jamais de votre capacité à changer les choses. Ensuite que votre place dans la société, aussi modeste soit-elle, et la puissance du pouvoir que vous défiez ne sont pas des obstacles insurmontables. Edward Snowden n'a pas eu son bac. Ses parents travaillent pour le gouvernement fédéral. Il a grandi dans un milieu modeste au sein d'une communauté militaire. Il a rejoint l'armée américaine (puis la NSA) parce qu'il pensait que la guerre en Irak était quelque chose de noble. Il avait zéro privilège, zéro pouvoir, zéro prestige. Et pourtant, à lui seul, il a changé le monde.

« Une des choses dont je me suis aussi vite rendu compte est qu'il allait être, comme tous ceux d'entre nous impliqués dans ces révélations, attaqué et diabolisé. Et on a effectivement vu toutes sortes d'attaques lancées contre lui, absurdes et sans rapport avec la réalité. Certains psychologues de pacotille le trouvent narcissique. Je ne suis même pas sûr qu'ils sachent ce que cela veut dire, car Edward Snowden aurait pu vendre ces documents à des services de renseignement pour des millions de dollars et vivre le restant de ses jours en toute tranquillité. Mais il n'a rien fait de cela. Au contraire, il s'est expliqué publiquement et est devenu une vraie cible.

« D'autres disent qu'il s'est vendu pour devenir célèbre. Mais depuis trois semaines, je suis quotidiennement harcelé au téléphone par les plus grotesques stars américaines des médias qui veulent l'inviter dans leur show : il aurait pu devenir une célébrité mondiale. Pourtant, il a refusé toutes les propositions d'interviews. Sa vraie motivation est celle qu'il a clairement énoncée : montrer aux citoyens des États-Unis et du monde entier ce que fait Washington en secret. Si certains veulent qu'Edward Snowden, Bradley Manning ou Daniel Ellsberg soient atteints de troubles psychiatriques, c'est parce que le gouvernement sait, justement, que le courage est contagieux. Que ce lanceur d'alerte va devenir un exemple et dévoiler le côté obscur de l'État. Il faut donc le diaboliser pour empêcher d'autres personnes de suivre son exemple. Voilà ce que cette affaire m'a fait réaliser. » Et de conclure : « Je ne connais pas encore tous les enjeux de cette histoire, mais j'ai une certitude : cette expérience a changé ma manière de voir le monde et ce sera la même chose pour des millions de gens sur la planète. »

En possession de milliers de documents secrets qu'Edward Snowden lui a confiés et dont il a mis des copies en lieu sûr, Glenn Greenwald prend son temps pour les lire, les analyser et les vérifier, avant toute publication. Il s'agit pour lui de ne pas faire de contresens dans un domaine hautement technique et surtout d'éviter toute révélation dangereuse pour la sécurité de citoyens américains, ce qui permettrait à l'administration Obama d'engager des poursuites contre lui. Soucieux de sa sécurité, Glenn Greenwald sait que la station de la CIA à Rio a été renforcée en 2013. Quand on détient des documents ultraconfidentiels mettant en cause le pays le plus puissant du monde, il ne faut jamais relâcher sa vigilance : « Il y a une forte présence de la CIA à Rio et le chef de station est connu pour ses méthodes agressives. C'est pourquoi je pense avoir été espionné et enregistré ; et l'ordinateur de mon compagnon a disparu de la maison. Pourtant, je me sens autant en sécurité ici qu'ailleurs [8]. »

Épuisé mais content, il a vu, à partir de juillet 2013, le débat prendre une dimension inespérée. Sur les ondes de la radio Democracy Now, il a expliqué en août 2013 : « Je dois dire, deux mois après [le début de l'affaire] que voir cette coalition extraordinaire et sans précédent entre conservateurs, libéraux, *Tea Party* et centristes s'assembler au Congrès contre la Maison-Blanche et son dirigisme pour de vraies réformes, voir l'engagement de l'opinion publique, voir de nombreux pays défier les États-Unis, voir un débat mondial s'amplifier sur les méthodes américaines, voir le soutien des citoyens pour Edward Snowden et son acte de courage, a non seulement été gratifiant, mais également surprenant. Je n'ai pas encore eu le temps d'y réfléchir calmement et d'analyser toutes les raisons d'un tel écho, mais il y avait clairement un air du temps propice à une telle controverse politique. On peut mesurer l'ampleur de son impact à la façon dont les gens se mobilisent, non seulement au sujet de la surveillance, mais aussi sur le rôle du gouvernement, de ses secrets et des États-Unis en général [9]. »

Glenn Greenwald travaillait sur la NSA depuis des années et se faisait traiter de « conspirationniste » lorsqu'il écrivait que l'agence écoutait tout le monde. Il savoure désormais sa revanche en distillant les révélations. Ce qui le peine toutefois, c'est le faible nombre de journalistes qui le soutiennent et la difficulté d'obtenir des réactions d'officiels. La guerre aux lanceurs d'alerte conduite par l'administration Obama (voir chapitre précédent) paralyse les journalistes d'investigation et rend leurs sources muettes : aucun fonctionnaire n'ose plus appeler *The Guardian* ; les associations de défense des libertés, très surveillées, se méfient de tout et de tous. Alors que Greenwald veut montrer qu'on peut défier le gouvernement et exercer ses droits de citoyen sans céder aux intimidations.

Lynchage médiatique : les dérives des journalistes vedettes de l'*establishment*

L'un des politiciens américains les plus virulents contre le travail de Glenn Greenwald et de WikiLeaks est le député républicain Peter T. King, ancien président du House Committee on Homeland Security (l'instance de la Chambre des représentants chargée de la sécurité nationale et notamment du contre-terrorisme), de janvier 2005 à 2007, puis de janvier 2011 à janvier 2013. Sur la chaîne CNN, il a déclaré en juin 2013 que les journalistes publiant des informations classifiées devraient être inculpés, déclaration qu'il a réitérée sur Fox News, accusant Glenn Greenwald « d'avoir déclaré détenir le nom d'agents de la CIA dans le monde entier et d'avoir menacé de les révéler ». Ce dernier a immédiatement réagi : « Tout ce que King affirme repose sur un mensonge flagrant : le fait que j'aurais menacé de révéler le nom d'agents de la CIA sous couverture [10]. » Un journaliste de CNN ne tarde pas à prendre le relais : le chroniqueur politique Jeffrey Toobin considère Glenn Greenwald comme un monstre de narcissisme, affirmant que sa place est en prison. Le lynchage médiatique de Glenn Greenwald est donc lancé et il va prendre des proportions étonnantes, mobilisant plusieurs vedettes de l'*establishment* médiatique.

Car ce qui surprend ici, ce sont bien les attaques formulées à l'encontre du journaliste par ses confrères. Au lendemain des premières révélations de Snowden, la plupart des médias américains et britanniques portent la parole de l'administration Obama, comme le *New York Times* ou les principales chaînes de télévision. Ils se lancent alors dans une étrange surenchère, exposant chacun leur vision personnelle de l'éthique journalistique. Le *Daily Mail*, par exemple, dénonce les publications du *Guardian*, estimant que « ce journal aide les ennemis de la Grande-Bretagne », ce à quoi le quotidien attaqué répliquera en accusant son adversaire d'avoir eu une attitude antijournalistique, avec à l'appui des déclarations de soutien de rédacteurs en chef de médias internationaux [11]. Aux États-Unis, le célèbre Carl Bernstein, l'un des deux enquêteurs vedettes du *Washington Post* qui avait révélé les écoutes du Watergate, a affirmé que Glenn Greenwald avait un ton beaucoup trop agressif pour un journaliste et que les « autres » journalistes prenaient, eux, certaines précautions avant de révéler des documents secrets. Greenwald a rétorqué que cette attaque s'appuyait sur une dépêche d'agence biaisée, alors qu'il avait fait les démentis nécessaires quant à ce qu'il avait dit : « Carl Bernstein et les autres sont sans doute trop paresseux pour vérifier ce que j'ai vraiment dit [12]. »

Invité le 23 juin dans l'émission de NBC *Meet the Press*, Greenwald note que l'animateur vedette David Gregory manifeste une certaine impatience alors qu'il détaille l'espionnage de la NSA. Soudain, ce dernier lui pose la question qui lui brûle les lèvres : « Puisque vous avez beaucoup aidé Edward Snowden, y compris dans sa vie quotidienne et ses déplacements, pourquoi ne seriez-vous pas vous aussi, M. Greenwald, inculpé de crime [13] ? » La réponse de ce dernier est cinglante : « Je trouve assez incroyable qu'une personne qui se dit journaliste puisse se demander si un journaliste devrait ou non être inculpé de crime. Ce que vous présupposez dans votre question, David, l'idée que je l'aurais soutenu de quelque manière, ne repose sur aucune preuve. Le scandale qui a déjà éclaté à Washington avant même notre affaire est que l'administration Obama est en train de criminaliser le travail des journalistes d'investigation, en espionnant les téléphones et les messageries de reporters d'Associated Press, en accusant un journaliste de Fox News d'une faute comme celle dont vous m'accusez, à savoir être complice d'une conspiration criminelle pour avoir travaillé avec certaines sources. Cette théorie signifie que tout journaliste d'investigation américain qui reçoit de ses informateurs des documents classifiés serait un criminel. C'est précisément ce type de théorie et le climat qui en résulte qui rendent la situation si inquiétante aux États-Unis [14]. » Quelques heures après ce débat houleux qui tournait à l'avantage de Greenwald, ce dernier a lancé un tweet rageur : « Quel besoin du gouvernement pour essayer de criminaliser le journalisme, quand vous avez David Gregory pour le faire ? »

Le lendemain même, le 24 juin, le lynchage médiatique continue : le journaliste Andrew Ross Sorkin, chargé de suivre les affaires financières pour le *New York Times*, lance un appel pressant dans sa chronique télévisée sur CNBC. Alors qu'Edward Snowden vient de quitter Hong Kong pour Moscou, il s'exclame : « Il me semble que, premièrement, nous nous sommes fait rouler en le laissant arriver en Russie ; deuxièmement, que les Chinois nous haïssent vraiment puisqu'ils l'ont laissé quitter leur pays. J'aurais voulu qu'Edward Snowden soit arrêté et maintenant, je voudrais aussi qu'on arrête Glenn Greenwald, le journaliste qui semble avoir voulu l'aider à s'enfuir en Équateur [15]. » Sur Tweeter, Greenwald demande à Sorkin : « Est-ce que vous plaidez pour mon arrestation ? » Ce dernier répond piteusement : « Ma question, c'est de savoir si vous connaissiez son plan d'évasion. » Et Glenn Greenwald de conclure : « Étrange : 1) je suis accusé par un journaliste, très engagé dans la défense du monde de la finance, d'être un "journaliste engagé" ; 2) c'est un journaliste du *New York Times* qui suggère l'arrestation de journalistes [16] ! »

Le même jour, Greenwald explique à Erik Wemple, journaliste au *Washington Post*, que ni le *Guardian* ni lui ne font partie de l'élite médiatique et qu'ils dérangent beaucoup de monde en attaquant régulièrement la culture de ses représentants. Pour lui, la haine que leur manifestent des stars des médias comme Gregory et Sorkin s'explique d'abord par l'amertume qu'ils ressentent quand ils publient des informations exclusives, en bousculant toutes les conventions qui encadrent leur univers : « Mais, ce que je critique surtout chez eux, c'est qu'ils sont des serviteurs du pouvoir politique plutôt que des enquêteurs indépendants. Ce qui provoque leur fureur, ce n'est pas la corruption de ceux qui sont au pouvoir — ils n'en ont rien à faire —, mais le travail de journalistes qui dévoilent cette corruption, surtout quand ceux qui le font sont extérieurs, voire hostiles, à ces cercles médiatiques incestueux [17]. » Pour Greenwald, ce type d'attaques personnelles prouve qu'il mène le bon combat contre les maîtres politiques et financiers de ces vendeurs de nouvelles.

Toutes ces polémiques amèneront le *New York Times* à publier le 25 août 2013 un article intitulé « La guerre des fuites oppose les journalistes entre eux », où il donne la parole au vétéran des *whistleblowers*, Daniel Ellsberg : « À mon époque, je n'ai jamais été traité comme un héros et j'ai passé deux ans dans les tribunaux. Mais je n'ai jamais vu des journalistes s'en prendre à des confrères. Avec l'affaire Snowden, on constate une rupture entre les journalistes indépendants et ceux qui sont des instruments — dans tous les sens du terme — du gouvernement. Ces derniers font le travail du gouvernement pour garder leurs contacts et leurs relations privilégiées [18]. »

Un mois plus tard, Seymour Hersh, vieux routier du journalisme d'investigation américain, ancien du *New York Times* des années 1970 et rédacteur depuis 1993 du *New Yorker*, a souligné dans une remarquable interview au *Guardian* le scandale que constitue cette « rupture » par rapport à une longue tradition d'indépendance de certains grands médias des États-Unis : « Duncan Campbell, James Bamford (journaliste américain), Julian Assange, *The New Yorker* et moi-même, nous avons tous écrit sur l'omniprésence de la surveillance, mais Edward Snowden a fourni les documents et cela a bouleversé la nature même du débat ; maintenant, c'est une réalité. Les rédacteurs en chef adorent les documents secrets. Même ceux qui restent assis comme des poules mouillées et ne se seraient jamais investis dans des histoires de ce genre adorent les documents explosifs et, en les fournissant, Edward Snowden a changé toutes les règles du jeu [19]. » Avant d'ajouter : « Je ne sais pas si cela changera quoi que ce soit à long terme, car le Président répétera toujours "Al-Qaida ! Al-Qaida !" devant les électeurs et les deux tiers d'entre eux continueront à être favorables à ce genre de surveillance complètement stupide. »

Étouffés, les journaux restent à la surface des événements, déplore Seymour Hersh : « Notre travail, c'est de découvrir la vérité par nous-mêmes et non pas de dire : "Voilà, il y a un débat." Notre travail, c'est de déterminer qui a tort et qui a raison sur telle ou telle question. Cela n'arrive plus assez souvent. C'est coûteux, cela prend du temps et oblige à prendre des risques. Il y a encore des journalistes d'investigation, en particulier au *New York Times*, mais ils passent de plus en plus leur temps à servir la soupe au Président. Je n'aurai jamais cru qu'on en serait arrivés là. À croire qu'il faut à tout prix se faire bien voir [20]. » Et pourtant, Seymour Hersh ne désespère pas. Des investigations comme celle lancée par Snowden lui redonnent espoir : « J'ai une vision un peu heuristique que nous pouvons être une source d'espoir parce que le monde est plus que jamais dirigé par des abrutis finis. Non pas que le journalisme soit toujours fantastique, il ne l'est pas, mais au moins nous offrons une porte de sortie, un peu d'intégrité. »

Londres s'en prend au *Guardian*

Après Glenn Greenwald, l'intérêt du public se porte sur le rôle actif du *Guardian* et sur les multiples pressions subies par le quotidien de la part des autorités britanniques, soucieuses de garder le secret sur l'activité du GCHQ. La confrontation entre le journal et le gouvernement est riche d'enseignements pour éclairer le vieux débat entre les défenseurs des libertés individuelles et les politiques et agents de l'État décidés à utiliser tous les moyens, même les plus liberticides, pour lutter contre le terrorisme et le crime. Une confrontation exemplaire, car le *Guardian* n'est pas un média comme les autres.

Créé en 1821 à Manchester, le quotidien a réussi à rester aujourd'hui fidèle aux valeurs progressistes de ses fondateurs et à préserver son indépendance. Volontiers critique de l'*establishment* politico-médiatique de Londres, avec des journalistes bien payés et très motivés, un service d'investigation qui a fait ses preuves en démasquant de nombreux scandales, il occupe une place à part dans le paysage médiatique anglais. Son site Web, considéré comme l'un des meilleurs du monde, revendique 40 millions de visiteurs par mois, dont les deux tiers à l'étranger. Confrontés aux fuites d'Edward Snowden, Alan Rusbridger, son rédacteur en chef depuis 1995, et sa rédaction ont réagi avec rapidité et détermination : des journalistes sont partis aider Glenn Greenwald à Hong Kong puis à Rio. L'affaire a été traitée dans toutes ses dimensions par le quotidien.

Interviewé en septembre 2013 par *Democracy Now*, Rusbridger a fourni plusieurs précisions intéressantes sur le scoop qui le mobilisait presque à plein temps depuis plus de trois mois [21]. Pour lui, l'intérêt de cette histoire tient au fait qu'elle concerne à la fois la presse écrite, le quatrième pouvoir, et l'univers des blogs et du Web, le cinquième pouvoir. À Hong Kong, pour écouter Edward Snowden, il y avait un blogueur fougueux en la personne de Greenwald, mais aussi un vieux routier de la presse écrite : Ewen MacAskill du *Guardian*, un Écossais presbytérien qui ne s'enthousiasme pas facilement (voir *supra*, chapitre 3). Ce dernier n'a pas été inutile pour s'assurer qu'Edward Snowden était bien ce qu'il disait être et que ses documents étaient authentiques. Ce qui explique les deux semaines entre ces entretiens et le premier article publié, si on tient compte aussi du fait que la Maison-Blanche a été consultée avant publication. Alan Rusbridger a par ailleurs confirmé qu'il avait renoncé à publier certaines informations qui auraient posé des problèmes de sécurité.

Cette rigueur n'a évidemment pas empêché le gouvernement d'accroître la pression sur ce journal qui multipliait les révélations embarrassantes. Deux semaines après les premiers articles de Greenwald sur la NSA, deux hommes des services du Premier ministre se sont rendus à la rédaction du *Guardian* pour un entretien « cordial mais ferme » avec Alan Rusbridger. Ils expliquent alors que le journal est en possession de documents volés, qu'il n'est pas censé détenir. Les journalistes sont sommés de rendre ces documents pour éviter une action en justice. Alan Rusbridger leur explique poliment qu'il y a un réel intérêt public pour toutes les informations concernant la surveillance électronique effectuée par le gouvernement avec l'aide des entreprises de télécommunication. La presse a un rôle à jouer, d'autant plus que les réactions du Parlement et de la justice sont très limitées [22].

Trois semaines plus tard, alors que le flot de révélations continue au Royaume-Uni et aux États-Unis, un officiel britannique téléphone et annonce au rédacteur en chef d'un ton excédé : « Vous vous êtes assez amusés, maintenant nous voulons récupérer ces documents ! » S'ensuit une série de réunions où les officiels expliquent que le gouvernement perd patience et que les données obtenues par *The Guardian* pourraient être récupérées par des Russes ou des Chinois. Les responsables de la rédaction répliquent que ces documents ne sont pas accessibles par Internet mais sont conservés dans un lieu surveillé en permanence.

Malgré cela, les menaces d'une action judiciaire se font plus précises. Lors d'une réunion avec Alan Rusbridger dans les locaux du quotidien le 21 juin 2013 à l'aube, Jeremy Heywood, directeur du cabinet du Premier ministre David Cameron, se fait très explicite : « Le Premier ministre, le ministre des Affaires étrangères, le procureur général et d'autres membres du gouvernement sont extrêmement préoccupés par ce que vous êtes en train de faire. [...] Avec les articles que vous publiez, vous mettez en péril non seulement notre sécurité nationale, mais notre capacité à interpeller des pédophiles, des trafiquants de drogue. Vous êtes un éditeur, mais vous avez également une responsabilité de citoyen [23]. » Rusbridger lui répond que, dans une démocratie, ces documents doivent être connus du public, qu'ils ont été examinés en détail et qu'aucun officiel ne peut être mis en danger par leur publication. Par ailleurs, il a pris ses précautions : Greenwald au Brésil et le site *ProPublica* aux États-Unis ont une copie des documents et peuvent continuer à les publier. Paul Johnson, rédacteur en chef adjoint du *Guardian*, se souvient : « C'était un peu comme assister à une bagarre, tête contre tête, entre deux avocats très policés [24]. » Alan Rusbridger, avec son physique de libraire qui cache une volonté de fer, Jeremy Heywood, calme et glacé, sceptique mais passionné, modéré mais déterminé.

Le 12 juillet, Jeremy Heywood revient au *Guardian* et demande formellement la restitution des documents d'Edward Snowden au motif que le journal ne peut pas en assurer la sécurité. Le même jour, Alan Rusbridger, préoccupé, appelle la patronne du *New York Times*, Jill Abramson. Cette dernière, qui ne souhaite pas trop parler au téléphone, prend un avion pour Londres où elle conclut un accord de partenariat entre les deux quotidiens. Le 15 juillet, c'est le responsable de la communication de Cameron, Craig Oliver, qui redemande au *Guardian* les disques durs où sont enregistrés les documents. Le même jour, Jill Abramson se rend à Washington, où le directeur du renseignement national, James Clapper, lui demande avec insistance de ne pas publier les documents de Snowden. Le 18 juillet, Oliver Robbins, responsable du renseignement auprès du Premier ministre, annonce à Alan Rusbridger que deux membres des services secrets arrivent au *Guardian* pour saisir les disques durs ; le patron du quotidien lui propose alors de détruire ces disques devant eux plutôt que de les rendre. Olivier Robbins accepte.

Les disques durs sont détruits

Le « bunker » est le surnom de la pièce où sont conservés les documents d'Edward Snowden. Un garde s'y tient 24 heures sur 24 et surveille cinq tables sur lesquelles reposent cinq ordinateurs non reliés à Internet. Les journalistes admis dans cette pièce doivent laisser à l'extérieur portables et téléphones, les fenêtres sont masquées par des draps. Chaque disque dur est protégé par trois mots de passe et aucun journaliste n'en a plus d'un. Le samedi 18 au matin, les cinq disques durs sont extraits des ordinateurs et emmenés au sous-sol du journal. Harcelé depuis deux semaines, à deux doigts d'une saisie qui représenterait une catastrophe pour le journal, Alan Rusbridger s'est résolu à accepter cette destruction et il s'en explique : « Je n'avais pas l'accord d'Edward Snowden pour rendre ce matériel et je ne voulais pas aider les autorités anglaises en leur permettant de savoir ce qu'il nous avait donné [25]. »

Après d'ultimes négociations avec les autorités, une incroyable cérémonie commence. Le cadre : une pièce au sous-sol du *Guardian*, en présence de trois responsables du journal et deux membres du GCHQ, avec leurs carnets de notes et leurs caméras. Au milieu de la pièce : cinq disques durs que deux techniciens du journal attaquent à la perceuse et à la fraiseuse. Sous l'œil satisfait des fonctionnaires du secret, les circuits intégrés et leurs enveloppes sont réduits en pièces, l'opération est filmée ; un travail long, salissant et bruyant. Pour détendre l'atmosphère, un agent du

GCHQ lance cette plaisanterie, qui fait froid dans le dos : « Très bien, nous pouvons décommander les hélicoptères noirs » — une allusion à l'opération commando montée contre Ben Laden.

C'est ainsi qu'un beau samedi d'août, le sous-sol d'un journal a été le témoin d'une scène inouïe, une version actualisée des autodafés où les jésuites allumaient un bûcher avec les livres mis à l'index par la Sainte Inquisition. Eux aussi savaient qu'ils brûlaient des livres dont d'autres exemplaires circulaient, mais leur but était de frapper les esprits, de semer l'effroi chez les libres penseurs et d'obtenir la soumission du bon peuple. Avec le flegme d'un ancien d'Oxford, le rédacteur en chef du *Guardian* s'est contenté de dire : « C'est sans doute le moment le plus bizarre de la longue histoire de notre journal [26]. »

Les jours qui suivirent ne furent pas moins « bizarres ». Pressentant que leurs ennuis ne faisaient que commencer, les dirigeants du *Guardian* auront le bon réflexe en signant un accord avec le *New York Times*. En effet, aux États-Unis, le premier article de la Constitution interdit au Congrès de voter des lois qui limitent la liberté d'expression et la liberté de la presse. Mais ce n'est pas le respect de la Constitution américaine qui va dicter la conduite des fonctionnaires de l'Empire britannique ! Encouragés par le succès de leur opération à Londres contre *The Guardian*, ils se tournent naturellement vers le journal qui leur avait été indiqué comme dépositaire d'une copie des documents d'Edward Snowden. C'est ainsi que, le 17 août, un représentant de l'ambassade du Royaume-Uni à Washington est allé voir Jill Abramson, la directrice de la rédaction du *New York Times*. Sans se démonter, l'officiel anglais lui a demandé de procéder à la destruction du disque dur qu'elle avait en sa possession. Il fut aimablement éconduit [27].

Le bilan du suivi de l'affaire Snowden établi par le *Guardian* fournit des éléments intéressants [28]. Entre le 6 juin et le 8 décembre 2013, le quotidien a publié sur le sujet 370 articles, qui ont donné lieu à plusieurs centaines de réactions de lecteurs ; treize seulement sont critiques, seuls deux d'entre eux dénonçant le principe même de la publication de ces documents secrets, un chiffre très faible pour une affaire aussi controversée ; quarante-huit félicitent le journal, certains proposant même à Edward Snowden des conseils, de l'argent ou encore un endroit pour dormir. Un consultant américain du secteur critique la « timidité » du *Guardian* : « Je comprends votre souhait de contextualiser et de publier les documents de manière responsable, mais sans détails sur les dégâts faits par la NSA et les moyens qu'ils utilisent (algorithmes, entreprises complices et leurs produits, méthodologies), les gens en sont réduits à spéculer sans véritable possibilité de réagir efficacement. » Ce à quoi James Ball, du *Guardian*, répond : « Nous avons évité de publier beaucoup moins de choses que les gens pensent. Ils croient que nous avons les détails des composants, des fabricants, des logiciels, des standards d'encryptage qui ont été truqués et comment. En fait, nous ne les avons pas, ces détails sont si secrets qu'Edward Snowden n'y avait pas accès. » Il s'agit en tout état de cause d'un travail de longue haleine, d'autant plus que Rusbridger a reconnu le 5 décembre disposer de 57 000 documents, dont 1 % seulement avait déjà été publié.

Reste que la crainte d'un dérapage ou d'une provocation est plus présente que jamais au sein du *Guardian*. Dans un *chat* avec les lecteurs du quotidien, l'éditrice du journal à New York, Janine Gibson, s'est confiée sur les précautions prises avant toute publication des documents d'Edward Snowden. Les documents sont sélectionnés en donnant la priorité à ceux qui permettent de comprendre les nouvelles capacités des agences de renseignement, leurs méthodes de travail, les relations étroites qu'elles entretiennent avec les multinationales du secteur privé. Une attention toute particulière est également portée aux documents démontrant que l'environnement légal censé encadrer l'activité des agents de la NSA est extrêmement défaillant et leur laisse une marge de manœuvre très importante. Le *Guardian* s'efforce également de montrer, preuves à l'appui, que les élus américains, censés avoir un droit de regard sur les activités de l'agence, ont en pratique un rôle très limité et ignorent la plupart des abus existants. Un travail d'édition long et fastidieux, où les documents secrets doivent être confrontés avec les sources publiques. Il faut, avec vigilance, éviter de publier une information qui pourrait mettre en danger quiconque. Les autorités et certains médias complaisants guettent la faute, prêts à clamer : « Ces journalistes ont du sang sur les mains. »

Le journal reste en alerte permanente, disposant de documents ultrasecrets que tous les espions de la planète rêvent de subtiliser. De plus, ses trois rédactions travaillent ensemble et doivent prendre toutes leurs précautions, puisque leurs communications sont certainement écoutées : Londres, New York et Rio, où Greenwald a constitué une véritable minirédaction. Confronté à la réelle agressivité du gouvernement anglais, soucieux d'échapper à tout risque de censure, *The Guardian*, outre son accord avec le *New York Times*, bénéficie du soutien du site américain spécialisé *ProPublica*. La plupart des associations américaines de défense de la vie privée se mobilisent aux côtés du quotidien britannique. Et bientôt, un véritable cataclysme s'abat sur le journal, à la fois acteur, victime et narrateur de son aventure. Alors que les vols transatlantiques des rédacteurs du *Guardian* entre New York et Londres sont utilisés pour éviter les écoutes, le gouvernement britannique se décide à frapper un grand coup. Et le jour de son intervention est le même que celui qui voit la destruction des disques durs du *Guardian*, le 18 août.

Août 2013 : l'arrestation de David Miranda à Londres

Résidant à Rio, Glenn Greenwald doit échanger des documents avec sa collègue Laura Poitras qui, à Berlin, prépare un grand documentaire susceptible d'être vendu aux télévisions du monde entier. Le journaliste charge alors son compagnon David Miranda de faire un aller-retour en Allemagne le 14 août pour lui donner des documents et en récupérer d'autres. Prudente, Laura Poitras remet à Miranda les documents pour Greenwald sur deux disques durs solidement cryptés. Elle se doute évidemment que la CIA suit pas à pas tous leurs mouvements. Le jeune Miranda fait tranquillement le voyage de retour avec une escale de transit à Londres, où il ne doit pas passer la douane. Il est pourtant cueilli par des agents des services spéciaux britanniques à la sortie du vol de Berlin. Une disposition inscrite dans une loi antiterroriste votée en 2000 permet en effet aux autorités d'arrêter, fouiller et questionner n'importe quel voyageur arrivant ou transitant par l'Angleterre. Et ce pendant neuf heures, sans qu'il puisse bénéficier du concours d'un avocat. Cette interpellation peut être faite seulement si la police a de réels soupçons d'activités terroristes d'un voyageur et les investigations doivent avoir pour seul but de vérifier ces soupçons.

C'est par un coup de téléphone donné à 6 h 30 par un « officier de sécurité d'Heathrow » que Greenwald apprend que Miranda est détenu dans une salle d'interrogatoire de l'aéroport. L'officiel britannique, qui refuse de s'identifier, accepte de donner son immatriculation : 203 654. Aussitôt Greenwald alerte la rédaction du *Guardian*, ses avocats et les fonctionnaires de l'ambassade du Brésil à Londres [29]. Dès le début de son arrestation, Miranda est mis en condition par les inspecteurs, qui lui expliquent qu'il est interrogé dans le cadre d'une enquête autorisée par la loi antiterroriste anglaise. Aussitôt, le jeune homme pense aux prisons secrètes de la CIA, à Guantanamo et aux interrogatoires musclés. Le bombardement de questions et de menaces dure neuf heures. Toute une série de sujets n'ayant aucun lien avec le terrorisme sont abordés lors de l'interrogatoire. La durée même de la détention, neuf heures, est tout à fait exceptionnelle. L'abus de pouvoir au détriment du jeune homme est manifeste. L'opposition parlementaire s'indigne, ne comprend pas pourquoi Miranda s'est vu confisquer son téléphone portable, son ordinateur, les disques durs, les CD et les jeux vidéo qu'il transportait. Miranda a été interrogé sans ménagement sur tous les épisodes de sa vie, son travail avec Greenwald, ses relations avec WikiLeaks, etc. Il a même été menacé de prison quand il a expliqué qu'il ne disposait pas du code secret permettant de lire les disques durs qu'il transportait.

Furieux, le ministre des Affaires étrangères brésilien appelle alors son collègue britannique pour lui faire part de sa préoccupation. Le contrôleur anglais de la législation antiterroriste se trouve lui-même contraint de s'interroger sur le caractère « inhabituel » de cette interpellation. Très embarrassé, le ministère de l'Intérieur se lance alors dans une justification alambiquée selon laquelle Miranda étant en possession de documents secrets pouvant être utiles à des terroristes, il était légitime d'appliquer la loi [30]. Curieusement, la presse britannique met un certain temps à comprendre que la solidarité avec Miranda et Greenwald est une condition nécessaire à l'exercice d'une presse libre. Certains journalistes n'hésitent pas à enfoncer encore plus le couple. Ainsi, le commentateur de CNN Jeffrey Toobin affirme-t-il que la police anglaise a bien fait de détenir Miranda : « Je ne veux pas être désagréable, mais il joue le rôle d'un passeur. Il a passé des choses d'un aéroport à un autre à destination de quelqu'un. Nos prisons sont pleines de passeurs de drogue [31]. »

Dès le lendemain de cette arrestation, le *Guardian* et ses avocats décident de porter plainte pour détention arbitraire et exigent la restitution de ce qui a été confisqué à Miranda. Un tribunal londonien est saisi de la plainte. Gêné par cette riposte, le gouvernement britannique contre-attaque le 30 août. Il annonce que la justice l'a autorisé à consulter les disques durs confisqués à Miranda pour déterminer s'il s'était rendu coupable d'une infraction ; Scotland Yard annonce l'ouverture d'une enquête criminelle et Olivier Robbins rend public un communiqué accusatoire de treize pages. Il dénonce l'irresponsabilité de Miranda, accusé de transporter 58 000 documents secrets du gouvernement britannique ainsi qu'un bout de papier où était noté le mot de passe permettant de décrypter l'un des disques durs. Les arguments du cabinet peuvent se résumer ainsi :

— nous avons besoin d'analyser les disques durs confisqués pour comprendre comment les documents volés ont été utilisés et pour prendre les mesures conservatoires au cas où certains de ces documents mettraient en danger les personnes et les activités de nos services de renseignement ;

— ni M. Snowden ni M. Greenwald n'ont suffisamment connaissance de nos activités pour estimer avec pertinence les documents qui pourraient constituer un danger pour les services de sécurité de la Grande-Bretagne. D'ores et déjà, les documents publiés sont pour nous un problème grave ;

— les mesures de sécurité insuffisantes prises par M. Greenwald et ses associés pour protéger les documents volés, leurs voyages notamment, font que ces documents sont susceptibles d'être interceptés par des services d'espionnage de pays ennemis ;

— c'est pourquoi la confiscation des disques durs de M. Miranda nous paraît être une mesure appropriée, tout comme la destruction de celui du *Guardian*, dans le cadre d'un accord que le journal s'était engagé à garder confidentiel et qu'il n'a pas respecté en publiant un article sur cette opération le 20 août [32].

Pour faire bonne mesure, un autre communiqué de la division antiterroriste de Scotland Yard explique que seulement 20 des 60 gigabits de données transportées par Miranda ont pu être décodés et 75 des 58 888 documents secrets entièrement reconstitués. Les chiffrements installés par Laura Poitras semblent donc efficaces. Le gouvernement en profite pour dramatiser sa découverte : certains documents décryptés seraient parmi les plus secrets de l'État. Mais rien n'indique que ces informations soient vraies. Cette dramatisation est aussitôt dénoncée par le *Guardian* : son rédacteur en chef fustige la manière dont les autorités inventent un prétendu état d'urgence, alors qu'en deux mois d'affaire Snowden, il ne s'est rien passé et que le gouvernement a reconnu que le *Guardian* avait gardé une attitude responsable. Pourquoi établir soudain, par des affirmations invérifiables, un parallèle entre activité journalistique et terrorisme ? De Rio, Greenwald fait justement remarquer que le gouvernement anglais n'est pas capable de citer une seule révélation publiée qui aurait mis en danger la sécurité du pays : « La seule chose qui a été mise en péril, ce sont les intérêts politiques et la réputation des fonctionnaires de Grande-Bretagne et des États-Unis dans le monde, attrapés alors qu'ils effectuent des opérations de surveillance illégales, inconstitutionnelles et vraiment dangereuses ; et ce contre leurs propres citoyens et contre les peuples du monde, sans contrôle ni transparence [33]. »

Questionné par le *Washington Post* le jour où il retrouve Miranda à l'aéroport de Rio, Glenn Greenwald manifeste sa détermination : « Est-ce que la détention de votre partenaire ne va pas altérer vos futures publications ?

— Pas du tout. Cela aura plutôt l'effet contraire. J'ai encore beaucoup de documents sur lesquels je travaille et je vais me concentrer sur ceux qui concernent la Grande-Bretagne. Je vais être plus agressif, pas moins, dans mes publications !

— Quel effet aura, à votre avis, l'interpellation de votre partenaire ?

— Quand ils font des choses comme ça, ils montrent au monde leur vraie nature. Je vais riposter et je crois qu'ils vont regretter ce qu'ils ont fait [34]. »

À partir de cette déclaration, une partie de la presse anglo-saxonne fait ses manchettes en la sortant de son contexte. Le *Huffington Post* titre : « Greenwald crie vengeance ! » Analysant l'entretien, Andrea Perterson du *Washington Post*, rectifie : Greenwald ne veut pas se venger, il fait juste son travail [35]. Si le gouvernement espérait faire perdre son sang-froid à Greenwald en le poussant à publier sans précaution des documents sensibles, l'opération est ratée. Mais il y a peut-être d'autres mobiles à cette opération élaborée au sommet du pouvoir et, sans doute, en concertation avec Washington.

L'objectif du gouvernement britannique : « Museler la presse »

Plusieurs raisons expliquent la fermeté dont a fait preuve le gouvernement britannique lors de l'affaire Miranda. Humiliés, voire traumatisés, par les révélations en cascade qui dérangent leurs activités et les obligent à des explications embarrassées, les responsables des services secrets ont voulu manifester leur colère en s'attaquant à ceux par qui le scandale est arrivé, le groupe de journalistes qui leur mènent la vie dure. Ces derniers doivent maintenant compter avec une corporation de fonctionnaires d'autorité, agressifs par nature, habitués à ne rendre de comptes à personne et qui ne voudraient pas que la levée du secret de leurs activités ruine leurs carrières. Incapables d'obtenir des informations fiables sur Greenwald et sa « bande », trop prudents sur Internet et au téléphone, les services secrets ont décidé de frapper à la source, c'est-à-dire de confisquer les données transportées par Miranda afin de savoir de quels documents ils disposent, comment ils travaillent, quelles sont les publications qu'ils préparent et de quelles aides ils bénéficient. Et accessoirement d'essayer de leur faire peur…

Bien entendu, cette intervention musclée a l'inconvénient d'indigner la presse et les associations de défense des droits de l'homme. C'est pourquoi David Cameron a pris l'opinion publique à témoin, évoquant des menaces graves sur la sécurité du pays, des publications qui pourraient gêner les opérations secrètes contre des réseaux terroristes actifs en Grande-Bretagne. Ce n'est qu'en criminalisant l'action d'Edward Snowden que le gouvernement peut justifier le détournement des lois antiterroristes dont il se sert pour réduire au silence des journalistes. En arrêtant Miranda avec une telle agressivité, le gouvernement anglais se démasque comme autoritaire et totalement indifférent aux libertés fondamentales : circuler, s'informer, faire un travail journalistique… Cela a permis à l'opinion publique de comprendre que les Anglais et les Américains, dans ce type d'affaires, n'hésitaient pas à abuser de leur pouvoir et à s'attaquer à la presse. C'est aussi à ce moment-là que la rédaction du *Guardian* décide qu'elle ne peut pas garder le silence sur un autre épisode dont elle a été victime : l'ordre qui lui a été donné de détruire les disques durs où étaient conservés les dossiers secrets. Elle raconte l'histoire, qui fait sensation [36].

Le 2 septembre, le rapporteur de l'ONU sur la liberté d'expression Frank La Rue, rappelle publiquement : « La protection de la sécurité nationale ne doit jamais être utilisée comme excuse pour museler la presse et l'empêcher de faire des enquêtes sur les violations des droits de l'homme, une mission cruciale [37]. » Il a également écrit à David Cameron pour lui demander des informations sur la légalité de l'interpellation de Miranda. Malgré cette indignation, le 16 octobre, le Premier ministre britannique encourage la Chambre des communes à lancer une commission d'enquête parlementaire pour déterminer si le *Guardian* avait enfreint la loi ou mis en danger la sécurité nationale en publiant ces documents : « La réalité, affirme-t-il, est que cela a porté atteinte à notre sécurité nationale et le *Guardian* lui-même l'a admis d'une certaine manière en acceptant, sur la demande polie de mon conseiller sur la sécurité intérieure et de mon secrétaire de cabinet, de détruire les dossiers en sa possession. » Et un porte-parole du Guardian de répliquer : « Le Premier ministre se trompe en prétendant que le *Guardian* a détruit les fichiers informatiques parce que nous aurions reconnu que nos publications ont provoqué des dommages. Nous l'avons fait parce que le gouvernement a déclaré qu'il utiliserait toute la rigueur de la loi pour empêcher un journal de publier quoi que ce soit sur la NSA ou le GCHQ. [...] Il est impensable qu'une telle chose se produise aux États-Unis, où le *New York Times* et le *Washington Post* ont été largement applaudis — aux côtés du *Guardian* — pour leur travail sur les fichiers Snowden [38]. »

À la mi-octobre 2013, Glenn Greenwald annonce quitter « en très bons termes » le *Guardian* pour rejoindre un nouveau média, un site d'investigation ambitieux financé par Pierre Omidyar, le fondateur d'eBay. Pour lui, il s'agit d'une opportunité « de rêve, qu'on a qu'une fois dans une carrière de journaliste ». Quant au *Guardian*, il a souhaité une bonne continuation à son « remarquable » ancien collaborateur : « Le travail que nous avons accompli ensemble l'année passée a démontré le rôle crucial d'un journalisme d'enquête responsable, capable d'obliger ceux qui ont le pouvoir à rendre des comptes », a affirmé une porte-parole du quotidien [39]. Malgré les menaces qui pèsent sur lui, Glenn Greenwald semble plus motivé que jamais : « Je compte bien continuer de publier tous les documents qui méritent de devenir publics, a-t-il déclaré à Radio France Internationale. Plus les États-Unis et la Grande-Bretagne me menaceront, plus je me concentrerai et je travaillerai dur pour continuer de publier [40]. » Sans même avoir encore un nom, le projet attire les meilleurs journalistes anglo-saxons.

16

Sécurité nationale et libertés individuelles, l'équilibre complexe

Les débats sur l'affaire Snowden ne recoupent pas les clivages politiques traditionnels : autant de réformistes et de conservateurs protestent contre la surveillance de la NSA, de même que d'autres la justifient au nom de la lutte contre le terrorisme. L'opinion publique américaine, elle aussi, est partagée : dans un sondage publié à la mi-juin 2013 par le quotidien *USA Today* sur la personnalité et les motivations d'Edward Snowden, 54 % des sondés se disent favorables à des poursuites contre l'ancien consultant de la NSA, 38 % étant d'un avis contraire [1]. Les Américains sont alors plus divisés encore quand on leur demande s'ils approuvent ou non les programmes de surveillance la NSA : 48 % y sont favorables, 47 % s'y opposent [2]. Et selon un autre sondage publié en septembre 2013 à l'occasion de l'anniversaire du 11 Septembre, 60 % des Américains se disent toujours inquiets de la menace terroriste [3] ; néanmoins, la moitié d'entre eux estiment que le gouvernement fait un mauvais travail quand il restreint les libertés et 60 % s'opposent au programme de la NSA de contrôle du téléphone et de l'Internet. Ce sondage montre la complexité du problème de la surveillance, impliquant un difficile équilibre à trouver entre sécurité nationale et respect des libertés individuelles.

John Lanchester : « La menace terroriste ne doit pas nous amener à nier nos droits fondamentaux »

Les autorités se défendent en affirmant, comme le général Keith Alexander, patron de la NSA, que les révélations sur leurs programmes de surveillance ont été « dramatisées et exacerbées dans la plupart des médias ». Le 25 septembre 2013, lors d'une conférence à Washington sur la sécurité informatique, il a expliqué que s'il y avait eu très peu d'attentats aux États-Unis depuis ceux du 11 septembre 2001, au regard des menaces croissantes dans le monde, « ce n'est pas un hasard, cela est dû à un gros travail de notre communauté du renseignement [4] ». Et de rappeler une nouvelle fois que plus de cinquante menaces terroristes dans le monde avaient été contrecarrées grâce aux renseignements recueillis à l'aide des programmes de surveillance.

D'après certains acteurs soucieux de trouver des circonstances atténuantes à la NSA, tel Eric Schmidt, le patron de Google, l'espionnage massif relèverait de la « nature humaine » : « Je ne vais pas juger l'espionnage que la NSA effectue depuis des années. La surveillance est inhérente à l'homme [5]. » Pourtant, le « Big Brother » décrit dans l'œuvre de George Orwell soixante ans auparavant serait devenu une réalité, écrit le journaliste James Bamford, avant de citer un extrait de *1984* : « Les écrans ont des microphones et des caméras cachés. Ces instruments, reliés à des agents, permettent à la Police de la pensée d'espionner tout le monde. [...] Il n'y avait bien sûr aucun moyen de savoir si vous étiez espionné à un moment donné. [...] Mais ils pouvaient le faire quand ils voulaient. Vous deviez donc vivre [...] en sachant que chaque bruit que vous émettiez pouvait être écouté et chacun de vos moments scruté, sauf dans l'obscurité [6]. »

De quoi faire frémir l'opinion publique, à l'instar du journaliste et écrivain John Lanchester, réputé en Grande-Bretagne pour sa finesse d'analyse et invité par le *Guardian*, en août 2013, à lire l'essentiel des documents d'Edward Snowden pour qu'il s'en fasse sa propre idée. L'homme est un modéré, estimant qu'il y a des secrets légitimes et que l'espionnage obéit à des nécessités, comme il l'a expliqué dans l'article rendant compte de son expérience (par ailleurs remarquablement pédagogique sur les outils informatiques utilisés par la NSA et le GCHQ) : « Nous avons des ennemis qui rêvent de détruire les fondements de notre société et nous devons nous défendre [7]. » Pendant une semaine, il a lu les documents secrets et il y a d'abord trouvé ce qui lui semblait parfaitement légitime : des rapports du GCHQ sur les points chauds de la planète comme l'Iran, la Corne de l'Afrique ou la Corée du Nord, des enquêtes sur la prolifération nucléaire ou sur le *hacking* informatique organisé par des États, ou encore des enquêtes ciblant des suspects de terrorisme bien précis.

Mais là où il a commencé à s'inquiéter, c'est quand il a pris conscience que les méthodes de « collecte massive de données » utilisées par les agences de renseignement sans véritable contrôle de la loi et des citoyens leur permettent d'intercepter n'importe quel courriel ou communication téléphonique, de retrouver tous les contacts d'un internaute et même ce qu'il a en tête en regardant ses recherches sur Internet. Et John Lanchester de plaisanter ensuite en remarquant que, d'après la NSA, les seuls qui ne laissent aucune trace électronique aujourd'hui ne peuvent être que de dangereux individus : Ben Laden n'avait ni téléphone ni Internet dans sa maison du Pakistan. Ce qui est préoccupant dans ces documents, constate-t-il, c'est qu'ils montrent à quel point les agents de la NSA et du GCHQ veulent tout contrôler, grâce à ce qu'ils appellent les « nouvelles possibilités » (*new capabilities*), qui s'appuient souvent sur les innovations des géants de l'Internet. Ce qui est préoccupant, ironise-t-il, « pour le dire crûment, ce n'est pas que Google sache que vous êtes homosexuel avant que vous ne l'ayez confessé à votre maman, c'est qu'il le sait avant vous. Et maintenant, le GCHQ aussi. »

Quand David Omand, l'ancien patron de ce service (en 1996 et 1997), tente en septembre 2013 de justifier son action, relève John Lanchester, il explique en substance que les internautes donnant volontairement beaucoup d'informations à Facebook ou Google, leur utilisation par le gouvernement ne devrait donc pas poser de problème [8]. De ce fait, pour Lanchester, l'État dispose aujourd'hui d'un pouvoir qu'il n'a jamais eu et un débat doit s'engager sur ses limites : « La menace terroriste est, par définition, diffuse, multiple, omniprésente. Le loup solitaire peut avoir n'importe quel visage. Faut-il pour autant installer une surveillance généralisée de tous ? [...] Depuis le 11 Septembre, cinquante-trois personnes ont été tuées par des activités terroristes en Grande-Bretagne et, dans le même temps, 26 805 ont été tuées sur la route. Ce qui veut dire qu'en douze ans, le terrorisme a tué autant de gens que la circulation en huit jours. Aujourd'hui, nous sommes sur le point d'être l'État sécuritaire dont les agences peuvent faire ce que bon leur semble [9]. » Et John Lanchester de terminer sa réflexion en proposant que de fervents avocats des droits de l'homme participent à l'encadrement des services de sécurité, qu'un droit des communications numériques impose un ciblage explicite des écoutes : « La menace terroriste ne doit pas nous amener à nier nos droits fondamentaux. »

Le philosophe slovène Slavoj Zizek, chroniqueur du *Guardian* et directeur du Birkbeck Institute for the Humanities, rappelle ainsi dans un article une phrase de Kant : « Les lois liées aux libertés et aux relations des hommes entre eux sont injustes si elles ne sont pas rendues publiques. » « Ce qui rend ce système dangereux, regrette-t-il, ce n'est pas le fait que nous ayons perdu toute vie privée, que nos secrets les plus intimes soient exposés au Big Brother, ni même l'étendue du pouvoir de cette agence nationale. C'est le fait de ne pas savoir tout cela [10]. »

La menace d'un « Pearl Harbor économique » pour l'industrie informatique américaine

Sidération et désarroi sont les deux mots qui caractérisent le mieux les réactions de l'industrie informatique américaine après les révélations du *Guardian* et du *New York Times*. Bien entendu, depuis longtemps, on soupçonnait la NSA de s'intéresser d'un peu trop près à la sécurité cryptographique. Certains avaient déjà remarqué la contradiction entre ses deux missions principales : espionner les communications internationales et assurer la sécurité des communications gouvernementales américaines. Pourtant, personne n'avait même envisagé l'ampleur de son programme secret.

Le journaliste de *Bloomberg Businessweek* David Meyer se moque ainsi amèrement : « Chère stupide NSA, [...] ce qu'il y a de plus idiot dans vos actions, c'est que non seulement vous avez saboté les éléments clés de la cryptographie moderne, mais vous vous êtes proclamée gardienne du savoir des vulnérabilités existantes. Si vos systèmes de sécurité avaient été au niveau, ces secrets ne seraient pas dans les rédactions du *New York Times* et de *ProPublica* [11]. » Parasiter Internet aux dépens de milliards d'utilisateurs, en avoir fait une plate-forme peu fiable, ouverte à toutes les formes d'espionnage et de trafics, voilà ce que personne ne pardonne à la NSA. Le commentateur John Dvorak s'indigne ainsi que la NSA parle des utilisateurs de cryptographie sur Internet en les qualifiant d'« ennemis » : « Soyons directs : la NSA, financée par les Américains, les contribuables, considère ces personnes comme des ennemis ? Comment cela est-il arrivé ? Quand cela est-il arrivé [12] ? »

Les sociétés américaines vendant de la sécurité savent qu'elles vont subir un flot de questions et qu'elles risquent de perdre des clients et des contrats, notamment à l'international. Une crainte partagée par les vendeurs de matériel. Tous se souviennent en effet, comme l'a rappelé le *New York Times* en septembre 2013, que « depuis deux ans, des parlementaires américains ont accusé deux des plus grandes sociétés chinoises de télécommunication, Huawei Technologies et ZTE, de faire la même chose que la NSA : installer des *back doors* dans leurs équipements pour permettre l'espionnage par le gouvernement et les militaires chinois [13] » — ce qui leur a fait perdre des contrats aux États-Unis et en Australie.

Si elle veut éviter un « Pearl Harbor économique », l'industrie américaine du secteur va donc devoir redéfinir ses relations avec le gouvernement, ses méthodes de travail, la transparence qu'elle doit observer vis-à-vis de ses clients. Un considérable effort de recherche sur les programmes de cryptographie est ainsi une condition essentielle pour que la confiance revienne. Procédures, matériels et logiciels devront être réexaminés profondément pour éliminer les vulnérabilités introduites par les experts de la NSA. Conscients de l'importance des changements indispensables, témoin de la faillite complète des commissions parlementaires censées contrôler l'activité de la NSA, le sénateur démocrate du New Jersey Rush D. Holt a dans cet esprit formulé une proposition radicale. Après avoir constaté à quel point l'action de la NSA pénalisait les internautes et les entreprises américaines — « Qui va acheter un produit qui a été rendu délibérément moins sûr ? » —, il a proposé de passer une loi d'« abrogation de la surveillance d'État » (*Surveillance State Repeal Act*), qui « éliminerait l'essentiel des moyens d'espionnage gouvernementaux obtenus après les attaques terroristes de 2001 » et « interdirait à la NSA d'installer des *back doors* dans les logiciels de cryptage et de brouillage électronique assurant la protection des courriels, transactions en ligne et autres communications [14] ».

Conscients de ces dérives, certains craignent que la liberté de la vie privée n'ait qu'un sombre avenir : « L'expression même de "sécurité des données" ne pourra plus être prononcée que dans un immense éclat de rire, grince Pierre Briançon, éditeur Europe de Reuters Breakingviews. À terme, le vide totalitaire de l'écoute permanente et universelle finira par créer ses univers parallèles. On retrouvera de la sécurité, à la marge du système et facturée au prix fort. Mais qui a dit que les libertés publiques étaient faites pour les masses [15] ? »

La société civile se mobilise

Dans le monde entier, suite aux révélations des documents Snowden, les défenseurs des libertés sont évidemment montés au créneau contre la NSA. Dès le 10 juillet 2013, en France, la Fédération internationale des ligues des droits de l'homme (FIDH) et la Ligue des droits de l'homme déposaient une plainte qui « pointait plusieurs infractions :

l'accès frauduleux dans un système de traitement automatisé de données, la collecte illicite de données personnelles, l'atteinte à la vie privée, ou encore l'atteinte au secret des correspondances électroniques [16] » — une plainte donnant lieu, cinq jours plus tard, à l'ouverture d'une enquête préliminaire par le parquet de Paris. Trois mois plus tard, Patrick Baudouin, avocat et ancien président de la FIDH, rappelait en ces termes le contexte de ces dérives : « Après la chute du mur de Berlin, il y a eu un vrai souffle de liberté. On avait le sentiment d'être entendu et d'être au diapason des opinions publiques. Après les attentats du 11 Septembre, s'est produit un retour de manivelle. Un vent mauvais a commencé de souffler [17]. »

Le 5 août, cent cinquante-sept associations défendant la liberté de la presse ou les droits de l'homme publient une lettre ouverte adressée à Barack Obama pour qu'il mette fin aux poursuites pesant sur Edward Snowden [18]. « Les déclarations du Département d'État niant à Edward Snowden le statut de lanceur d'alerte en raison de la nature des accusations portées contre lui vont catégoriquement à l'encontre des normes internationales relatives à la liberté d'expression et d'information », plaident les ONG, parmi lesquelles la Fondation pour la liberté de la presse, le Pen Club, Privacy International et, côté français, Reporters sans frontières et La Quadrature du Net. Une semaine plus tard, plus de quatre-vingts fondations et ONG américaines lancent une campagne sur un nouveau site, Stopwatching.us : « Ces dernières révélations ont déclenché un grand débat public, nécessaire et tardif, sur les limites acceptables de la surveillance exercée dans un État démocratique », explique le collectif dans une lettre aux membres du Congrès, où il dénonce une « tendance obsessionnelle du gouvernement américain à contrôler l'information » et réclame l'abandon des charges contre Edward Snowden, une consultation publique sur les activités de la NSA, la déclassification de tous les ordres émis en vertu du *Foreign Intelligence Surveillance Act*, ainsi que la protection juridique des « lanceurs d'alerte révélant des informations touchant à la sécurité nationale et aux renseignements ».

Chercheurs et universitaires ont eux aussi fait part de leur révolte. En Grande-Bretagne, le 16 septembre, un groupe d'éminents chercheurs en cryptographie et sécurité informatique s'indigne dans une lettre ouverte publiée sur son site : « En altérant les normes de cryptage et en introduisant des vulnérabilités dans des produits dans lesquels nous avons tous confiance pour sécuriser les infrastructures critiques, nous estimons que les agences [de renseignement] ont agi contre les intérêts du public qu'elles sont censées défendre. Nous trouvons choquant que les agences des gouvernements américain et britannique aient sapé la sécurité des systèmes qui nous protègent. En fragilisant les sécurités du réseau afin d'écouter les communications de nos ennemis, elles ont aussi affaibli notre sécurité contre nos ennemis potentiels [19]. »

De l'autre côté de l'Atlantique, Charles Seife, ancien agent de la NSA et aujourd'hui professeur de journalisme à la New York University (NYU), publie le 22 août 2013 sur le site *Slate* une lettre ouverte à ses anciens collègues de l'agence américaine. Le titre de cette lettre, « Mathématiciens, pourquoi ne parlez-vous pas franchement [20] ? », donne clairement le ton. L'universitaire y décrit la manière dont la NSA formait ses collaborateurs : « L'agence insistait, encore et encore, sur le fait que les armes que nous fabriquions — car ce sont des armes, même si ce sont des armes d'information — ne seraient jamais utilisées contre notre propre population, mais seulement contre nos ennemis. » Puis l'ex-collaborateur de la NSA de s'interroger : « Que faire, maintenant que l'on sait que l'agence n'a pas tenu parole ? » Et d'inciter enfin ses anciens collègues à s'exprimer, à ne pas rester « silencieux » alors que la NSA les a trahis et a détourné leurs travaux.

Autre exemple de contestation : celle de l'Electronic Frontier Foundation (EFF), une organisation non gouvernementale internationale, créée en 1990 en Californie et dont l'objectif revendiqué est de « défendre vos droits dans le monde numérique [21] ». Composée d'avocats, d'analystes, de techniciens et réunissant 140 000 membres, l'EFF est particulièrement active dans les domaines de la liberté d'expression et de la défense de la vie privée et des droits des consommateurs. Ses combats, en particuliers judiciaires, lui ont permis de contrecarrer la toute-puissance du gouvernement et des grandes entreprises américaines (dès 2006, l'EFF avait dénoncé les pratiques illégales de surveillance mises en place par la NSA, notamment la collaboration entre cette dernière et l'entreprise de télécom américaine AT&T). Le 15 août 2013, Cindy Cohn et Mark M. Jaycox, deux des responsables de l'EFF, dénoncent l'« effondrement des trois piliers » (exécutif, judiciaire et législatif) sur lesquels reposait la confiance dans le gouvernement pour tout ce qui concerne le contrôle des activités des agences de renseignement et appellent à une prise en compte globale du problème, pour « reconstruire [la confiance] à partir des débris [22] ». Ils appellent aussi les citoyens à l'action, notamment *via* la pétition déjà évoquée « Stop watching us » (« Arrêtez de nous espionner ») demandant au Congrès de « lever le voile sur l'ensemble des programmes de la NSA » — fin décembre 2013, cette pétition avait réuni quelque 590 000 signatures et ses organisateurs avaient organisé à Washington, le 26 octobre, une grande marche de protestation contre la surveillance de masse pour l'anniversaire de l'adoption par le Congrès du *Patriot Act*.

Histoire très moderne par sa forme, l'affaire Snowden remet en cause sur le fond tout le système traditionnel de la représentation politique, qui s'écroule petit à petit, au niveau mondial. On peut y voir les prémices d'un changement inévitable dans les rapports entre le pouvoir et les citoyens, écœurés par le mensonge étatique. D'abord le fait d'individus isolés, la contestation s'organise de plus en plus, notamment grâce à Internet et aux réseaux sociaux. Comme le note l'anthropologue et économiste belge Paul Jorion, « avec Internet, la force de masse est accrue par la communication immédiate [23] » : des contre-pouvoirs structurés et très réactifs se mettent en place, les langues se délient, des blogs fleurissent, bref, le secret d'État tel qu'il a toujours existé est très sérieusement battu en brèche.

Pour Peggy Noonan, éditorialiste au *Wall Street Journal* et ancienne plume du président républicain Ronald Reagan, le fait que soit révolu le temps où l'on pensait que les communications des citoyens resteraient privées va tout changer aux États-Unis. En août 2013, elle se demande si la notion de vie privée ne serait plus qu'une « relique surannée d'un passé prétechnologique [24] ». La réponse du journaliste et célèbre défenseur des libertés civiles Nat Hentoff, qu'elle interroge, est claire : la fin de la notion de vie privée dans les communications, c'est la perte de quelque chose de personnel et d'intime, mais cela comporte des conséquences plus lourdes encore. Il explique que le Congrès et les médias se sont « réveillés », que la surveillance excessive des communications par le gouvernement constitue une violation du quatrième amendement de la Constitution, celui qui protège les citoyens contre les saisies et les perquisitions non motivées. Selon lui, on assiste à un « glissement dans la dynamique démocratique » : si la surveillance de masse continue à se développer, c'est le principe même de la liberté d'expression qui va changer.

La défense maladroite de Barack Obama

Face aux révélations et à toutes ces levées de boucliers, comment a réagi le cœur du pouvoir aux États-Unis ? Le président Barack Obama, qui s'est lancé dans une guerre diplomatique pour ramener Edward Snowden sur le sol américain afin de le faire condamner, a affiché une position diamétralement opposée à celle du sénateur du même nom des années 2000. À l'époque, il avait cosigné plusieurs propositions de lois et d'amendements visant à encadrer le système de surveillance développé par la NSA. En septembre 2005, le sénateur de l'Illinois a ainsi présenté avec d'autres parlementaires une proposition de loi visant notamment à limiter la collecte des données téléphoniques. Et en 2007, le candidat démocrate à la présidence récidivait avec une proposition de loi dont l'objectif était de limiter les écoutes à des personnes représentant une potentielle menace terroriste.

Mais en 2008, alors que la campagne pour l'élection présidentielle de l'automne bat son plein, Barack Obama commence à changer de position. Le candidat étant alors assuré du soutien de l'électorat démocrate traditionnel, il souhaite consolider son assise en rassurant son aile droite et en grappillant des voix républicaines. Pour ce faire, il entend montrer à une opinion publique toujours très marquée par le 11 Septembre qu'il n'est pas laxiste, que la lutte contre le terrorisme et la capture d'Oussama Ben Laden sont pour lui des objectifs essentiels. Il revient donc progressivement sur ses précédentes prises de position sur la surveillance et les écoutes téléphoniques, notamment lors d'un discours de campagne prononcé le 29 mars 2008 en Pennsylvanie : « La plupart des problèmes que nous avons avec les libertés civiles ne découlent pas du *Patriot Act*, mais des décrets signés par George W. Bush. »

Et une fois élu, Obama avalise résolument les orientations des véritables cercles de pouvoir sécuritaires et économiques, face auxquels la Maison-Blanche n'a au mieux, et de longue date, qu'une marge de manœuvre des plus réduite — pour ne pas dire qu'elle est *de facto* devenue leur simple porte-parole... Celui qui est désormais le Président de la première puissance mondiale se retrouve en effet formellement aux commandes d'un immense appareil sécuritaire, dont les responsables fonctionnent depuis longtemps en circuit fermé en suivant leur seule logique technocratique et technologique, définitivement oublieuse des impératifs démocratiques. Loin de s'opposer à leurs dérives, Obama devient en quelque sorte « accro » au pouvoir et au secret et, comme tous les nouveaux convertis à un système, il ne supporte pas ceux qui le dénoncent. Il ne fera donc rien pour le changer, tout comme il ne fera rien pour corriger les tares du système économico-financier des banques d'affaires qui avaient conduit à la crise de 2007-2008 : les membres de son équipe qui y étaient favorables seront progressivement écartés.

Après les révélations d'Edward Snowden, lors d'une conférence de presse à la Maison-Blanche le 9 août 2013, le Président accuse donc maladroitement le jeune homme de ne « pas être un patriote » et tente tant bien que mal de justifier l'action de la NSA. Pour reprendre l'offensive, il annonce alors trois initiatives. D'abord, une réforme en profondeur du dispositif permettant de collecter l'ensemble des métadonnées des communications téléphoniques, pas assez réglementé : le fonctionnement de la Foreign Intelligence Surveillance Court (FISC), qui donne les autorisations d'écoute, sera revu. Il décide ensuite une politique active de communication de la NSA et des services de renseignement pour que leurs objectifs et leurs modes d'action soient mieux connus et mis en perspective : un groupe d'experts de haut niveau a rendu en décembre 2013 un rapport qui détermine (en principe) les moyens de concilier la lutte contre le terrorisme et le respect de la vie privée des citoyens. Enfin, Obama assure : « L'Amérique n'est pas intéressée par l'espionnage des gens ordinaires, nous voulons seulement trouver les informations nécessaires pour protéger notre population et, bien souvent, nos alliés. Il est vrai que nous avons des moyens importants (*significant capabilities*). Mais il est vrai également que nous les utilisons avec beaucoup de mesure, contrairement à certains pays qui sont nos critiques les plus virulents. Nous ne devrions pas oublier la différence entre la capacité de notre gouvernement à recueillir des informations sur le Web, selon des règles strictes et pour des objectifs limités, et la volonté de certains autres gouvernements d'emprisonner leurs propres citoyens pour les punir de ce qu'ils disent sur Internet [25]. »

Alors que Barack Obama argumente sur la sécurité et le contrôle légal des activités de la NSA, la facilité avec laquelle un simple consultant a pu acquérir des dizaines de milliers de documents secrets apporte un démenti flagrant à ses affirmations rassurantes. Si Snowden a pu passer outre les procédures de sécurité, on peut légitimement se poser des questions sur les procédures censées protéger les activités ultrasensibles de l'agence. Les commentaires embarrassés des porte-parole de la NSA ont d'ailleurs montré qu'ils n'avaient même pas idée de la manière dont Edward Snowden s'y était pris pour déjouer les contrôles, ni du type et du nombre de documents qu'il avait emportés.

Mais ce qui a le plus irrité les agents de la NSA, c'est la défense adoptée par le Président. Après avoir déclaré sans conviction que « tous les pays pratiquent l'espionnage, même entre alliés », son entourage a fait savoir qu'il ignorait les écoutes du téléphone d'Angela Merkel [26]. Le général Keith B. Alexander, qui doit prendre sa retraite début 2014 et n'a rien à perdre, et le directeur du renseignement national James Clapper, qui a menti devant le Sénat et est déjà condamné, ne comptent pas laisser le Président les abandonner. Relayé par quelques politiciens républicains ravis de nuire à Barack Obama, leur discours a l'avantage de la simplicité : la NSA n'a rien à se reprocher. Certes, elle écoute des dirigeants de pays alliés, mais ces derniers ne se gêneraient pas pour en faire autant s'ils en avaient les moyens. Si la NSA intercepte des millions d'appels téléphoniques et de courriels, c'est d'abord pour identifier les terroristes qui complotent contre l'Amérique et empêcher un autre 11 Septembre. Quand Barack Obama essaie de se distancier des opérations litigieuses de la NSA en laissant dire qu'il n'était pas au courant des écoutes d'au moins trente-cinq dirigeants d'États alliés des États-Unis [27], c'est un leader républicain qui élève la voix : Michael Allen, ancien membre du National Security Council (Conseil national de sécurité) de George W. Bush, rappelle dans une interview au *Spiegel* publiée le 5 novembre 2013 que les agents de la NSA aident traditionnellement le Président à préparer ses négociations internationales et que les écoutes des dirigeants leur permettent de déterminer les meilleurs termes de négociation [28]. Ce type de documents leur est généralement communiqué avant une réunion ou une conversation téléphonique importante. Le message adressé à Barack Obama est clair : à trop vouloir prendre ses distances de la NSA, il risque d'être victime de « fuites » compromettantes. Malgré cette menace, l'administration démocrate doit continuer à afficher une volonté de « réforme » de certaines pratiques de la NSA.

La difficile bataille pour la transparence

Le 31 octobre 2013, après avoir prudemment rendu hommage aux efforts de la NSA dans la lutte contre le terrorisme, le secrétaire d'État John Kerry a ainsi entamé un semblant de *mea culpa*. Tout en mettant en cause le sensationnalisme de la presse qui ne comprendrait pas que les millions d'interceptions opérées par l'agence correspondent à une pratique d'échantillonnage, il a déclaré : « Dans certains cas, je vous le concède, comme l'a fait le Président, certaines de ces actions sont allées trop loin et nous allons nous assurer que cela n'arrive plus à l'avenir [29]. »

De son côté, la sénatrice démocrate Dianne Feinstein, patronne de la commission du renseignement du Sénat, abandonne la position de défense inconditionnelle de la NSA qu'elle avait adoptée jusque-là : elle reconnaît que sa commission « n'a pas été informée de manière satisfaisante de certaines activités de la NSA », qu'il faut établir un bilan de ce qui s'est passé, afin d'en tirer les conséquences et de procéder aux réformes nécessaires. Le 28 octobre, elle affirme ainsi : « Le Congrès doit savoir exactement ce que fait notre communauté du renseignement. Dans ce but, la commission va engager une révision approfondie de tous les programmes de collecte de renseignements [30]. » Ce qui ne l'empêchera pas de déclarer quelques jours plus tard : « Edward Snowden a fait énormément de tort à notre pays. [...] Il ne devrait bénéficier d'aucune clémence [31]. »

Exposés depuis les premières « révélations Snowden » de juin 2013 au courroux de leur société civile et des gouvernements étrangers, les dirigeants américains ont ainsi tenu à affirmer chaque jour un peu plus leur souci de démocratie. Dans sa conférence de presse du 9 août, déjà évoquée, Barack Obama a promis par exemple davantage de transparence et annoncé avoir « pris des mesures pour qu'il y ait [...] de réels garde-fous pour empêcher les abus et protéger les droits du peuple américain ». Alors qu'en mars, James Clapper, directeur du renseignement national, assurait qu'il n'existait aucun programme de surveillance des citoyens aux États-Unis, il s'est vu obligé, le 21 juin, d'envoyer au comité de surveillance du Sénat une lettre expliquant qu'il avait mal compris la question que lui avait posée le journaliste trois mois auparavant. Le 12 septembre, il est allé encore plus loin : « Je déteste avoir à le reconnaître, mais ce qui s'est passé — et qui est nuisible — a suscité des conversations et un débat qui étaient en fait probablement nécessaires [32]. » Et d'ajouter que l'affaire Snowden « montre que nous devons être plus transparents sur la façon dont nous faisons notre travail ». « Nous devons restaurer la confiance du public et de ses représentants », a ajouté James Clapper, mettant en avant les déclassifications récentes de documents sur les activités de surveillance de la NSA.

Le scandale a donc commencé à porter ses fruits. En octobre, deux parlementaires américains ont déposé un projet de loi pour encadrer l'activité de la NSA, dit *USA Freedom Act*. Le démocrate Patrick Leahy et le républicain Jim Sensenbrenner, l'un des promoteurs du *Patriot Act* de 2001, souhaitent interdire à l'agence de collecter les métadonnées téléphoniques, sauf pour les terroristes avérés. Ils veulent également que les entreprises et les utilisateurs participent au processus judiciaire d'autorisation d'écoutes. Sur le sort du patron du renseignement national, James Clapper, qui a menti au public en déclarant que la NSA ne faisait pas d'écoutes massives aux États-Unis, Jim Sensenbrenner n'y va pas par quatre chemins : « Puisqu'il a dit avoir fait la réponse la moins fausse possible, j'estime qu'il doit être viré et inculpé » ; et il réserve sans doute le même sort à Keith Alexander, dont il dit, d'après ses propres déclarations, que malgré les milliards de communications interceptées, il n'a pu isoler que treize suspects [33].

Sentant le vent tourner, le numéro deux de la NSA, Chris Inglis, a fait en octobre une déclaration rare et remarquée à la BBC, où il a reconnu qu'il devait faire preuve de plus de transparence : « Je sais que les gens sont nerveux. [...] Il ne suffit pas de dire que nous ne sommes pas Big Brother, je pense que nous devons démontrer que nous ne sommes pas Big Brother [34]. » Au même moment, le général Keith Alexander et son cabinet s'étonnent de ne pas être soutenus par la Maison-Blanche. Une véritable crise morale s'est ouverte à la NSA et ses dirigeants ont dû envoyer à leurs agents une lettre de deux pages pour les rassurer sur le bien-fondé de leur action. Ils en sont réduits à attendre les prochaines révélations, ainsi que la mise en place de carcans supplémentaires limitant plus précisément leurs prérogatives avec sans doute des coupes budgétaires à la clé.

Première (petite) victoire d'Edward Snowden : en septembre 2013, un juge fédéral a rendu une décision qui va obliger la Foreign Intelligence Surveillance Court (FISC) à déclassifier et donc rendre publics plus de rapports et de documents jusqu'alors confidentiels. Quelques jours plus tard, le 26 septembre, la commission du renseignement du Sénat entamait un débat sur la préparation de la loi visant à poser des « limites » à la surveillance des données téléphoniques tout en « préservant » ce programme de la NSA, précisait sa présidente Dianne Feinstein. Mais, une fois de plus, le sujet divisait les politiques. La proposition de disposer d'un rapport annuel d'activité sur la collecte des métadonnées téléphoniques a ainsi fait l'objet de « fortes objections » du sénateur républicain Saxby Chambliss, qui refusait que la NSA perde le contrôle du programme de métadonnées.

On comprend dans ces conditions que la bataille de la transparence est loin d'être gagnée. Et que les responsables politiques américains rechignent toujours à se saisir des problèmes de fond posés par l'intrusion massive de la NSA et des services alliés dans le fonctionnement de la Toile. D'où le « coup de gueule » lancé en septembre 2013 par Bruce Schneier, un expert respecté de la sécurité, connu pour sa modération : un texte remarquable en tout point (voir encadré), appelant à une refonte complète d'Internet...

Bruce Schneier : « Le gouvernement américain a trahi l'Internet. Nous devons le lui reprendre [35] »

« Le gouvernement et l'industrie nous ont trahis, nous, les ingénieurs et Internet. En sabotant tous les niveaux de cet espace pour le transformer en une vaste et puissante plate-forme d'espionnage, la NSA a bafoué un contrat social fondamental. Nous ne pouvons plus faire confiance aux entreprises qui construisent et dirigent cette infrastructure, nous ne pouvons plus nous fier à celles qui créent et vendent des programmes, ni à celles qui hébergent nos données. Les gens qui contrôlent actuellement Internet ne défendent aucune vision éthique, ils sont au service d'un Internet saboté, qui n'est ni celui dont le monde a besoin ni celui auquel ses créateurs avaient aspiré. Nous devons reprendre la main. Et par "nous", j'entends l'ensemble des ingénieurs. Bien sûr, le problème est surtout politique et demande une réponse politique. Mais c'est aussi un problème d'ingénieurs ; il y a plusieurs choses que nous pouvons — et devons — faire.

« Tout d'abord, il faut que nous révélions la vérité. Si vous n'avez reçu aucune requête de la NSA et que vous n'avez pas le statut qui vous permet d'accéder à des données secrètes, vous n'êtes pas lié par une clause de confidentialité. Dans le cas contraire, si vous êtes vraiment courageux, vous devez dire ce que vous savez. Votre employeur ne doit pas se livrer à des activités illégales et non éthiques. *Nous avons besoin de lanceurs d'alerte.* Nous devons savoir comment exactement la NSA et les autres agences piratent des routeurs, des réseaux, les technologies cryptées et les systèmes du *cloud*. J'ai déjà reçu cinq histoires de gens comme vous et ce n'est qu'un début. J'en veux cinquante. Car plus on en aura, plus on sera forts et en sécurité. Désobéir est la bonne chose à faire, d'un point de vue moral.

« Deuxièmement, nous devons redessiner Internet. Il nous faut penser à une nouvelle architecture, de façon à empêcher ce type d'espionnage à grande échelle, trouver de nouvelles techniques pour empêcher les services de communication de s'emparer d'informations privées. Compliquons la tâche de surveillance de la NSA, rendons-la aussi complexe et aussi coûteuse que possible. Pour cela, il faut en priorité que nous ouvrions les systèmes pour les rendre plus difficiles à pirater. L'Internet Engineering Task Force (IETF), qui définit les normes de l'Internet, a prévu un sommet début novembre 2013 à Vancouver. Il faut absolument qu'il soit dédié à ce problème et que ses réflexions ne visent qu'à répondre à cet objectif. C'est une situation d'urgence qui demande une réponse urgente.

« Troisièmement, il faut que nous comprenions que nous ne pouvons pas, dans la configuration actuelle, faire changer la politique du gouvernement. Je n'avais pas voulu le dire jusqu'à présent — et je le reconnais avec tristesse —, mais les États-Unis n'ont aucune éthique dans leur gestion d'Internet. Le Royaume-Uni ne fait pas mieux. Or ces abus de la NSA légitiment ceux pratiqués en Chine, en Russie, en Iran et ailleurs. Nous devons trouver de nouvelles façons de régir Internet, en rendant cette surveillance très difficile aux pays puissants, pourvus de puissantes technologies. Demandons, par exemple, à notre gouvernement et aux entreprises qu'ils fassent preuve *de transparence, de responsabilité et respectent le droit à l'oubli*.

« Malheureusement, cet Internet saboté risque d'être utilisé par des gouvernements totalitaires, qui veulent contrôler le réseau de leur pays pour pratiquer des modes de surveillance encore plus poussés. Nous devons donc aussi trouver comment éviter cela. Évitons de reproduire les erreurs de l'Union internationale des télécommunications, ce forum qui ne sert qu'à légitimer les mauvaises actions des gouvernements. Créons une vraie gouvernance qui ne puisse être dominée ou corrompue par aucun pays. Mon vœu le plus cher, c'est qu'en regardant rétrospectivement les premières décennies de l'Internet, les nouvelles générations ne soient pas déçues par nous. Et cela, nous ne pouvons l'assurer que si chacun de nous fait de ce changement sa priorité et s'engage dans le débat. C'est notre *devoir moral*. Nous n'avons plus de temps à perdre.

« Démanteler la surveillance de l'État ne sera pas facile. Existe-t-il un pays qui a volontairement abandonné l'espionnage massif de ses citoyens ? Un pays ayant recours à cette surveillance massive a-t-il déjà évité de tomber dans le totalitarisme ? Quoi qu'il advienne, nous allons changer cela. Je redis que la dimension politique a un rôle plus important dans ce changement que l'ingénierie, mais l'ingénierie reste essentielle. Nous devons demander à ce que de vrais techniciens soient impliqués dans chaque décision du gouvernement concernant ce sujet. Nous avons eu assez de juristes et de politiques qui ne comprennent rien à la technologie ; nous avons besoin de techniciens autour de la table quand on élabore une politique concernant la technologie.

« Messieurs et Mesdames les ingénieurs, je vous adresse donc ce message. Nous avons construit Internet, certains de nous ont participé à son sabotage ; à présent, ceux qui aiment la liberté doivent le réparer. »

Conclusion

Un ébranlement planétaire

Au printemps 2014, le branle-bas de combat déclenché par Edward Snowden était loin d'être terminé. Le rideau était désormais levé sur un gouvernement américain prêt à tout pour avoir accès aux informations sensibles de ses ennemis... comme de ses partenaires. Washington semblait contenir encore les effets du séisme, mais les « documents Snowden » étaient loin d'être tous publiés et les États touchés par les écoutes intempestives préparaient leur riposte.

Pour Snowden : « Mission accomplie »

D'autant que l'année 2013 a fini en feu d'artifice. La période des fêtes de fin d'année aurait pu être un moment de trêve tant souhaitée par la NSA, il n'en a rien été. On a alors découvert le catalogue des outils d'espionnage les plus sophistiqués de l'agence, grâce à la publication par *Der Spiegel* du catalogue Top Secret de la NSA présentant en cinquante pages toutes les technologies conçues par son service technique spécialisé dans la conception d'outils d'espionnage appelés ANT (*Advanced Network Technology*) [1].

Ce nouveau « scoop » a révélé que la NSA a systématiquement saboté les matériels et les logiciels de toutes les grandes compagnies américaines d'informatique (comme Cisco, Juniper, Hewlett-Packard ou Dell) – de même que la chinoise Huawei Technologies –, avec ou sans la complicité de ces firmes, afin d'espionner discrètement leurs utilisateurs. En feuilletant ce catalogue où sont annoncés les prix et la disponibilité des équipements, on voit que rien n'arrête l'agence américaine. Pour 175 000 dollars, elle peut par exemple installer un faux relais de portables téléphoniques afin d'intercepter les conversations sur un quartier. Et quand il s'agit d'activer un dispositif d'espionnage installé sur un ordinateur ciblé, l'émetteur à haute fréquence CTX400 envoie un signal pour lire les informations présentes sur son écran. Plus étonnant encore : on apprend que la NSA intervient parfois sur un ordinateur acheté par une cible en l'interceptant dans le réseau postal ou dans un centre de tri comme Amazon, installant un équipement d'espionnage dans la machine. Le fameux Office of Tailored Access Operations (TAO), unité spéciale de la NSA en charge de la cyberguerre (voir *supra*, chapitre 12), est un grand utilisateur de ce catalogue d'outils [2].

Sur le front politique, la NSA a également été rudement secouée. Brouillée avec le Brésil et le reste de l'Amérique latine, l'administration Obama n'a pas réussi à empêcher la Commission des libertés civiles, de la justice et des affaires intérieures du Parlement européen de publier le 7 janvier 2014 un rapport sévère sur les pratiques de l'agence en Europe. Pire, deux jours après, cette commission a décidé presque à l'unanimité (moins deux voix de conservateurs anglais) d'entendre Edward Snowden lors d'une téléconférence (avec Moscou), qui devrait se tenir en avril après accord du Parlement. Cette initiative a vivement contrarié Barack Obama, lequel persistait à considérer Snowden comme un « traître », alors même qu'une bonne partie de la société civile américaine estimait que son action avait permis d'engager un débat nécessaire sur les excès des agences de renseignement [3]. De fait, sous pression du complexe militaro-industriel, surveillé de près par les républicains, le Président ne disposait que d'une très faible marge de manœuvre pour tenter de réduire le coût politique et économique des activités de la NSA : confier au secteur privé la collecte des métadonnées téléphoniques, mieux encadrer juridiquement l'action de l'agence, s'engager à ne pas espionner les chefs d'État des pays alliés, c'est à peu près tout ce qu'il pouvait faire [4].

En décembre 2013, dans son programme « Mission investigation », la télévision publique suédoise a cité un document Snowden qui donnait pour la première fois la liste des neuf pays dits « partenaires du troisième type », collaborant avec la NSA et ses quatre alliés anglo-saxons : Danemark, Suède, Norvège, Belgique, France, Allemagne, Italie, Pays-Bas et Espagne [5]. Dans chaque pays, un officiel local de haut rang assure la responsabilité de cette très discrète coopération – la NSA l'appelle Special Liaison Officer (SLO) [6]. En France, le « directeur technique » de la DGSE est ainsi membre de droit de la structure qui rassemble les officiers supérieurs du renseignement électronique en Europe, en liaison avec la NSA et le GCHQ britannique.

Ces bonnes manières n'empêchent pas, on l'a vu, la France d'être espionnée par la NSA. Les activités des grands groupes français des télécommunications, du pétrole ou de la banque intéressent beaucoup le gouvernement américain, qui s'est d'ailleurs démené avec une certaine efficacité pour que les turpitudes de la NSA ne soient pas trop commentées par les autorités et les médias français. Seul couac : la révélation, le 28 décembre 2013, par *Der Spiegel* que les « plombiers » de la NSA, la division TAO, avaient réussi à infiltrer le réseau informatique du consortium technique (réunissant seize entreprises, dont la firme française Orange) gérant le câble sous-marin international SEA-ME-WE-4 reliant Marseille au Moyen-Orient et à l'Asie du Sud-Est [7]. Un document interne daté du 13 février 2013 explique ainsi : « Nous avons accès au site de gestion du consortium et avons collecté les informations de réseau de niveau 2, qui montre la cartographie d'une partie significative du réseau » ; cela en utilisant une technologie nommée « insertion quantique » qui permet de placer un logiciel espion [8]. Le 30 décembre 2013, Orange a fait savoir qu'elle allait déposer plainte. Une situation qui a passablement énervé les responsables de la DGSE, lesquels auraient peu apprécié toutes ces révélations qui commençaient à lever le voile sur l'étendue de leur collaboration secrète avec la NSA. Dans une ambiance délétère, les officiers de liaison des deux services ont essayé ensuite de limiter les dégâts…

Sur le front judiciaire, la surprise est venue des États-Unis : le 16 décembre, le juge fédéral Richard Leon du district de Columbia a créé la sensation en estimant illégale la surveillance de la NSA, qu'il a qualifiée de « quasi orwellienne ». Mais, une semaine plus tard, un autre juge fédéral, William Pauley, du district de New York, a proposé une interprétation parfaitement contraire, considérant la surveillance de la NSA comme légale et renvoyant au gouvernement la responsabilité de la réglementer, dans la mesure où il s'agirait d'une pratique visant à combattre un nouvel ennemi, à savoir un réseau terroriste mondial.

Rendues publiques le 18 décembre, les propositions de la commission spéciale nommée par Barack Obama pour réformer la NSA ont déçu, mais elles ont le mérite de considérer, tout comme le juge Leon, illégale la surveillance massive des Américains [9]. Comme d'autres juges – et cela n'a pas été assez remarqué –, la commission notait, après avoir étudié tous les documents internes de la NSA, qu'elle n'avait pas pu identifier un complot terroriste qui aurait été démasqué par la surveillance de la NSA. Autant d'éléments qui expliquent que les propositions d'amnistie pour Edward Snowden se sont alors multipliées, au grand désespoir de la NSA, qui n'avait qu'une idée : se venger et faire subir au jeune homme une peine exemplaire. Dans un éditorial ouvrant la nouvelle année 2014, le *New York Times* a ainsi plaidé pour qu'une amnistie soit accordée à Edward Snowden, dans la mesure où les informations précieuses qu'il a communiquées ont permis de dévoiler des abus manifestes [10]. De Moscou, ce dernier a expliqué à Barton Gellman, du *Washington Post* : « Pour moi, en termes de satisfaction personnelle, ma mission est accomplie. J'ai d'ores et déjà gagné. Dès que les journalistes ont travaillé, tout ce que j'ai essayé de faire a été validé ; car, souvenez-vous, je ne voulais pas changer la sécurité, mais lui donner la chance de déterminer si elle voulait changer elle-même [11]. »

Reste qu'il faudra certainement encore plusieurs mois, voire plusieurs années, pour mesurer réellement toutes les conséquences de l'incroyable affaire Snowden.

Le secret contre la démocratie

De la mise sur écoute de dirigeants de pays alliés à l'espionnage des conférences et des institutions internationales en passant par l'interception quotidienne de millions de conversations privées, le projet américain d'hégémonie politique, économique et militaire semble ne souffrir aucune limite légale ou éthique. Dans ce contexte, l'objectif affiché des États-Unis de lutter contre le terrorisme apparaît, au moins partiellement, comme un rideau de fumée destiné à masquer leurs véritables intentions de contrôle généralisé du monde.

L'écrivain Norman Mailer a donné une explication savoureuse de la paranoïa de la CIA et de la NSA, qui se présentent toujours comme étant en lutte contre un ennemi implacable [12]. Ces agences sont dirigées par des représentants de l'élite protestante, dont l'éthique religieuse devrait théoriquement les incliner à se préoccuper des pauvres et des faibles. Or, dans les faits, ils servent les intérêts des riches et des puissants. Pour surmonter ce conflit moral, ils doivent s'inventer une raison puissante — en pratique, un ennemi redoutable doté de vastes moyens opérationnels et animé par les pires intentions destructrices — pour justifier leurs actions. Hier le communisme, aujourd'hui le terrorisme islamiste.

Les médias ont également leur part de responsabilité dans la propagation d'une peur diffuse et permanente. À coups d'images et de mises en scène plus spectaculaires les unes que les autres, l'idée d'une menace terroriste imminente s'insinue en chacun de nous et laisse la raison inopérante face au désir de (sur)vie. Ce faisant, les citoyens des pays menacés finissent, bon gré mal gré, par accepter l'idéologie sécuritaire et les diverses formes de surveillance étatique et interétatique qui en découlent, dans le vain espoir d'être totalement protégés. Internet devient un territoire contrôlé et piégé par l'espionnage de la NSA, laquelle se conduit comme le propriétaire d'un hôtel qui surveillerait ses pensionnaires.

Ce n'est pas un hasard si l'agence américaine a pris comme emblème un aigle tenant une clé entre ses griffes — la même clé que l'on retrouve à la ceinture de saint Pierre dans les images religieuses ou sur le blason du Vatican. Dans la tradition catholique, saint Pierre a deux clés : l'une en argent, symbole de la terre, qui lui donne le pouvoir d'excommunier ; et l'autre en or qui ouvre les portes du ciel. C'est la clé d'argent que la NSA a récupérée, bornant son activité aux affaires humaines. Les historiens du droit ne peuvent s'étonner de cet emprunt au catholicisme, car ils savent que ce sont les papes du XIIe siècle qui ont constitué la théorie, la jurisprudence et la pratique du secret et de la raison d'État. Comme la NSA, la CIA s'est d'ailleurs mise à l'abri de la tradition chrétienne. Le visiteur de Langley en Virginie (siège de la CIA) peut ainsi lire dans le hall du bâtiment principal cette citation de l'Évangile selon saint Jean : « Vous connaîtrez la vérité et cette vérité vous rendra libres. »

Si les gouvernements démocratiques souhaitent sincèrement redonner un sens à la vie de leurs citoyens et protéger les libertés individuelles, il leur faut avant tout limiter et contrôler l'activité des services de renseignement. La vision devenue dominante d'une lutte nécessairement « totale » contre un terrorisme diffus favorise en effet l'émergence de pratiques frappées du sceau du secret, qui vident de sa substance le principe, démocratique par excellence, de libre confrontation des idées et des projets. La propagande comme envers nécessaire et tapageur d'une pratique étendue, voire généralisée, du secret, telle semble être la recette des dirigeants pour se maintenir au pouvoir. Il faut aujourd'hui inverser cette tendance, désacraliser le secret d'État, rétablir des garde-fous, définir précisément les situations où l'État peut légitimement s'abriter derrière un secret limité et temporaire pour protéger des activités intéressant la sécurité nationale, des négociations diplomatiques, des opérations industrielles ou financières. En ce cas, le secret doit avoir sa légitimité contrôlée pour éviter qu'il ne serve à dissimuler des intérêts personnels ou des activités répréhensibles. Un projet qui n'est pas utopique, mais qui sera difficile à mettre en œuvre.

Ne pas élaborer des règles de bonne conduite du secret d'État, c'est s'exposer à la multiplication des scandales qui minent l'opinion publique et font le jeu des populismes. Les responsables politiques devraient en la matière s'inspirer de l'action de Benjamin Franklin, qui fut certes un adepte du secret quand il lutta contre la domination britannique, mais qui n'en était pas moins capable d'écrire *in fine* : « J'ai toujours observé une règle, c'est de ne m'occuper d'aucune affaire dont je puisse rougir en la rendant publique. »

Les gouvernements se sont rendu compte que leurs opinions publiques manifestaient une certaine indifférence à l'égard des révélations selon lesquelles elles étaient écoutées. « De toute façon, je n'ai rien à cacher ; c'est une affaire entre États qui s'est toujours pratiquée… » : telle est la justification communément avancée pour ne pas se saisir individuellement et collectivement, au nom de la citoyenneté et du respect des libertés fondamentales, de ce problème. De fait, peu nombreux sont ceux qui ont fait le lien entre le respect de la vie privée et la nécessaire existence du débat au sein de la démocratie. La menace terroriste a bien permis de justifier l'ouverture des sacs à l'entrée des magasins, les fouilles de bagages et autres palpations de sécurité avant d'embarquer dans un avion. Alors pourquoi pas les écoutes ? Ainsi s'établit, sans résistance particulière, un contrôle politique constant, qui se double d'une surveillance des habitudes de consommation par les entreprises. Trop souvent, cette police du sujet, de l'intime, est non seulement acceptée comme telle, mais encore désirée, au nom de l'illusion de sécurité qu'elle prodigue. D'autant que les médias n'informent guère sur les dangers de cette « servitude volontaire », ni sur la manière dont des outils très sophistiqués peuvent être utilisés au service d'un projet politique antidémocratique. D'où la nécessité, pour mettre fin à ces pratiques, que les citoyens apprennent à utiliser les procédures et les outils simples permettant d'assurer un minimum de protection de leur intimité sur le Web [13]. Et aussi, bien sûr, que s'affirme une analyse publique, critique et sans concession, du domaine. Quelques journalistes ont ouvert la voie en n'hésitant pas à porter le fer dans la plaie pour faire éclater ce scandale mondial des écoutes de la NSA, du GCHQ et de leurs partenaires dans le monde du renseignement occidental. Un scandale qui n'a pas fini de secouer la planète et qui va peut-être entraîner de véritables réformes…

L'émergence d'un nouveau type de journalisme

Personne n'a jamais remis en cause le sens des responsabilités et le professionnalisme de Glenn Greenwald dans le traitement des dossiers secrets que lui a confiés Edward Snowden. Il était en possession de dizaines de milliers de documents susceptibles d'engendrer un véritable cataclysme en Occident, et a pris de nombreuses précautions. Ainsi, entre juin et décembre 2013, seuls deux cent cinquante documents ont été publiés et expliqués. Le premier critère de sélection de Greenwald a été de donner la priorité à des informations d'intérêt général. À cet égard, son travail et celui des équipes du *Guardian*, du *New York Times*, du *Spiegel* et du *Mondo* apparaissent en tout point remarquable. Ils ont d'abord réussi à ne pas mettre en danger le personnel et le travail « légitime » des agences de renseignement. Ils ont également su expliquer clairement des opérations d'une réelle complexité structurelle et technique. Enfin, ils ont parfaitement mis au jour l'hypocrisie de l'exécutif américain, soit le hiatus manifeste entre une politique affichée publiquement et les méthodes secrètes et parfois peu louables utilisées pour la conduire.

La médiatisation des documents Snowden a ainsi mis sur le devant de la scène une alliance redoutablement efficace, celle entre lanceurs d'alerte et journalistes indépendants déterminés. On avait déjà connu, en 2010, les fuites WikiLeaks publiées par de grands journaux internationaux, comme le *New York Times*, *The Guardian*, *Le Monde*, *El País* ou *Der Spiegel*. Glenn Greenwald et Laura Poitras sont allés plus loin, imposant un journalisme engagé qui a trouvé un soutien inattendu en la personne du fondateur d'eBay devenu milliardaire, Pierre Omidyar. Avec leur projet éditorial *First Look Media* bien financé, ils apparaissent au moment où les médias traditionnels s'essoufflent, sans doute par leur trop grande proximité avec le pouvoir politique économique et surtout en raison de la concurrence d'Internet.

Aucune information n'est venue en tout cas corroborer la thèse des agences de renseignement anglo-saxonnes selon laquelle les révélations de Snowden et de ses amis journalistes auraient mis en danger certaines de leurs activités. En revanche, il est vrai qu'elles ont jeté une lumière crue sur la contradiction entre les grands principes que le gouvernement américain prétend défendre et ses opérations douteuses. Avocat grandiloquent des droits de l'homme dans le monde entier, il n'en poursuit pas moins avec férocité les lanceurs d'alerte et journalistes qui osent remettre en question ces pratiques ; fervent partisan du libre-échange, il n'en menace pas moins de représailles économiques les pays qui décideraient d'accueillir un lanceur d'alerte à la recherche d'un asile ; ardent pourfendeur de la cyberguerre, notamment des opérations russes et chinoises, il a été démasqué comme en étant le plus puissant protagoniste.

Retranchés derrière le paravent confortable du secret, les dirigeants américains minent ainsi les fondements du libéralisme politique. Aussi, l'argument qui prétend réduire le travail de la NSA (et du GCHQ) à celui d'une brigade antiterroriste dotée de moyens techniques sophistiqués est-il un leurre. Car, quand elle copie la « botte de foin » des télécommunications mondiales, il ne s'agit pas uniquement pour elle d'en extraire les aiguilles terroristes pernicieuses : elle cherche avant tout à acquérir une vision panoptique et un savoir global des activités humaines, afin d'assurer la pérennité de son hégémonie et celle des États-Unis.

À l'instar de l'exercice du pouvoir, la surveillance globale opère en temps réel pour réduire au maximum le délai qui sépare l'acquisition de l'information du passage à l'acte. Grâce à la numérisation et à l'enregistrement de toutes les données, la NSA a la possibilité de remonter le temps, de faire une « recherche d'antériorité » sur un événement, une personne, un réseau, un lieu, etc. — ce qui suppose une immense capacité de centralisation des contrôles, stockages et analyses. Un ensemble de nœuds de réseau constitue le cœur du nouveau mode de contrôle : ce dispositif géré par une bureaucratie technico-militaire se substitue à la démocratie. Les technocrates du contrôle ont ainsi immobilisé le monde, le plongeant dans une inertie absolue, produit d'un système où l'excès de vitesse des technologies prime et menace la démocratie.

Le monde post-Snowden

En donnant à voir pour la première fois de façon aussi précise, détaillée et concrète l'ampleur prise par ce cancer de la surveillance globale au cœur des démocraties occidentales, les révélations d'Edward Snowden auront inévitablement dans les années qui viennent des conséquences considérables au plan international, dont on ne peut ici qu'esquisser certains traits.

Dès la fin 2013, on observait ainsi une multiplication d'initiatives privées émanant de chercheurs, informaticiens et ingénieurs très soucieux des dégâts causés à l'industrie des NTIC par les activités illicites de la NSA et du GCHQ. Leur révolte ne restera certainement pas sans effet. Pour ne prendre qu'un exemple : nombre de mathématiciens américains estiment désormais qu'il est aussi moralement inacceptable de collaborer avec la NSA qu'il l'était pour un scientifique russe d'aider le KGB pendant la période soviétique. Comment l'agence américaine, qui se targue d'être le premier employeur de mathématiciens du pays, pourra-t-elle continuer à faire fonctionner sans eux ses programmes d'espionnage numérique ?

Autre bouleversement majeur qui se profile : le fonctionnement même de la Toile mondiale. Comme on l'a vu, l'expert américain en sécurité informatique Bruce Schneier estime qu'il faudra au moins une génération pour « réparer » Internet saboté par la NSA, un sacerdoce qui impliquera de reconstruire des outils et des procédures capables d'assurer une véritable confidentialité des données transitant sur le réseau mondial. La première étape consistera à réorganiser et, sans doute, à délocaliser au moins en partie, les instances d'administration du Web, jusqu'alors exclusivement américaines. Lors de la réunion de ces organismes à Montevideo en octobre 2013, deux hypothèses ont été écartées quant à l'avenir d'Internet : d'une part, la balkanisation du réseau, qui verrait des États imposer une solution technique « nationale » contraire au principe de transnationalité du Web ; et, d'autre part, sa mise sous tutelle par l'ONU. À l'inverse, un consensus s'est établi autour du principe d'extraterritorialité d'Internet et de la nécessité de protéger ce bien commun de l'humanité des appétits d'acteurs privés comme étatiques. Des instances de régulation et de normalisation représentatives de la diversité des pratiques et des usagers d'Internet devront donc être mises collégialement en place.

Un chantier vertigineux, auquel entendent bien participer de multiples acteurs, aux intérêts aussi divers que contradictoires : les organismes et réseaux, moins fragiles qu'on le croit parfois, qui entendent préserver les libertés sur le réseau mondial ; les États espions de l'alliance UKUSA et leurs alliés ; les États des pays dits « émergents », à commencer par la Chine, le Brésil et l'Inde ; et, bien sûr, les multinationales des télécommunications, de l'informatique et d'Internet (Google, Apple, Microsoft, Amazon, Facebook, etc.).

On peut parier que les États occidentaux alliés des États-Unis tenteront de sauver la face en faisant pression sur l'administration américaine pour lui arracher un « droit international à la vie privée ». L'Union européenne et l'ONU ont commencé à se pencher sur le problème. Cependant, ces pays alliés demeurent trop dépendants des États-Unis pour obtenir des résultats autres que formels. En effet, outre leur dépendance économique et stratégique, les alliés occidentaux des États-Unis sont engagés dans des activités communes avec la NSA et le GCHQ. Un pacte de non-espionnage entre alliés n'a donc aucune chance d'être conclu à court ou moyen terme. En revanche, des surprises pourraient venir des pays du Sud, en particulier du Brésil, dont les dirigeants politiques et économiques ont fort mal digéré l'espionnage dont ils étaient l'objet.

Quant aux géants privés d'Internet, leur position est des plus ambiguë. D'un côté, ils estiment à juste titre avoir été dupés par la NSA, qui les a fait passer aux yeux de leurs clients comme des supplétifs du renseignement américain. Le piratage par l'agence de leurs réseaux privés les a ulcérés et leurs dirigeants aimeraient bien, sinon dissuader l'administration de poursuivre ses intrusions, au moins obtenir de sa part des dédommagements pour les torts subis et quelques garanties pour l'avenir. Mais, d'un autre côté, le modèle économique de ces multinationales est fondé strictement sur les mêmes principes « techniques » que ceux qui président à l'espionnage généralisé pratiqué par les grandes agences occidentales : centralisation massive des données et identification précise des profils individuels des « suspects » et/ou clients, à leur insu. Services de renseignement et multinationales des NTIC pourraient de ce fait parfaitement s'entendre pour tenter d'imposer une nouvelle « gouvernance » de l'Internet et du Web garantissant la préservation de leurs intérêts communs : surveillance panoptique des télécommunications mondiales et constitution de bases de données mondiales de consommateurs, tout cela pour le plus grand profit de l'économie américaine, dont la soif d'hégémonie est inextinguible.

Tel est précisément le projet de contrôle total des élites mondiales qu'a refusé Edward Snowden, comme il s'en est lui-même expliqué à plusieurs reprises, notamment dans son discours de réception, le 30 août 2013 à Berlin, du « prix des *whistleblowers* » (voir encadré ci-après). L'extraordinaire écho de ses révélations orchestrées par ses amis journalistes a montré qu'ils étaient très loin d'être les seuls à partager cette révolte. C'est la voie d'espoir à laquelle ce livre entend, modestement, contribuer.

Discours de réception d'Edward Snowden à la remise du « prix des lanceurs d'alerte »

Le 30 août 2013, le prix des lanceurs d'alerte, décerné tous les deux ans depuis 1999 par l'Association internationale des juristes contre les armes nucléaires et la Fédération des scientifiques allemands (et, depuis 2013, par Transparency International), a été attribué à Edward Snowden. À Berlin, son discours de réception a été lu par Jacob Appelbaum, chercheur indépendant en sécurité informatique et pionnier du logiciel libre. Ce discours a été publié par *Zeit Online* [14].

« Être reconnu comme un défenseur des libertés pour avoir fait éclater la vérité est un immense honneur. Cependant, ces honneurs devraient revenir aux individus et aux organisations qui, tout autour du monde, ont dépassé les barrières géographiques et linguistiques pour défendre, ensemble, notre vie privée. Ce n'est pas moi, mais le public qui a permis au monde de prendre conscience à quel point le secret d'État rognait nos droits constitutionnels essentiels. Ce n'est pas moi, mais les journaux du monde entier qui se sont levés pour demander aux gouvernements de s'interroger sur ces enjeux alors que de puissants responsables essayaient de les arrêter par la rumeur et l'insulte. Et ce n'est pas moi, mais des élus courageux qui proposent de nouvelles limites, de nouvelles protections et garde-fous pour empêcher que notre vie privée ne soit à nouveau attaquée.

« À tous ceux qui ont expliqué à leurs amis et à leur famille pourquoi il est important de s'interroger sur cette surveillance insoupçonnée, j'offre mon immense reconnaissance. Je l'offre à cet homme qui malgré la chaleur porte un masque dans une manifestation, à cette femme qui défile avec une pancarte malgré la pluie, à ce lycéen qui fait des dessins contestataires au fond de la classe. Tous ces gens savent que le changement commence par le message lancé par un homme ou une femme. Les gouvernements devraient donc nous être reconnaissants car, quand ils prennent de vraies décisions qui font bouger les choses, c'est grâce à nous. Le peuple ne devra ces droits et cette liberté qu'à lui-même, pas aux gouvernements.

« Néanmoins, la joie que me procure cette récompense est amoindrie par un constat : la route a été longue pour arriver jusqu'ici. Aujourd'hui, aux États-Unis, l'équilibre entre la transparence et la confidentialité est altéré par les faibles protections juridiques dont bénéficient les lanceurs d'alerte, par de mauvaises lois qui ne défendent pas l'intérêt du public et par l'immunité dont jouissent les autorités qui enfreignent la loi. En conséquence, maintenir les fondements de notre démocratie libérale en informant les citoyens entraîne à présent des sanctions démesurées : pour avoir dit la vérité, des lanceurs d'alerte ont perdu leur liberté, leur famille, leur pays.

« Cette situation ne profite ni aux États-Unis ni au reste du monde. Il n'est nul besoin d'être grand clerc pour comprendre qu'assimiler les actes nécessaires des lanceurs d'alerte à des menaces envers la sécurité nationale conduit inéluctablement à l'ignorance et à l'insécurité. La société qui tombe dans ce piège consistant à « tirer sur le messager » découvrira vite qu'elle n'aura plus ni messagers ni plus aucun message d'espoir. Il est nécessaire de s'interroger sur la pertinence de telles politiques et sur leurs effets pervers. Si le prix à payer par celui qui éclaire les citoyens pour faire connaître la vérité est plus lourd que pour celui qui divulgue des informations secrètes à des pays étrangers, n'encourage-t-on pas les espions plutôt que les lanceurs d'alerte ? Que pense le public lorsque les lois antiterroristes sont utilisées contre les journalistes d'investigation ? Peut-on parler de transparence lorsque l'intimidation et la répression ont plus de place dans une société que l'investigation et la diffusion d'informations ? Où se situe la frontière entre la sécurité nationale et l'intérêt du public ? Et comment pouvons-nous avoir confiance en cet équilibre quand il n'est défini que par les seuls membres du gouvernement ?

« De telles questions ne peuvent trouver de réponse que grâce à de vastes débats publics comme celui d'aujourd'hui. Nous ne devons jamais oublier les leçons de l'histoire quant aux excès des dispositifs de surveillance et à notre capacité de les modifier au bénéfice de tous. Notre route est difficile, mais elle nous mène vers une vie meilleure. Ensemble, nous pouvons garantir aux générations futures un monde plus sûr et plus juste. À tous ceux qui ont participé à ce débat, du plus haut responsable au citoyen de base, je dis merci. »

Notes

Notes de l'introduction
(pages 5-11)

1 « Embassy espionage : the NSA's secret spy hub in Berlin », *Der Spiegel*, 27 octobre 2013.

2 Cité par Richard Esposito, Matthew Cole et Robert Windrem, « Snowden impersonated NSA officials, sources say », *NBC News*, 29 août 2013.

3 Barton Gellman, « NSA revelations » (vidéo), *The Washington Post*, 19 août 2013.

4 Vincent Jauvert, « NSA : les confidences d'un ancien de la Maison-Blanche », *Le Nouvel Observateur*, <http://ur1.ca/g6vpo>, 1er juillet 2013.

Notes du chapitre 1
(pages 15-22)

1 « Snowden's father says FBI asked him to visit his son », BBC, 31 juillet 2013.

2 Adam Geller et Brian Witte, « Edward Snowden's background surrounded by spy-craft », 15 juin 2013.

3 *Ibid.*

4 Greg Toppo, « Former neighbor remember Snowden as "nice kid" », *USA Today*, 10 juin 2013.

5 « Edward Snowden's journey from high school drop-out to focus of international intrigue », AFP, 12 juillet 2013.

6 « Edward Snowden : teenage years as web editor and gamer come to light », Reuters, 13 juin 2013.

7 Adam Geller et Brian Witte, « Edward Snowden's background surrounded by spy-craft », *loc. cit.*

8 Greg Toppo, « Former neighbor remember Snowden as "nice kid" », *loc. cit.*

9 *Ibid.*

10 Joe Mullin, « NSA leaker Ed Snowden's life on Ars Technica », *Ars Technica*, 13 juin 2013.

11 « Edward Snowden's journey from high school drop-out to focus of international intrigue », *loc. cit.*

12 *Ibid.*

13 Adam Geller et Brian Witte, « Edward Snowden's background surrounded by spy-craft », *loc. cit.*

14 Amanda Terkel, « Edward Snowden is a Ron Paul supporter », *The Huffington Post*, 10 juin 2013.

15 *Ibid.*

16 « A timeline of Edward Snowden's life », *The Washington Post*, <http://ur1.ca/g43jz>, 2013.

17 Adam Geller et Brian Witte, « Edward Snowden's background surrounded by spy-craft », *loc. cit.*

18 Paul Lewis et Karen McVeigh, « Edward Snowden : what we know about the source behind the NSA files leak », *The Guardian*, 11 juin 2013.

19 *Ibid.*

20 Kristina WONG, « Army : Snowden discharged from special forces program », *The Washington Times*, 10 juin 2013.

21 Amanda TERKEL, « Edward Snowden is a Ron Paul supporter », *loc. cit.*

22 Christopher JOHNSON, « Chatting about Japan with Snowden, the NSA whistleblower », *The Japan Times*, 18 juin 2013.

23 Amanda TERKEL, « Edward Snowden is a Ron Paul supporter », *loc. cit.*

24 Entretien avec Monsieur V., 17 juin 2013.

25 Glenn GREENWALD, Ewen MACASKILL et Laura POITRAS, « Edward Snowden : the whistleblower behind the NSA surveillance revelations », *The Guardian*, 9 juin 2013.

26 *Ibid.*

27 Adam GELLER et Brian WITTE, « Edward Snowden's background surrounded by spycraft », *loc. cit.*

28 Eric SCHMITT, « C.I.A. Warning on Snowden in '09 said to slip through the cracks », *The New York Times*, 10 octobre 2013.

29 Roland GOROND, « L'attitude d'Edward Snowden inquiétait la CIA dès 2009 », *Le Figaro*, 12 octobre 2013.

30 Mavanee ANDERSON, « Who is Ed Snowden ? Friend shares memories, offers support for NSA leaker », *Chattanooga Times Free Press*, 12 juin 2013.

31 Adam GELLER et Brian WITTE, « Edward Snowden's background surrounded by spycraft », *loc. cit.*

32 « Ed Snowden : la promesse d'Obama de protéger les lanceurs d'alerte disparaît mystérieusement du site Change.gov », *Entre défenseurs du net*, 28 juillet 2013.

33 Joe MULLIN, « NSA leaker Ed Snowden's life on Ars Technica », *loc. cit.*

34 Ewen MACASKILL, « Edward Snowden, NSA files source : "If they want to get you, in time they will" », *The Guardian*, 10 juin 2013.

35 Amanda TERKEL, « Edward Snowden is a Ron Paul supporter », *loc. cit.*

36 Paul LEWIS et Karen MCVEIGH, « Edward Snowden : what we know about the source behind the NSA files leak », *loc. cit.*

37 Tracy CONNOR, « What we know about NSA leaker Edward Snowden », *NBC News*, 11 juin 2013.

38 Christopher DREW et Scott SHANE, « Résumé shows Snowden honed hacking skills », *The New York Times*, 4 juillet 2013.

39 Richard ESPOSITO, Matthew COLE et Robert WINDREM, « Snowden impersonated NSA officials, sources say », *loc. cit.*

40 Peter MAASS, « How Laura Poitras helped Snowden spill his secrets », *The New York Times*, 13 août 2013.

41 Julian BORGER, « Edward Snowden's choice of Hong Kong as haven is a high-stakes gamble », *The Guardian*, 9 juin 2013.

Notes du chapitre 2
(pages 23-32)

1 Glenn GREENWALD, Ewen MACASKILL et Laura POITRAS, « Edward Snowden : the whistleblower behind the NSA surveillance revelations », *loc. cit.*

2 *Ibid.*

3 Irin CARMON, « How we broke the NSA », *Salon*, 10 juin 2013.

4 Alex MOERJESKI, « A conversation with Glenn Greenwald », *Harper's Magazine*, 17 juillet 2013.

5 Peter MAASS, « How Laura Poitras helped Snowden spill his secrets », *loc. cit.*

6 *Ibid.*

7 *Ibid.*

8 *Ibid.*

9 « *My Country, My country*. Film Synopsis », PBS, 25 mai 2007.

10 Irin CARMON, « How we broke the NSA story », *loc. cit.*

11 Peter MAASS, « How Laura Poitras helped Snowden spill his secrets », *loc. cit.*

12 Peter MAASS, « Q. & A. : Edward Snowden speaks to Peter Maass », *The New York Times*, 13 août 2013.

13 *Ibid.*

14 *Ibid.*

15 Irin CARMON, « How we broke the NSA story », *loc. cit.*

16 « Reporter had to decide if Snowden leaks were the real thing », NPR, 11 septembre 2013.

17 Irin CARMON, « How we broke the NSA story », *loc. cit.*

18 *Ibid.*

19 Cité par Nicolas PELLETIER, « Scandale Prism : comment le *Guardian* a grillé le *Washington Post* », *Rue 89*, 10 juin 2013.

20 Cité par Marc ROCHE, « Le *Guardian*, une machine à scoops, pas à cash », *Le Monde*, 23 août 2013.
21 Citée par Peter MAASS, « How Laura Poitras helped Snowden spill his secrets », *loc. cit.*
22 *Ibid.*
23 *Ibid.*
24 *Ibid.*
25 *Ibid.*

Notes du chapitre 3
(pages 33-42)

1 Heather MURPHY, « Why Snowden asked visitors in Hong Kong to refrigerate their phones », *The New York Times*, 25 juin 2013.
2 Glenn GREENWALD, « NSA collecting phone records of millions of Verizon customers daily », *The Guardian*, 5 juin 2013.
3 *Ibid.*
4 Classement des top 10 U.S. Carriers au premier trimestre 2013.
5 Mark SHERMAN, « Le gouvernement a obtenu les relevés téléphoniques de l'AP », Associated Press, 13 mai 2013.
6 Peter MAASS, « How Laura Poitras helped Snowden spill his secrets », *loc. cit.*
7 Corine LESNES, « L'opérateur téléphonique Verizon fournit à la NSA des informations sur des millions d'abonnés », *Le Monde*, 6 juin 2013.
8 Barton GELLMANN et Laura POITRAS, « U.S., British intelligence mining data from nine U.S. Internet companies in broad secret program », *The Washington Post*, 6 juin 2013.
9 Glenn GREENWALD et Ewen MACASKILL, « NSA Prism program taps in to user data of Apple, Google and others », *The Guardian*, 6 juin 2013.
10 « Le FBI aurait accès aux serveurs de Google, Facebook, Microsoft, Yahoo ! et d'autres géants d'Internet », *Le Monde* (avec AFP et Reuters), 7 juin 2013.
11 « États-Unis, Obama se défend de tout espionnage des citoyens américains », <lexpress.fr>, 7 juin 2013.
12 « Bataille d'informations autour de l'outil de surveillance Prism », *Le Monde*, 10 juin 2013.
13 « President Obama's dragnet », *The New York Times*, 6 juin 2013.
14 Glenn GREENWALD et Ewen MACASKILL, « Obama orders US to draw up overseas target list for cyber-attacks », *The Guardian*, 7 juin 2013.
15 « Boundless Informant NSA mining-tool-four key slides », *The Guardian*, 8 juin 2013.
16 Cité par Philippe BERNARD, « Edward Snowden, l'homme invisible », *Le Monde*, 6 juillet 2013.
17 Ewen MACASKILL, « Edward Snowden, NSA files source : "If they want to get you, in time they will" », *The Guardian*, 9 juin 2013.
18 Glenn GREENWALD, Laura POITRAS et Ewen MACASKILL, « Edward Snowden : US surveillance "not something I'm willing to live under" », *The Guardian*, 9 juin 2013.
19 Joe COSCARELLI, « Edward Snowden's girlfriend is a pole-dancing acrobat with a dramatic blog », *New York Magazine*, 11 juin 2013.
20 Lana LAM, « Exclusive : whistle-blower Edward Snowden talks to *South China Morning Post* », *South China Morning Post*, 12 juin 2013 ; Lana LAM, « Edward Snowden : classified US data shows Hong Kong hacking targets », *South China Morning Post*, 14 juin 2013.
21 Lana LAM, « Snowden says US targets included China cell phones », *South China Morning Post*, 25 juin 2013 ; Lana LAM, « Exclusive : NSA targeted Chani Tsinghua University in extensive hacking attacks », *South China Morning Post*, 25 juin 2013.
22 Ewen MACASKILL, Nick DAVIES, Nick HOPKINS, Julian BORGER et James BALL, « GCHQ intercepted foreign politicians' communications at G20 summits », *The Guardian*, 17 juin 2013.
23 Glenn GREENWALD, « Fisa court oversight : a look inside a secret and empty process », *The Guardian*, 19 juin 2013.
24 Glenn GREENWALD et James BALL, « The Top Secret rules that allow NSA to use US data without a warrant », *The Guardian*, 20 juin 2013.
25 Ewen MACASKILL, Julian BORGER, Nick HOPKINS, Nick DAVIES et James BALL, « GCHQ taps fibre-optic cables for secret access to world's communications », *The Guardian*, 21 juin 2013.
26 Glenn GREENWALD et Spencer ACKERMAN, « NSA collected US email records in bulk for

more than two years under Obama », *The Guardian*, 27 juin 2013.

27 Laura Poitras, Marcel Rosenbach, Fidelius Schmid et Holger Stark, « Attacks from America : NSA spied on European Union offices », *The Guardian*, 29 juin 2013.

Notes du chapitre 4

(pages 43-56)

1 « Les États-Unis ne doivent pas traquer Edward Snowden », communiqué d'Amnesty International, 24 juin 2013.

2 Peter Maass, « How Laura Poitras helped Snowden spill his secrets », *loc. cit.*

3 *Ibid.*

4 *Ibid.*

5 *Ibid.*

6 *Ibid.*

7 Lana Lam, « Edward Snowden "in safe place" in Hong Kong, but time running out », *South China Morning Post*, 23 juin 2013.

8 Will Englund, « Report : Snowden stayed at Russian consulate while in Hong Kong », *The Washington Post*, 26 août 2013.

9 Peter Finn et Sari Horwitz, « U.S. charges Snowden with espionage », *The Washington Post*, 22 juin 2013.

10 « Les USA négocient à Hong Kong l'extradition de Snowden », Reuters, 22 juin 2013.

11 Conal Urquart, « Edward Snowden extradition attempts "could take years" », *The Guardian*, 22 juin 2013.

12 Lana Lam, « Edward Snowden "in safe place" in Hong Kong, but time running out », *loc. cit.*

13 Tania Branigan et Jonathan Kaiman, « Do not extradite Edward Snowden, protesters urge Hong Kong », *The Guardian*, 15 juin 2013.

14 « Extraditing Snowden an unwise decision », *Global Times*, 17 juin 2013.

15 Cité par Laure Mandeville, « Derrière Snowden, une partie géopolitique anti-américaine », *Le Figaro*, 24 juin 2013.

16 « Edward Snowden : who is Sarah Harrison, his WikiLeaks escort ? », *The Huffington Post UK*, 2 août 2013.

17 Dominique Rushe, « Edward Snowden's WikiLeaks escort one of Assange's closest advisors », *The Guardian*, 23 juin 2013.

18 Kahina Sekkai, « Sarah Harrison, l'atout juridique de WikiLeaks », *Paris Match*, 2 juillet 2013.

19 Joshi Hermann, « Who's that girl ? Confidante to Julian Assange and now on a mission to rescue Edward Snowden — meet Sarah Harrison », *London Evening Standard*, 26 juin 2013.

20 « Edward Snowden got stuck in Moscow "after Cuba blocked entry" », *The Guardian*, 26 août 2013.

21 Santiago Zeas B., « Snowden aviva tensión de Ecuador y EE. UU. », *El Comercio*, 25 juin 2013.

22 « India turns down Edward Snowden's asylum request », *The Times of India*, 2 juillet 2013.

23 « Statement from Edward Snowden in Moscow », WikiLeaks, 1er juillet 2013.

24 « News conference with President of Finland Sauli Niinistö », communiqué de la présidence russe, 25 juin 2013.

25 Maria Antonova, « Snowden waits in airport as US presses Moscow », AFP, 25 juin 2013.

26 « Russian sources know where Snowden is », *Pravda*, 25 juin 2013.

27 « Obama says shouldn't have to talk to Xi, Putin about Snowden », Reuters, 27 juin 2013.

28 « Edward Snowden to leave Russia as soon as he has such opportunity — Putin », *Voice of Russia*, 15 juillet 2013.

29 Franck Guillory, « Edward Snowden : Amnesty International l'a rencontré à Moscou… », <www.jolpress.com>, 22 juillet 2013.

30 « Russia gives Snowden asylum, Obama-Putin summit in doubt », Reuters, 1er août 2013.

31 Paul Sonne et Adam Entous, « Snowden asylum hits U.S.-Russia Relations », *The Wall Street Journal*, 1er août 2013.

32 « Affaire Snowden : le Kremlin "déçu" de l'annulation du sommet Obama-Poutine », *Le Parisien* (avec AFP), 7 août 2013.

33 *Ibid.*

34 Pierre Rousselin, « L'affaire Snowden, révélatrice d'une nouvelle guerre froide », *Le Figaro*, 26 juin 2013.

35 Associated Press, 5 septembre 2013.

36 « Edward Snowden vit caché "quelque part" en Russie », *Le Monde* (avec AFP), 9 août 2013.

37 « Snowden vit sous bonne garde en Russie dans un lieu tenu secret », AFP, 16 septembre 2013.

38 *Ibid.*

39 « Russie/Snowden : une collecte d'argent », *Le Figaro* (avec AFP), 7 août 2013.

40 *Ibid.*

41 « VK : the "Russian Facebook" that has offered Edward Snowden a job », *The Guardian*, 2 août 2013.

42 Chris BOYETTE, « Russia's Mark Zuckerberg offers Edward Snowden a job », *CNN Money*, 5 août 2013.

43 « Snowden est libre en Russie depuis une semaine », AFP, 9 août 2013.

44 Nina VAJDAÏEVA et Nikolaï SOURKOV, « Le père de Snowden contraint de devenir un espion », *La Russie d'aujourd'hui*, 14 octobre 2013.

45 « Edward Snowden juge que les programmes d'espionnage menacent la liberté d'opinion », <LeMonde.fr>, 3 novembre 2013.

Notes du chapitre 5
(pages 57-70)

1 « Merkel and the NSA. A scandal that's just won't die », *Der Spiegel*, 19 août 2013.

2 Jim HOAGLAND, « Lower the limousine windows », *The Washington Post*, 23 août 2013.

3 *Ibid.*

4 *Ibid.*

5 « "Success story" : NSA targeted French foreign ministry », *Der Spiegel*, 1er septembre 2013.

6 « Merkel and the NSA », *loc. cit.*

7 Jim HOAGLAND, « Lower the limousine windows », *loc. cit.*

8 « Valls "pas favorable" à la demande d'asile en France de Snowden », AFP, 4 juillet 2013.

9 Philippe RICARD, « Espionnage de l'Élysée : Hollande reconnaît que « "plusieurs pistes" existent », *Le Monde*, 25 octobre 2013.

10 Voir : Evo MORALES, « Moi, président de la Bolivie, séquestré en Europe », *Le Monde diplomatique*, août 2013.

11 UPI espagnol, 24 septembre 2013.

12 « Bolivia comprará seis helicópteros europeos Super Puma para la lucha antidrogas », *El País*, 29 septembre 2013.

13 EOLAS, « Non, la France n'a pas refusé l'asile à Edward Snowden », <http://url.ca/ejqf0>, 5 juillet 2013.

14 Jacques FOLLOROU et Glenn GREENWALD, « Comment la NSA espionne la France », *Le Monde*, 21 octobre 2013.

15 Communiqué de l'Élysée, 22 octobre 2013.

16 Paul LEWIS, « French surveillance revelations », *The Guardian*, 21 octobre 2013.

17 Adrian CROFT et Arshad MOHAMMED, « France summons U.S. ambassador over spying report », Reuters, 21 octobre 2013.

18 Alissa J. RUBIN, « French condemn surveillance by N.S.A. », *The New York Times*, 21 octobre 2013 (cité par Philippe BERNARD, « Ouh la, les Français sont foutus, car la NSA les a espionnés ! », *Le Monde*, 23 octobre 2013).

19 Paul WHITEFIELD, « NSA spying : French find another reason to dislike Americans », *The Los Angeles Times*, 21 octobre 2013 (cité par Philippe BERNARD, *ibid.*).

20 Jaques FOLLOROU, « Surveillance : la DGSE a transmis des données à la NSA américaine », *Le Monde*, 30 octobre 2013.

21 Jaques FOLLOROU et Glenn GREENWALD, « Comment la NSA espionne la France », *loc. cit.*

22 Adam ENTOUS, « NSA spying », *The Wall Street Journal*, 29 octobre 2013.

23 Martin UNTERSINGER, « Que dit le document sur la surveillance téléphonique de la NSA en France ? », *Le Monde*, 30 octobre 2013.

24 Jaques FOLLOROU, « Surveillance : la DGSE a transmis des données à la NSA américaine », *loc. cit.*

25 Cité par Jean-Jacques MEVEL, « Face aux écoutes de la NSA, la France trouve peu d'alliés en Europe », *Le Figaro*, 22 octobre 2013.

26 Laura POITRAS, Marcel ROSENBACH, Fidelius SCHMID, Holger STARK et Jonathan STOCK, « Cover story : how the NSA targets Germany and Europe », *Der Spiegel*, 1er juillet 2013.

27 Frédéric LEMAITRE, « L'Allemagne, cible privilégiée des écoutes américaines », *Le Monde*, 1er juillet 2013.

28 « That's just not done : Merkel comments on spying allegations », *Der Spiegel*, 24 octobre 2013.

29 Cité par Frédéric LEMAÎTRE, « L'Allemagne, cible privilégiée des écoutes américaines », *loc. cit.*

30 Jannis BRÜHL, « Why NSA snooping is bigger deal in Germany », *ProPublica*, 23 août 2013.

31 « Merkel and the NSA », *loc. cit.*

32 Florian FLADE, « Was die Deutschen über die Spionage der USA wussten », *Die Welt*, 7 juillet 2013.

33 *Ibid.*

34 Kay-Alexander SCHOLZ et Élisabeth CADOT, « Les petits partis ou le poil à gratter politique », *Deutsche Welle*, 16 septembre 2013.

35 « Merkel and the NSA », *loc. cit.*

36 « That's just not done : Merkel comments on spying allegations », *loc. cit.*

37 « Obama savait depuis 2010 que Merkel était espionnée par la NSA », *Libération*, 27 octobre 2013.

38 « Merkel veut préserver les liens entre Berlin et Washington », *Les Échos*, 4 novembre 2013.

39 Selon la radio russe La Voix de la Russie : « Le Bundestag s'est divisé sur l'octroi de l'asile à Snowden », 4 novembre 2013.

40 « Finland : a new citizens initiative, Lex Snowden », <www.edri.org>, 8 juillet 2013.

Notes du chapitre 6
(pages 71-82)

1 Steve WRIGHT, *An Appraisal of Technologies of Political Control*, Scientific and Technological Options Assessment Working document, PE 166.499, 6 janvier 1998.

2 Duncan CAMPBELL, *Interception Capabilities 2000. Report to the Director General for Research of the European Parliament (Scientific and Technical Options Assessment programme office) on the Development of Surveillance Technology and Risk of Abuse of Economic Information*, avril 1999.

3 Patrick RADDEN KEEFE, *Chatter. Uncovering the Echelon Surveillance Network and the Secret World of Global Eavesdropping*, Random House, New York, 2005, p. 192.

4 *Ibid.*

5 *Ibid.* L'essentiel des informations de cette section proviennent de cet ouvrage.

6 « La CIA et la NSA assurent ne pas espionner les industries européennes », *Le Monde*, 13 mai 2001.

7 Jacques FOLLOROU et Glenn GREENWALD, « Comment la NSA espionne la France », *loc. cit.*

8 « That's just not done : Merkel comments on spying allegations », *loc. cit.*

9 James BALL, « NSA monitored calls of 35 world leaders after US official handed over contacts », *The Guardian*, 25 octobre 2013.

10 « L'espionnage de la NSA rythme le Conseil européen », *Le Monde*, 24 octobre 2013.

11 Yves EUDES, « Le Parlement européen tente de s'imposer comme le fer de lance de la résistance à la NSA », *Le Monde*, 23 octobre 2013.

12 Patrick BÈLE, « La NSA a espionné la présidente brésilienne et le chef de l'État mexicain », *Le Figaro*, 2 septembre 2013.

13 *Ibid.*

14 « Documentos revelam esquema de agencia dos EUA para espionar Dilma », <Globo. com>, 1er septembre 2013.

15 *Ibid.*

16 *Ibid.*

17 Patrick BÈLE, « La NSA a espionné la présidente brésilienne et le chef de l'État mexicain », *loc. cit.*

18 Kevin GOSZTOLA, « NSA spied on Brazil oil company, Petrobras. What WikiLeaks cables reveal about possible motivation », *The Dissenter*, 9 septembre 2013.

19 Nicolas BOURCIER, « La présidente brésilienne Dilma Rousseff annule une visite d'État à Washington », *Le Monde*, 18 septembre 2013.

20 Daniel TROTTA, « At U.N., Brazil's Rousseff blasts U.S. spying as breach of law », Reuters, 24 septembre 2013.

21 « Brazil's Rousseff targets Internet companies after NSA spying », Reuters, 12 septembre 2013.

22 « Ministério de Minas e Energia foi alvo de espionagem do Canadœ », <Globo.com>, 6 octobre 2013.

23 Jessica MURPHY, « Le Canada aussi a espionné le Brésil, révèlent des documents de Snowden », QMI, 7 octobre 2013.

24 *Ibid.*

25 *Ibid.*

Notes du chapitre 7
(pages 85-98)

1 Thomas Johnson, *American Cryptology during the Cold War*, National Security Agency, 2012.
2 Tim Weiner, *Legacy of Ashes. The History of the CIA*, Anchor Books, New York, 2008.
3 US Senate, 94th Congress, *Report to Intelligence Activities*, 1976.
4 L. Britt Snider, « Unlucky Shamrock, studies intelligence, », hiver 1999-2000, unclassified edition.
5 James Bamford, *The Shadow Factory. The Ultra-Secret NSA from 9/11 to the Eavesdropping of America*, Doubleday, New York, 2008, p. 347.
6 Michael R. Beschloss, *Mayday. Eisenhower, Khrushchev, and the U-2 Affair*, Harper and Row, New York, 1988.
7 Matthew M. Aid, *The Secret Sentry. The Untold History of the National Security Agency*, Bloomsbury Press, New York, 2009.
8 James Bramford, *The Puzzle Palace. Inside America's Most Secret Intelligence Organization*, Anchor Books, New York, 1982.
9 Edwin E. Moise, *Tonkin Gulf and the Escalation of the Vietnam War*, University of North Carolina Press, Chapel Hill, 2004.
10 James Bramford, *The Puzzle Palace*, *op. cit.*, p. 347.
11 Segwick D. Tourison, *Secret Army, Secret War. Washington's Tragic Spy Operation in North Vietnam*, US Naval Institute Press, 1995.
12 Tim Weiner, *Legacy of Ashes*, *op. cit.*, p. 276-280.
13 Gloria Emerson et Frank Snepp, *Decent Interval. An Insider's Account of Saigon's Indecent End Told by the CIA's Chief Strategy Analyst in Vietnam*, University Press of Kansas, Lawrence, 2002.
14 James M. Ennes Jr, *Assault on the Liberty*, Random House, New York, 1980.
15 James Bamford, *Body of Secrets. Anatomy of the Ultra-Secret National Security Agency*, Anchor Books, New York, 2001.
16 NSA, *American Cryptology during the Cold War, 1945-1989*, <NSA.gov>, 1998, p. 433.
17 Trevor Armbrister, *A Matter of Accountability. The True Story of the* Pueblo *Affair*, The Lyons Press, Guilford, 2004.
18 James Bamford, *Body of Secrets*, *op. cit.*
19 NSA, *American Cryptology during the Cold War, 1945-1989*, *op. cit.*, p. 446.
20 Matthew M. Aid, *The Secret Sentry*, *op. cit.*, p. 150.
21 Cité par Lee Gardner, « Secret agency man », *San Antonio Current*, 11 mai 2008.

Notes du chapitre 8
(pages 99-112)

1 Matthew M. Aid, *The Secret Sentry*, *op. cit.*
2 *Ibid.*
3 *Ibid.*
4 *Ibid.*
5 *Ibid.*
6 Fabrizio Calvi, *11 Septembre, la contre-enquête*, Fayard, Paris, 2011, p. 344.
7 Department of Justice, assistant du procureur général, 2 février 2011.
8 Fabrizio Calvi, *11 Septembre, la contre-enquête*, *op. cit.*
9 *Ibid.*
10 *Ibid.*
11 *Ibid.*
12 Duncan Campbell, « How the plotters slipped US net », *The Guardian*, 27 septembre 2001.
13 *Ibid.*
14 *Ibid.*
15 Jordan Michael Smith, « New NSA docs contradict 9/11 claims », *Salon*, 19 juin 2012.
16 Cité par Marie Monier, « Ce que nous apprennent les dernières révélations sur la NSA », *Les Inrocks*, 10 août 2013.
17 Cité par Matthew M. Aid, *The Secret Sentry*, *op. cit.*, p. 301.
18 Marc Ambinder et D. B. Grady, *Deep State. Inside the Government Secrecy Industry*, John Wiley & Sons, Hoboken, 2013, p. 194-195.
19 James Risen, *State of War. The Secret History of the CIA and the Bush Administration*, Free Press, New York, 2006.
20 Norman Pearlstine, *Off the Record. The Press, the Government, and the War over Anonymous Sources*, Farrar, Straus and Giroux, New York, 2007.
21 John Pike, « Congress to hold closed hearings on accused spy Robert Hanssen later this week », *NBC News Today Show*, 27 février 2001.
22 « Eyeballing the CIA/NSA Special Collection Service », *Cryptome*, 13 mai 2002.

23 James Bamford, *The Shadow Factory, op. cit.*, p. 214.
24 D. B. Grady, « Inside the secret world of America's top eavesdropping spies », *The Week*, 12 avril 2012.
25 James Bamford, *The Shadow Factory, op. cit.*
26 D. B. Grady, « Inside the secret world of America's top eavesdropping spies », *loc. cit.*
27 *Ibid.*
28 Jeffrey T. Richelson, *The Wizards of Langley. Inside the CIA's Directorate of Science and Technology*, Basic Books, New York, 2001, p. 208-2011.
29 Matthew M. Aid, « The CIA's new black bag is digital », *Foreign Policy*, 17 juillet 2013.
30 Peter Schweizer, *Victory. The Reagan Administration's Secret Strategy that Hastened the Collapse of the Soviet Union*, Atlantic Monthly Press, New York, 1996, p.88.
31 James Bamford, *Body of Secrets, op. cit.*
32 Matthew M. Aid, « The CIA's new black bag is digital », *loc. cit.*
33 « Air turbulence a test for ties », *South China Morning Post*, 24 janvier 2002.
34 Matthew M. Aid, « The CIA's new black bag is digital », *loc. cit.*
35 *Ibid.*
36 *Ibid.*
37 *Ibid.*
38 Tom Bowman et Scott Shane, « Espionage from the front lines », *The Baltimore Sun*, 8 décembre 1995.
39 Matthew M. Aid, « The CIA's new black bag is digital », *loc. cit.*
40 James Bamford, *The Shadow Factory, op. cit.*
41 John Pike, « Congress to hold closed hearings on accused spy Robert Hanssen later this week », *loc. cit.*
42 Matthew M. Aid, « The CIA's new black bag is digital », *loc. cit.*
43 Glenn Greenwald et Stefania Maurizi, « Reaveled : how the NSA targets Italy », *L'Espresso*, 5 décembre 2013.
44 « NSA leaks reveal Canadian spies targeted Brazil's mines and energy ministry : report », Associated Press, 7 octobre 2013.
45 « Photo gallery : spies in the embassy », *Der Spiegel*, 27 octobre 2013.
46 « Documents on N.S.A. efforts to diagram social networks of U.S. citizens », *The New York Times*, 28 septembre 2013.
47 Barton Gellman et Ashkan Soltani, « NSA tracking cellphone locations worldwide, Snowden documents show », *The Washington Post*, 4 décembre 2013.
48 Joe Mullin, « In ACLU lawsuit, scientist demolishes NSA's "It's just metadata" excuse », *Ars Technica*, 27 août 2013.
49 Daily Paul Liberty Forum, « Whistleblower Russ Tice says senator Obama was spied on by the NSA in 2004 », <Dailypaul.com>, 20juin 2013.
50 Laura Poitras, Marcel Rosenbach et Holger Stark, « "Follow the money" : NSA monitors financial world », *Der Spiegel*, 27 août 2013.
51 *Ibid.*
52 Siobhan Gorman et Jennifer Valentino-Devries, « New details show broader NSA surveillance reach », *The Wall Street Journal*, 20 août 2013.
53 Raymond Bonner, « How a Telecom helped the government spy on me », *ProPublica*, 3 octobre 2013.
54 Voir Alkarama, « Yémen/États-Unis, *license to kill*. Pourquoi la guerre des drones américaine au Yémen viole le droit international », <alkarama.org>, 17 octobre 2013.
55 Jeremy Scahill, *Dirty Wars. The World is a Battlefield*, Nation Books, New York, 2013.
56 Matthew M. Aid, « The NSA's data haul is bigger than you can possibly imagine », *Foreign Policy*, 15 août 2013.
57 Diffusé sur PBS Report, 3 août 2013.
58 Commission on the Intelligence Capabilities of the United States Regarding Weapons of Mass Destruction, *Report to the President*, General Printing Office, <http://url.ca/g4asl>, 31 mars 2005, p. 16 (cité par Matthew M. Aid, *The Secret Sentry, op. cit.*).

Notes du chapitre 9
(pages 113-132)

1 Shane Harris, « The cowboy of the NSA », *Foreign Policy*, <http://url.ca/g43k8>, 9 septembre 2013.
2 *Ibid.*
3 Jacob Kastrenakes, « Over 50 terrorist plots were stopped by surveillance efforts », *The Verge*, 18 juin 2013.
4 Barton Gellman et Greg Miller, « Latest Snowden leaks detail the "black budget" and how much the gov't wastes on useless

surveillance », *The Washington Post*, <http://ur1.ca/g43kg>, 29 août 2013.

5 « More high-level fraud at NSA uncovered », *Wayne Madsen Report*, 17 janvier 2012.

6 Glenn GREENWALD, « Inside the mind of NSA chief Gen Keith Alexander », <theguardian.com>, 15 septembre 2013.

7 Aymeric JANIER, « Keith Alexander, le "pacha" de la NSA », *Le Monde*, 15 juillet 2013.

8 *Ibid.*

9 Barton GELLMAN et Greg MILLER, « Latest Snowden leaks detail the "black budget" and how much the gov't wastes on useless surveillance », *loc. cit.*

10 *Ibid.*

11 *Ibid.*

12 Glenn GREENWALD et Ewen MACASKILL, « NSA Prism program taps in to user data of Apple, Google and others », *loc. cit.*

13 Barton GELLMAN et Laura POITRAS, « U.S., British intelligence mining data from nine U.S. Internet companies in broad secret program », *The Washington Post*, 6 juin 2013.

14 Entretien avec « Monsieur Y », septembre 2013.

15 Craig TIMBERG, « The NSA slide you haven't seen », *The Washington Post*, 10 juillet 2013.

16 Voir WIKILEAKS, « The spy files », <http://ur1.ca/g43ko>, 1er décembre 2011.

17 Samantha BOOKMAN, « Submarine cable operators hunt for new routes to counter congestion, political turmoil », *Fierce Telecom*, 18 avril 2013.

18 Voir la carte établie par TeleGeography : <www.submarinecablemap.com>.

19 *Submarine Telecoms Industry Report*, juillet 2013.

20 Craig TIMBERG et Ellen NAKASHIMA, « Agreements with private companies protect U.S. access to cables' data for surveillance », *The Washington Post*, 6 juillet 2013.

21 *Ibid.*

22 *Ibid.*

23 *Ibid.*

24 James RISEN, « Bush lets U.S. spy on callers without courts », *The New York Times*, 16 décembre 2005.

25 Robert MCMILLAN, « The NSA wiretapping story nobody wanted », *The New York Times*, 17 juillet 2009. Voir aussi le livre de Mark KLEIN, *Wiring Up the Big Brother Machine… And Fighting it*, BookSurge, 2009.

26 *Ibid.*

27 Andrea PETERSON, « A CEO who resisted NSA spying », *The Washington Post*, 30 septembre 2013.

28 Ellen NAKASHIMA, « Former CEO says U.S. punished phone firm », *The Washington Post*, 13 octobre 2007.

29 Greg CAMPBELL, « Jailed Qwest CEO claimed that NSA retaliated because he wouldn't participate in spy program », *The Daily Caller*, 6 juin 2013.

30 Andy VUONG, « Former Qwest CEO Joe Nacchio completes his prison sentence », *The Denver Post*, 21 septembre 2013.

31 Glenn GREENWALD et Ewen MACASKILL, « NSA Prism program taps in to user data of Apple, Google and others », *loc. cit.*

32 Martin UTINSINGER, « Prism, un accès privilégié aux serveurs des géants de l'Internet », *Le Monde*, 22 octobre 2013.

33 Marc AMBINDER, « An educated guess about how the NSA is structured », *The Atlantic*, 14 août 2013.

34 Ewen MACASKILL, « NSA paid millions to cover Prism compliance costs for tech companies », *The Guardian*, 22 août 2013.

35 TOP LEVEL TELECOMMUNICATIONS, « PRISM as part of the Blarney program », <http://ur1.ca/g43kt>, 21 septembre 2013.

36 Martin UTINSINGER, « Prism, un accès privilégié aux serveurs des géants de l'Internet », *loc. cit.*

37 « NSA opening statement Senate Judiciary Committee open hearing on media leaks », <http://ur1.ca/g43l2>, 31 juillet 2013.

38 Corine LESNES, « Ed Snowden, le "lanceur d'alerte" qui défie Barack Obama », *Le Monde*, 10 juin 2013.

39 Dion NISSENBAUM, « How many people hold secret security clearence ? », *Washington Wire*, 17 septembre 2013.

40 James BRAMFORD, *The Puzzle Palace*, *op. cit.*

41 TOP LEVEL TELECOMMUNICATIONS, « The US classification system », <http://ur1.ca/g43l4>, 13 septembre 2013.

42 Edward FELTEN, « NSA apparently undermining standards, security, confidence », *Freedom to Tinker*, <http://ur1.ca/g43lc>, 9 septembre 2013. [xxxVERIF]

43 Cité par Matthew M. AID, *The Secret Sentry*, *op. cit.*, p. 406.

44 « More mistakes at the NSA », *The New York Times*, 11 septembre 2013.

45 *Ibid.*

46 Cité par Dominic RUSHE, « Zuckerberg : US government "blew it" on NSA surveillance », *The Guardian*, 12 septembre 2013.

47 *Ibid.*

48 Barton GELLMAN et Ashkan SOLTANI, « NSA infiltrates links to Yahoo, Google data centers worldwide, Snowden documents say », *The Washington Post*, 30 octobre 2013.

49 Craig TIMBERG et Ellen NAKASHIMA, « Amid NSA spying revelations, tech leaders call for new restraints on agency », *The Washington Post*, 1er novembre 2013.

50 Plainte de l'ACLU, déposition d'Edward Felten, 26 septembre 2013, USA District Court, New York (<http://url.ca/g438i>).

51 Glenn GREENWALD, « Boundless Informant : the NSA's secret tool to track global surveillance data », *The Guardian*, 11 juin 2013.

52 « Embassy espionage : the NSA's secret spy hub in Berlin », *Der Spiegel*, 27 octobre 2013.

53 WASHINGTON BLOG, « NSA's spying on metadata violates our freedom of association », *The Washington Post*, <http://url.ca/g43lj>, 28 septembre 2013.

54 Glenn GREENWALD, Ryan GALLAGHER et Ryan GRIM, « Top Secret documents reveals NSA spied on porn habits as a part of plan to discredit "radicalizers" », *The Huffington Post*, 26 novembre 2013.

55 Glenn GREENWALD, « XKeyscore : NSA tool collects "nearly everything a user does on the Internet" », *The Guardian*, 31 juillet 2013.

56 *Ibid.*

57 TOP LEVEL TELECOMMUNICATIONS, « Boundless Informant only shows metadata », <http://url.ca/g43ls>, 22 octobre 2013.

58 Barton GELLMAN, Ashkan SOLTANI et Andrea PETERSON, « How we know the NSA had access to internal Google and Yahoo ! cloud data », *The Washington Post*, 4 novembre 2013.

59 TOP LEVEL TELECOMMUNICATIONS, « Boundless Informant only shows metadata », *loc. cit.*

60 James RISEN et Laura POITRAS, « NSA report outlined goal for more power », *The New York Times*, 22 novembre 2013.

61 Sean GALLAGHER, « Building a panopticon : the evolution of the NSA's XKeyscore », *Ars Technica*, 9 août 2013.

62 James BALL, « NSA stores metadata of millions of Web users for up to a year, secret files show », *The Guardian*, 30 septembre 2013.

63 James RISEN, « N.S.A. gathers data on social connections of U.S. citizens », *The New York Times*, 28 septembre 2013.

64 Barton GELLMAN, « U.S. surveillance architecture includes collection of revealing Internet, phone metadata », *The Washington Post*, 15 juin 2013.

65 Declan MCCULLAGH, « NSA spying flap extends to contents of U.S. phone calls », <news.cnet.com>, 15 juin 2013.

66 Jaques FOLLOROU et Glenn GREENWALD, « Comment la NSA espionne la France », *loc. cit.*

Notes du chapitre 10
(pages 133-148)

1 Cité par Ewen MACASKILL, Julien BORGER, Nick HOPKINS, Nick DAVIES et James BALL, « GCHQ taps fibre-optic cables for secret access to world's communications », *The Guardian*, 21 juin 2013.

2 Nick HOPKINS et Julian BORGER, « Exclusive : NSA pays £100m in secret funding for GCHQ », *The Guardian*, 1er août 2013.

3 Voir à ce sujet l'excellent article « Government Communications Headquarters » de Wikipédia en langue anglaise (<http://url.ca/g43m0>), que nous avons largement repris pour cette section historique.

4 Patrick RADDEN KEEFE, *Chatter*, *op. cit.*

5 Duncan CAMPBELL et Mark HOSENBALL, « The Eavesdroppers », *Time Out*, <http://url.ca/g43jp>, 21 mai 1976.

6 Jean-Pierre GENÉ, « A.B.C contre services secrets britanniques », *Libération*, 5 septembre 1978.

7 *Ibid.*

8 Patrick RADDEN KEEFE, *Chatter*, *op. cit.*, p. 178.

9 Jean-Pierre GENÉ, « A.B.C contre services secrets britanniques », *loc. cit.*

10 Patrick RADDEN KEEFE, *Chatter*, *op. cit.*

11 Jean-Pierre GENÉ, « A.B.C contre services secrets britanniques », *loc. cit.*

12 Duncan CAMPBELL, « Thatcher bugged by her "closest ally". The US National Security

Agency monitors the British government », *New Statesman*, juin 1980.

13 Duncan CAMPBELL, « They've got it taped, somebody's listening », *New Statesman*, Londres, 12 août 1988.

14 *Ibid.*

15 Nick HOPKINS, Julian BORGER et Luke HARDING, « GCHQ : inside the Top Secret world of Britain's biggest spy agency », *The Guardian*, 2 août 2013.

16 *Ibid.*

17 Peter GILL, « Les nouveaux développements des réseaux de sécurité et de renseignement », *in* Didier BIGO, Laurent BONELLI et Thomas DELTOMBE (dir.), *Au nom du 11 septembre*, La Découverte, Paris, 2008.

18 Maxime VAUDANO, « Les câbles sous-marins, clé de voûte de la cybersurveillance », *Le Monde*, 23 août 2013.

19 Duncan CAMPBELL et Paul LASHMARE, « How Britain eavesdropped on Dublin », *The Independent*, 16 juillet 1999.

20 Voir Romain DECKER, « Le trafic Internet mondial va être multiplié par quatre d'ici à 2015 », <http://url.ca/g4e44>, 1er juillet 2011.

21 Cité par Ewen MACASKILL, Julian BORGER, Nick HOPKINS, Nick DAVIES et James BALL, « GCHQ taps fibre-optic cables for secret access to world's communications », *loc. cit.*

22 *Ibid.*

23 *Ibid.*

24 Chris ELLIOTT, « The readers' editor on... the *Guardian*'s coverage of government surveillance », *The Guardian*, 22 septembre 2013.

25 Nick HOPKINS et Julian BORGER, « Exclusive : NSA pays £100m in secret funding for GCHQ », *loc. cit.*

26 Giorgos GEORGIOU, « British bases in Cyprus and signals intelligence », *Cryptome*, <http://url.ca/g4evk>, janvier 2012.

27 Nick HOPKINS et Julian BORGER, « Exclusive : NSA pays £100m in secret funding for GCHQ », *loc. cit.*

28 Ewen MACASKILL, Julian BORGER, Nick HOPKINS, Nick DAVIES et James BALL, « GCHQ taps fibre-optic cables for secret access to world's communications », *loc. cit.*

29 *Ibid.*

30 James BALL, Luke HARDING et Juliette GARSIDE, « BT and Vodafone among telecoms companies passing details to GCHQ », *The Guardian*, 2 août 2013 ; voir également Frederik OBERMAIER, « Snowden enthüllt Namen der spähenden Telekomfirmen », *Süddeutsche Zeitung*, 2 août 2013.

31 « Quantum Spying », *Der Spiegel*, 11 novembre 2013.

32 « Belgacom attack : Britain's GCHQ hacked Belgian telecoms firm », *Der Spiegel*, 20 septembre 2013.

33 Iris DERŒUX, « La NSA, un aspirateur à renseignements depuis sa création », *Mediapart*, 15 octobre 2013.

34 « Quantum Spying », *Der Spiegel*, *loc. cit.*

35 Voir à ce sujet : « Regulation of Investigatory Powers Act 2000 », <Wikipedia.org>.

36 Nick HOPKINS et Julian BORGER, « Exclusive : NSA pays £100m in secret funding for GCHQ », *loc. cit.*

37 Cité par Nick HOPKINS, « MI5 chief : GCHQ surveillance plays vital role in fight against terrorism », *The Guardian*, 9 octobre 2013.

38 Nicholas WATT, « MI5 chief's condemnation of Snowden GCHQ leaks backed by David Cameron », *The Guardian*, 9 octobre 2013.

39 Clive STAFFORD SMITH, « MI5's Andrew Parker lives in a different world », *The Guardian*, 10 octobre 2013.

40 Nicholas WATT, « *Guardian* was "entirely correct" to publish NSA stories, says Vince Cable », *The Guardian*, 11 octobre 2013.

41 Ewen MACASKILL et James BALL, « Portrait of the NSA : no detail too small in quest for total surveillance », *The Guardian*, 3 novembre 2013.

42 Philip DORLING, « US spying on our neighbours through embassies », *Sydney Morning Herald*, 29 octobre 2013.

43 « Wegen Geheimdienst-Affären : Christoph Blocher will E-Voting verhindern. UNO-Gebäude sind Geheimdienst-Zentralen », *Schweiz am Sonntag*, 3 novembre 2013.

Notes du chapitre 11

(pages 151-161)

1 Matthew M. AID, « Inside the NSA : peeling back the curtain on America's intelligence agency », *The Independant*, 13 juin 2013.

2 Laura POITRAS et James RISEN, « NSA gathers data on social connections of U.S.

citizens », *The New York Times*, 28 septembre 2013.

3 Glenn GREENWALD et Spencer ACKERMAN, « How the NSA is still harvesting your online data », *The Guardian*, 27 juin 2013.

4 *Ibid.*

5 Philippe BERNARD, « Voyage au cœur de la NSA », *Le Monde*, 29 août 2013.

6 James BAMFORD, « The NSA is building the country's biggest spy center (watch what you say) », *Wired*, 15 mars 2013.

7 Siobhan GORMAN, « Meltdowns hobble NSA data center », *The Wall Street Journal*, 7 octobre 2013.

8 Dana PRIEST, « NSA growth fueled by need to target terrorists », *The Washington Post*, 21 juillet 2013.

9 Matthew M. Aid, « NSA expanding its facilities », <www.matthewaid.com>, 28 janvier 2012.

10 Dana PRIEST, « NSA growth fueled by need to target terrorists », *loc. cit.*

11 Greg SCHWARTZ, « The panopticon economy », *San Antonio Current*, 12 mars 2008.

12 Michael HIRSH, « Birth of the surveillance State », *The Atlantic*, 7 juin 2013.

13 Tom HAMBURGER et Robert O'HARROW JR, « Snowden case not the first embarrassment for Booz Allen, or D.C. contracting industry », *The Washington Post*, 8 juillet 2013.

14 Neil IRWIN, « Seven facts about Booz Allen Hamilton », Wonkblog, *The Washington Post*, 10 juin 2013.

15 *Ibid.*

16 Voir « Trailblazer Project », <en.wikipedia.org>.

17 Christopher JOYE, « Transcript : interview with former CIA, NSA chief Michael Hayden », *The Australian Financial Review*, 19 juin 2013.

18 Alex GREIG, « Former Facebook security chief is now working for the NSA », <www.dailymail.co.uk>, 23 juin 2013.

19 Andy GREENBERG et Ryan MAC, « How a "deviant" philosopher built Palantir, CIA-funded data-mining juggernaut », *Forbes*, 14 août 2014.

20 Nicole PERLROTH et Scott SHANE, « As F.B.I. pursued Snowden, an e-mail service stood firm », *The New York Times*, 2 octobre 2013.

21 Cour d'appel du quatrième district, United States of America against Eastern District of Virginia, 10 octobre 2013.

22 <Lavabit.com>, 9 juillet 2013.

23 Rem RIEDER, « NSA snooping causes collateral damage », *USA Today*, 13 août 2013.

24 « Announcing the Dark Mail Alliance founded by Silent Circle & Lavabit », <Silentcircle.com>, 30 octobre 2013.

25 Jeff LARSON, Nicole PERLROTH et Scott SHANE, « Revealed : the NSA's secret campaign to crack, undermine Internet security », *ProPublica* et *The New York Times*, 5 septembre 2013.

26 *Ibid.*

27 *Ibid.*

28 Jack MIRKINSON, « Jill Abramson on NSA story : our default position is to inform the public », *The Huffington Post*, 6 septembre 2013.

29 James BALL, Julian BORGER et Glenn GREENWALD, « Revealed : how US and UK spy agencies defeat Internet privacy and security », *The Guardian*, 6 septembre 2013.

30 Nicole PERLROTH et Scott SHANE, « Legislation seeks to bar NSA tactic in encryption », *The New York Times*, 6 septembre 2013.

31 « Indispensible exchange : Germany cooperates closely with NSA », *Der Spiegel*, 8 juillet 2013.

32 Laura POITRAS, Marcel ROSENBACH et Holger STARK, « How the NSA accesses smartphone data », *Der Spiegel*, 9 septembre 2013.

33 Glenn GREENWALD, Ewen MACASKILL, Laura POITRAS, Spencer ACKERMAN et Dominic RUSHE, « Microsoft handed the NSA access to encrypted messages », *The Guardian*, 12 juillet 2013.

34 Kim ZETTER, « NSA laughs at PCs, prefers hacking routers and switches », *Wired*, 4 septembre 2013.

35 James BALL, Bruce SCHNEIER et Glenn GREENWALD, « NSA and GCHQ target Tor network that protects anonymity of Web users », *The Guardian*, 4 octobre 2013.

36 « Project Bullrun. Classification guide to the NSA's decryption program », *The Guardian*, 5 septembre 2013.

Notes du chapitre 12
(pages 162-174)

1 Voir Jean Guisnel, *Guerres dans le cyberespace. Services secrets et Internet*, La Découverte, Paris, 1995 (nouvelle édition augmentée, 2013).

2 Voir sa biographie : Matthew M. Aid, « Biography of NSA Director of Signals Intelligence », <http://url.ca/g59x5>, 15 mai 2013.

3 La plupart des documents sur la cyberguerre révélés par Edward Snowden sont répertoriés dans le dossier — à la base des informations de ce chapitre — établi par Barton Gellman et Ellen Nakashima, « U.S. spy agencies mounted 231 offensive cyber-operations in 2011, documents show », *The Washington Post*, 30 août 2013.

4 Voir notamment Jaques Follorou et Glenn Greenwald, « Comment la NSA espionne la France », *loc. cit.*

5 Matthew M. Aid, « Inside the NSA's ultrasecret China hacking group », *Foreign Policy*, 10 juin 2013.

6 Jens Glüsing, Laura Poitras, Marcel Rosenbach et Holger Stark, « Fresh leak on US spying : NSA accessed Mexican president's email », *Der Spiegel*, 20 octobre 2013.

7 *Ibid.*

8 *Ibid.*

9 *Ibid.*

10 Barton Gellman et Ellen Nakashima, « U.S. spy agencies mounted 231 offensive cyber-operations in 2011, documents show », *loc. cit.*

11 « Suspected Israeli spies stand trial in Iran », *Haaretz* et Associated Press, 12 octobre 2013.

12 Matthew M. Aid, « Inside the NSA's ultrasecret China hacking group », *loc. cit.*

13 Scott Shane, « No morsel too minuscule for all consuming NSA », *The New York Times*, 2 novembre 2013.

14 *Ibid.*

15 *Ibid.*

16 *Ibid.*

17 Nicole Perlroth et David Sanger, « Nation building hackers », *The New York Times*, 13 juillet 2013.

18 James Bamford, « Connecting the dots on PRISM, phone surveillance, and the NSA's massive spy center », *Wired*, 12 juin 2013.

19 Jean-Marc Manach, « Éric Filiol : l'État doit s'appuyer sur les *hackers* », *Bug Brother*, 24 mai 2010.

20 Voir Aram Roston, « Nathaniel Fick, former CNAS chief, heads cyber targeting firm », <www.defensenews.com>, 15 janvier 2013 ; et Andy Greenberg, « Founder of stealthy security firm Endgame to lawmakers : let U.S. companies "hack back" », *Forbes Magazine*, 20 septembre 2013.

21 Andy Greenberg, « Meet the hackers who sell spies the tools to crack your PC (and get paid six-figure fees) », *Forbes Magazine*, 21 mars 2012.

22 *Ibid.*

23 Voir Éric Filiol, « L'"affaire" Vupen, ou quand la compétence française fait peur aux États-Unis », <http://lecercle.lesechos.fr/>, 6 février 2013.

24 Tom Miles, « Snowden affair is chance for truce in cyber war : U.N. », Reuters, 15 juillet 2013.

25 David E. Sanger, *Confront and Conceal. Obama's Secret Wars and Surprising Use of American Power*, Broadway Books, New York, 2012.

26 *Ibid.*, p. 127.

27 Bill Blunden, « Stuxnet unbound », *Counterpunch*, 8 juin 2012.

28 Martin Untersinger, « Stuxnet », *Rue 89*, 4 juin 2012.

29 Lee Ferran et Kirit Radia, « Edward Snowden : US., Israel co-wrote cyber super weapon Stuxnet », *ABC News*, 9 juillet 2013.

30 Yves Eudes, « Flame, un virus espion d'État », *Le Monde*, 20 juin 2012.

31 Paul D. Shinkman, « Former NSA director : cyber attack game-changers comparable to Hiroshima », *US News*, 20 février 2013.

32 Steve Kroft, *Stuxnet. Computer Worm Opens New Era of Warfare, CBS News*, <http://url.ca/g5ulz>, 4 mars 2012.

33 Voir « Belgacom attack : Britain's GCHQ hacked Belgian telecoms firm », *Der Spiegel*, 20 septembre 2013.

34 Peter de Lobel et Nikolas Vanhecke, « Op het randje van de catastrofe », *De Standaard*, 21 septembre 2013.

35 « Belgacom attack : Britain's GCHQ hacked Belgian telecoms firm », *loc. cit.*

36 Christ Stohm et Jordan Robertson, « Military bid for next Stuxnet confronts hacker resistance », Bloomberg, 2 août 2013.

37 David E. Sanger et Thom Shanker, « NSA director firmly defends surveillance efforts », *The New York Times*, 12 octobre 2013.

38 Andrea Peterson, « Former NSA and CIA director Michael Hayden says terrorists love using Gmail », *The Washington Post*, 15 septembre 2013.

39 Hayley Tsukayama, « CloudFlare CEO : "insane" NSA gag order is costing U.S. tech firms customers », *The Washington Post*, 12 septembre 2013.

40 Elisabeth Dwoskin, « NSA Internet spying Sparks race to create offshore havens for data privacy », *The Wall Street Journal*, 24 septembre 2013.

41 Stewart A. Baker, « Oversight hearing on FISA surveillance programs », American Senate, <http://ur1.ca/g5ved>, 31 juillet 2013.

Notes du chapitre 13
(pages 175-186)

1 Jacques Follorou et Franck Johannes, « Le Big Brother français vous surveille ! », *Le Monde*, 5 juillet 2013.

2 *Ibid.*

3 Éva Joly, « Affaire Snowden, la France aphone », *The Huffington Post*, 15 juillet 2013.

4 Jacques Follorou et Franck Johannes, « Le Parlement face à l'opacité du "Big Brother" français », *Le Monde*, 22 août 2013.

5 Thibaut Sardier, « Big Brother français : un scénario fantaisiste ? », *Le Journal du dimanche*, 5 juillet 2013.

6 « La CNIL s'inquiète de l'existence d'un Prism français », Reuters, 24 octobre 2013.

7 Cité par Henri Bonhomme, « Sur la notion et l'activité de service public : l'exemple des PTT », *Société française*, n° 11, avril-juin 1984, p. 22.

8 Cité par Antoine Lefébure, *Les Conversations secrètes des Français sous l'Occupation*, Plon, Paris, 1993.

9 Claude Faure, « Bref historique des services de renseignement et de sécurité français contemporains », *Revue historique des armées*, 1er août 2007.

10 Claude Angeli, « Les tables d'écoutes en nette progression », *Le Canard enchaîné*, 2 août 1978.

11 Michel Poniatowski, *Mémoires*, Plon/Le Rocher, Paris/Monaco, 1997.

12 « Vie publique, vie privée, comment Internet brouille les cartes. En France, des milliers d'écoutes pas toujours contrôlées », *La Croix*, 13 juin 2013.

13 Cité par Gilbert Kallenborn, « La DGSE exploite un article de loi pour aspirer légalement nos données », *01.net*, 28 août 2013.

14 Jean-Marc Manach, « Au pays de Candy », *Owni.fr*, <http://ur1.ca/8o222>, 15 mars 2012.

15 Jacques Isnard, « Une gamme tous azimuts au service du renseignement technique », *Le Monde*, 8 juillet 1995.

16 Jean Guisnel, « Les Français aussi écoutent leurs alliés », *Le Point*, 6 juin 1998.

17 Jean-Marc Manach, « Frenchelon : la carte des stations espion du renseignement français », *Bug Brother*, 16 juin 2009.

18 *Ibid.*

19 Vincent Jauvert, « Le DGSE écoute le monde (et les Français) depuis plus de trente ans », *Le Nouvel Observateur*, <http://ur1.ca/g6bly>, 4 juillet 2013.

20 Matthew M. Aid, *The Secret Sentry*, *op. cit.* ; son blog : <www.matthewaid.com>.

21 Jean-Marc Manach, « Frenchelon, la DGSE est en 1re division », *Bug Brother*, 2 octobre 2010.

22 Jacques Follorou et Franck Johannes, « Le Big Brother français vous surveille ! », *loc. cit.*

23 *Ibid.*

24 Cité par Thomas Hofnung, « En France, nous faisons la même chose », *Libération*, 1er juillet 2013.

25 Jean-Marc Manach, « Frenchelon, la DGSE est en 1re division », *loc. cit.*

26 Jean-Marc Manach, « La DGSE a le droit d'espionner ton Wi-Fi, ton GSM et ton GPS aussi », *Bug Brother*, 11 juillet 2013.

27 Thibaut Sardier, « Big Brother français : un scénario fantaisiste ? », *loc. cit.*

28 Vincent Lamigeon, « Comment les services de renseignement français surveillent ce qui se dit sur le net et au téléphone », *Challenges*, 20 septembre 2013.

29 Jean GUISNEL, « Écoutes françaises : les parlementaires n'obtiennent que de minces précisions », *Le Point*, 27 juin 2013.

30 Jacques FOLLOROU et Glenn GREENWALD, « Comment la NSA espionne la France », *loc. cit.*

31 John GOETZ et Frederik OBERMAIER, « Frankreich liefert Informationen an britische und US-Geheimdienste », *Süddeutsche Zeitung*, 26 octobre 2013.

32 Jacques FOLLOROU, « Surveillance : la DGSE a transmis des données à la NSA américaine », *Le Monde*, 30 octobre 2013.

33 Thibault DE JAEGHER, « Tous les États ont besoin d'accéder aux communications électroniques, assure Manuel Valls », *L'Usine digitale*, 8 juillet 2013.

34 Emmanuel PAQUETTE, « Surveillance d'Internet : les mouchards de la France », *L'Express*, 17 juillet 2013.

35 *Ibid.*

36 Voir Philippe AIGRAIN, « Les parlementaires vont-ils consentir à la démocrature ? », *Commu/ons*, <http://ur1.ca/g6phs>, 8 décembre 2013.

37 Jacqueline DENIS-LEMPEREUR, « Les oreilles de l'État », *Science et Vie*, n° 897, juin 1992.

38 « Amesys : un finger de pop corn pour le croco », *Reflets.info*, 7 décembre 2011.

39 Erwan CARIO, « Amesys, le savoir-faire français », *Libération*, 1er juillet 2013.

40 Emmanuel PAQUETTE, « Surveillance d'Internet : les mouchards de la France », *loc. cit.*

41 *Ibid.*

42 Emmanuel PAQUETTE, « Internet passé au crible », *L'Express*, 7 mai 2013.

43 *Ibid.*

44 *Ibid.*

45 Emmanuel PAQUETTE, « Internet, SMS : comment Thales va mettre les réseaux français sur écoute », 7 mai 2013.

46 *Ibid.*

Notes du chapitre 14

(pages 187-203)

1 Lana LAM, « Exclusive : whistle-blower Edward Snowden talks to *South China Morning Post* », *South China Morning Post*, 12 juin 2013.

2 Philip GIRALDI, « Edward Snowden is no traitor », *The American Conservative*, 16 juin 2013.

3 Cité par Ellen NAKASHIMA et Greg MILLER, « U.S. worried about security of files Snowden is thought to have », *The Washington Post*, 24 juin 2013.

4 *Ibid.*

5 *Ibid.*

6 *Ibid.*

7 *Ibid.*

8 Philip GIRALDI, « Edward Snowden is no traitor », *loc. cit.*

9 Jennifer EPSTEIN, « Cheney : Snowden is a traitor, possibly a Chinese spy », *Politico*, 16 juin 2013.

10 Philip GIRALDI, « Edward Snowden is no traitor », *loc. cit.*

11 Christopher JOYE, « Transcript, interview with former CIA, NSA chief Michael Hayden », *The Australian Financial Review*, 19 juillet 2013.

12 Glenn GREENWALD, « Michael Hayden, Bob Schieffer and the media's reverence of national security officials », *The Guardian*, 12 août 2013.

13 Compte Twitter « @sysprog3 », 12 août 2013.

14 David DISALVO, « Inside the mind of Edward Snowden », *Forbes*, 23 juin 2013.

15 John CUSACK, « The Snowden principle », *The Huffington Post*, 14 juin 2013.

16 Sylvie KAUFFMAN, « Fuiteurs sans frontières », *Le Monde*, 2 juillet 2013.

17 Voir Quentin DEMPSTER, *Whistleblowers*, ABC Books, Sydney, 1997.

18 Daniel ELLSBERG, *Secrets. A Memoir of Vietnam and the Pentagon Papers*, Viking Press, New York, 2002, p. 204.

19 Cité par Joan TILOUINE, « Ces lanceurs d'alerte qui font trembler États et entreprises », RFI, 17 juin 2013.

20 Max RIVLIN-NADER, « All leaks are good leaks », *Gawker*, 6 septembre 2013.

21 Martin BRIGHT, Ed VULLIAMY et Peter BEAUMONT, « Revealed : US dirty tricks to win vote on Iraq war », *The Observer*, 2 mars 2003.

22 Martin BRIGHT, « Katharine Gun : ten years on what happened to the woman who revealed dirty tricks on the UN Iraq war vote ? », *The Observer*, 3 mars 2013.

23 *Ibid.*

24 « Iraq war whistleblower Katharine Gun on Edward Snowden NSA GCHQ PRISM leaks », BBC, <http://url.ca/g78jd>, 18 juin 2013.

25 Sur cette affaire, voir notamment l'excellent article d'Olivier TESQUET, « Aux États-Unis, le combat solitaire des *"whistleblowers"*, patriotes de la transparence », *Télérama*, 11 août 2012.

26 Joshua ROTHMAN, « Takes : the NSA's surveillance programs », *The New Yorker*, 6 juin 2013.

27 Siobhan GORMAN, « Spy data system a "boondoggle". After 6 years and $1.2 billion, NSA still hasn't set up Trailblazer », *The Baltimore Sun*, 29 janvier 2006 ; « Computer ills hinder NSA », *The Baltimore Sun*, 26 février 2006.

28 Olivier TESQUET, « Aux États-Unis, le combat solitaire des *"whistleblowers"*, patriotes de la transparence », *loc. cit.*

29 Jane MAYER, « The secret sharer. Is Thomas Drake an enemy of the state ? », *The New Yorker*, 23 mai 2011.

30 Olivier TESQUET, « Aux États-Unis, le combat solitaire des *"whistleblowers"*, patriotes de la transparence », *loc. cit.*

31 Thomas DRAKE, Discours de réception du *Ridenhour Prize for Truth Telling*, <www.ridenhour.org>, juillet 2014.

32 Thomas DRAKE, « Snowden saw what I saw : surveillance criminally subverting the Constitution », *The Guardian*, 12 juin 2013.

33 David CARR, « Blurred line between espionage and truth », *The New York Times*, 26 février 2012.

34 Maria GLOD, « Former FBI employee sentenced for leaking classified papers », *The Washington Post*, 25 mai 2010.

35 Mollie REILLY, « John Kiriakou writes open letter to Edward Snowden, warns leaker against cooperating with FBI », *The Huffington Post*, 7 février 2013.

36 Cité par Olivier TESQUET, « Aux États-Unis, le combat solitaire des *"whistleblowers"*, patriotes de la transparence », *loc. cit.*

37 Leonard DOWNIE JR, « In Obama's war on leaks, reporters fight back », *The Washington Post*, <http://url.ca/g7qgc>, 4 octobre 2013.

38 Cité par Leonard DOWNIE Jr., « Why reporters fear Team Obama », *New York Post*, 6 octobre 2013.

39 Cité par Leonard DOWNIE JR, « In Obama's war on leaks, reporters fight back », *loc. cit.* Voir aussi : Dylan BYERS, « Sanger : "This is the most closed, control-freak administration I've ever covered" », 5 octobre 2013 ; David E. SANGER, « A Washington riddle : what is "Top Secret" ? », *The New York Times*, 4 août 2013.

40 THE WHITE HOUSE, « Executive Order 13587. Structural reforms to improve the security of classified networks and the responsible sharing and safeguarding of classified information », <http://url.ca/g7pr5>, 7 octobre 2011.

41 Marisa TAYLOR et Jonathan S. LANDAY, « Obama's crackdown views leaks as aiding enemies of U.S. », *McClatchy Washington Bureau*, 20 juin 2013.

42 Jo BECKER, « Secret kill list proves a test of Obama's principles and will », *The New York Times*, 29 mai 2012.

43 « Freedom Watch : Hillary Clinton implicated in most damaging release of National security information », Reuters, 6 août 2013.

44 Austin WRIGHT, *Politico*, 14 juin 2013.

45 Josh KOORHEES, *Slate*, 5 juin 2013.

46 Conor FRIEDERSDORF, « The ideology behind Michael Grunwald's repugnant Assange tweet », *The Atlantic*, 19 août 2013.

47 Amy DAVIDSON, « Michael Grunwald and the Assange precedent problem », *The New Yorker*, 18 août 2013.

48 David CARR, « War on leaks is pitting journalist *vs* journalist », *The New York Times*, 25 août 2013.

Notes du chapitre 15
(pages 204-223)

1 Noam COHEN et Leslie KAUFMAN, « Blogger, with focus on surveillance, is at center of debate », *The New York Times*, 6 juin 2013.

2 Glenn GREENWALD, *How Would a Patriot Act ? Defending American Values from a President Run Amok*, Working Assets, San Francisco, 2006 ; *A Tragic Legacy. How a Good vs. Evil Mentality Destroyed the Bush Presidency*, Crown, New York, 2007 ; *Great American Hypocrites. Toppling the Big Myths of Republican Politics*, Random House, New York, 2008.

3 Glenn GREENWALD, *With Liberty and Justice for Some. How the Law Is Used to Destroy*

Equality and Protect the Powerful, Metropolitan Books, New York, 2011.

4 Noam COHEN et Leslie KAUFMAN, « Blogger, with focus on surveillance, is at center of debate », *loc. cit.*

5 Mónica BERGAMO, « In Rio with Glenn Greenwald and David Miranda, more Snowden stories to come », <worldcrunch.com>, 28 août 2013.

6 Cité par Fred BERNSTEIN, « Glenn Greenwald : life beyond borders », <www.Out.com>, 18 avril 2011.

7 « Glenn Greenwald's speech to the Socialism Conference », Chicago, 27 juin 2013 (vidéo et transcription disponibles sur le blog *The Dissenter* : <http://url.ca/ehbsk>).

8 « Not surprising India has become an important surveillance target », *The Hindu*, 24 septembre 2013.

9 « Greenwald : is U.S. exaggerating threat to embassies to silence critics of NSA domestic surveillance ? », *Democracy Now*, 5 août 2013.

10 Rebecca SHAPIRO, « Glenn Greenwald to Anderson Cooper : Peter King's comments are menacing », *The Huffington Post*, 13 juin 2013.

11 « Editors on the NSA files : "What the *Guardian* is doing is important for democracy" », *The Guardian*, 11 octobre 2013.

12 Glenn GREENWALD, « Glenn Greenwald : growing backlash against NSA spying shows why U.S. wants to silence Edward Snowden », *Democracy Now*, 18 juillet 2013.

13 Erik WEMPLE, « David Gregory whiffs on Greenwald question », *The Washington Post*, 23 juin 2013.

14 *Ibid.*

15 Matt WILSTEIN, « CNBC's Andrew Ross Sorkin : "I'd almost arrest Glenn Greenwald" over Snowden debacle », *Mediaite*, 24 juin 2013.

16 *Ibid.*

17 Erik WEMPLE, « Greenwald : Beltway media types are courtiers to power », *The Washington Post*, 24 juin 2013.

18 David CARR, « War on leaks is pitting journalist vs. journalist », *The New York Times*, 25 août 2013.

19 Lisa O'CARROLL, « Seymour Hersh on Obama, NSA and the "pathetic" American media », *The Guardian*, 27 septembre 2013.

20 *Ibid.*

21 « Spilling the NSA's secrets : *Guardian* editor Alan Rusbridger on the inside story of Snowden leaks », *Democracy Now*, 23 septembre 2013.

22 Alan RUSBRIDGER, « David Miranda, schedule 7 and the danger that all reporters now face », *The Guardian*, 19 août 2013.

23 Ken AULETTA, « Freedom of information », *The New Yorker*, 7 octobre 2013.

24 *Ibid.*

25 Alan RUSBRIDGER, « David Miranda, schedule 7 and the danger that all reporters now face », *loc. cit.*

26 *Ibid.*

27 Mark HOSENBALL, « UK asked *N.Y. Times* to destroy Snowden material », Reuters, 30 août 2013.

28 Chris ELLIOTT, « The readers' editor on... the *Guardian*'s coverage of government surveillance », *The Guardian*, 22 septembre 2013.

29 Steve ERLANGER, « Britons question whether detention of reporter's partner was terror-related », *The New York Times*, 19 août 2013.

30 Andrew SPARROW et Ben QUINN, « David Miranda detention, latest developments and reaction », *The Guardian*, 20 août 2013.

31 Jack MIRKINSON, « Jeffrey Toobin compares David Miranda to a drug mule », *The Huffington Post*, 21 août 2013.

32 Reuters, 30 août 2013.

33 Reuters, 22 août 2013.

34 Andrea PETERSON, « No, Glenn Greenwald didn't "vow vengeance". He said he was going to do his job », *The Washington Post*, 21 août 2013.

35 *Ibid.*

36 Roy GREENSLADE, « How the press reacted to *Guardian* editor's revelation about security pressure », *The Guardian*, 20 août 2013.

37 Josh HALLIDAY et Ewen MACASKILL, « UN : press should not be intimidated into silence over state secrets », *The Guardian*, 4 septembre 2013.

38 Rowena MASON et Patrick WINTOUR, « MPs set to investigate *Guardian*'s involvement in Snowden leaks », *The Guardian*, 16 octobre 2013.

39 « Écoutes de la NSA : Glenn Greenwald quitte le *Guardian* », *Le Monde*, 16 octobre 2013.

40 François CARDONA, « Affaire Snowden : Glenn Greenwald, le journaliste qui en savait trop », RFI, 14 octobre 2013.

Notes du chapitre 16
(pages 224-238)

1 Susan PAGE, « Poll : Snowden should be prosecuted for NSA leaks », *USA Today*, 18 juin 2013.

2 *Ibid.* (sondage réalisé le 17 juin 2013 par le Pew Research Center pour *USA Today* auprès de 1 512 personnes).

3 Sondage réalisé par l'Associated Press-NORC pour le Centre de recherches en Affaires publiques.

4 Tony ROMM, « NSA chief Gen. Keith Alexander slams "sensationalized" reporting », *Politico*, 25 septembre 2013 ; voir aussi l'intéressant article de Justin ELLIOTT et Theodoric MEYER, « Claim on "attacks thwarted" by NSA spreads despite lack of evidence », *ProPublica*, 23 octobre 2013.

5 Cité par Amanda HOLPUCH, « Google's Eric Schmidt says government spying is the nature of our society », *The Guardian*, 13 septembre 2013.

6 James BAMFORD, « They know much more than you think », *The New York Review of Books*, 15 août 2013.

7 John LANCHESTER, « The Snowden files : why the British public should be worried about GCHQ », *The Guardian*, 3 octobre 2013.

8 David OMAND, « Edward Snowden's leaks are misguided. They risk exposing us to cyber-attacks », *The Guardian*, 26 septembre 2013.

9 John LANCHESTER, « The Snowden files », *loc. cit.*

10 Slavoj ZIZEK, « Edward Snowden, Chelsea Manning and Julian Assange : our new heroes », *The Guardian*, 3 septembre 2013.

11 David MEYER, « Dear NSA, thanks for making us all insecure », *Bloomberg Businessweek*, 6 septembre 2013.

12 John DVORAK, « John C. Dvorak on NSA spying : are Americans now the enemy ? », *aNewDomain*, 8 septembre 2013.

13 Scott SHANE et Nicole PERLROTH, « Legislation seeks to bar N.S.A. tactic in encryption », *The New York Times*, 5 septembre 2013.

14 *Ibid.*

15 Pierre BRIANÇON, « Avec de tels amis... », *Le Monde*, 4 novembre 2013.

16 Simon PIEL, « Prism : une enquête préliminaire ouverte à Paris », *Le Monde*, 30 août 2013.

17 Cité par Jean-Baptiste DE MONTVALON, « La grande solitude des défenseurs des libertés », *Le Monde*, 7 octobre 2013.

18 « Lettre à Obama pour arrêter les poursuites contre Snowden », <www.article19.org>, 5 août 2013.

19 « Open letter from UK security researchers », <Bristolcrypto.blogspot.com>, 16 septembre 2013.

20 Charles SEIFE, « NSA domestic spy : mathematicians, why are you not speaking out ? », <www.slate.com>, 22 août 2013.

21 « Defending your rights in the digital world », <www.eff.org>.

22 Cindy COHN et Mark M. JAYCOX, « NSA spying : the three pillars of government trust have fallen », <www.eff.org>, 15 août 2013.

23 Paul JORION, *La Guerre civile numérique*, Textuel, Paris, 2011, p. 73.

24 Peggy NOONAN, « What we lose if we give up privacy », *The Wall Street Journal*, 16 août 2013.

25 Charlie SAVAGE et Michael D. SHEAR, « President moves to ease worries on surveillance », *The New York Times*, 9 août 2013 ; pour la transcription intégrale de cette conference de presse, voir : « Transcript : President Obama's news conference », <http://url.ca/g95e0>, 9 août 2013.

26 « Embassy espionage : the NSA's secret spy hub in Berlin », *Der Spiegel*, 27 octobre 2013.

27 Mark LANDLER et David E. SANGER, « Obama may ban spying on heads of allied States », *The New York Times*, 28 octobre 2013.

28 Marc HUJER, « Merkel spying : it's "unlikely" White House didn't know », *Der Spiegel*, 5 novembre 2013.

29 AFP, 1er novembre 2013.

30 « National security : learning the Feinstein lesson », *The Guardian*, 29 octobre 2013.

31 « No clemency for Edward Snowden, says White House », Associated Press, 4 novembre 2013.

32 Colin CLARK, « NSA privacy debate "should have occurred long ago" : DNI Clapper » 12 septembre 2013.

33 Dan ROBERTS, « Patriot Act author prepares bill to put NSA bulk collection "out of business" », *The Guardian*, 10 octobre 2013.

34 Godon CORERA, « NSA deputy Chris Inglis pledges "more transparency" », BBC, 10 octobre 2013.

35 Bruce SCHNEIER, « The US government has betrayed the Internet. We need to take it back », *The Guardian*, 20 septembre 2013 (traduit par Julie Reynié et Antoine Lefébure).

Notes de la conclusion
(pages 239-250)

1 « NSA's secret toolbox : unit offers spy gadgets for every need », *Der Spiegel*, 30 décembre 2013.

2 « Inside TAO : documents reveal top NSA hacking unit », *Der Spiegel*, 29 décembre 2013.

3 Nick HOPKINS, « NSA and GCH activities appear illegal, EU parliamentary inquiry », *The Guardian*, 9 janvier 2014.

4 Steve HOLLAND, « Obama edges closer to decisions on intelligence reforms », Reuters, 8 janvier 2014.

5 « Snowden files reveal Swedish-American surveillance of Russia », *Uppdrag granskning*, <www.svt.se>, 5 décembre 2013.

6 Bill ROBINSON, « SIRC Executive Director is former CANSLO/W », <www.luxexumbra.blogspot.fr>, 6 novembre 2013.

7 Jérôme HOURDEAUX, « La NSA américaine a piraté Orange », *Mediapart*, 28 décembre 2013.

8 Spiegel STAFF, « Inside TAO, the NSA shadow network », *Der Spiegel*, 29 décembre 2013.

9 Dan ROBERT, « Obama review panel : strip NSA of power to collect phone data records », *The Guardian*, 18 décembre 2013.

10 Peter BAKER, « Clemency agreement for Snowden », *The New York Times*, 4 janvier 2014.

11 Barton GELLMAN, « Edward Snowden, after months of NSA revelations, says his mission's accomplished », *The Washington Post*, 24 décembre 2013.

12 Norman MAILER, *The Big Empty. Dialogues on Politics, Sex, God, Boxing, Morality, Myth, Poker and Bad Conscience in America*, Nation Books, New York, 2006.

13 Voir à ce sujet : Bruce SCHNEIER, « NSA surveillance : a guide to staying secure », *The Guardian*, 6 septembre 2013 ; ainsi que notre document « Comment protéger sa vie privée sur Internet », disponible à l'adresse suivante : <www.antoinelefébure.com>.

14 « Die Wahrheit auszusprechen, hat Whistleblower ihre Freiheit gekostet », *Zeit Online*, 3 septembre 2013 (traduit de l'anglais par Julie Reynié et Antoine Lefébure).

Table

CPi
BUSSIÈRE

Composition Facompo, Lisieux.
Impression réalisée par CPI Bussière
à Saint-Amand-Montrond (Cher)
en janvier 2014.
Dépôt légal : février 2014.
N° d'impression : 2007618.
Imprimé en France